陈劲 郑刚 蒋石梅 ◎ 编著

Cases of Innovation Management
Gaining the Sustainable Competitive Advantage

《创新管理：赢得持续竞争优势》
案｜例｜集

图书在版编目（CIP）数据

《创新管理：赢得持续竞争优势》案例集/陈劲，郑刚，蒋石梅编著. —北京：北京大学出版社，2017.10
ISBN 978-7-301-28880-1

Ⅰ.①创… Ⅱ.①陈…②郑…③蒋… Ⅲ.①创新管理—案例 Ⅳ.①F273.1

中国版本图书馆CIP数据核字(2017)第248272号

书　　名	《创新管理：赢得持续竞争优势》案例集
	《CHUANGXIN GUANLI:YINGDE CHIXU JINGZHENG YOUSHI》ANLIJI
著作责任者	陈劲　郑刚　蒋石梅　编著
策划编辑	徐　冰
责任编辑	王　晶
标准书号	ISBN 978-7-301-28880-1
出版发行	北京大学出版社
地　　址	北京市海淀区成府路205号　100871
网　　址	http://www.pup.cn
新浪微博	@北京大学出版社　@北京大学出版社经管图书
电子信箱	em@pup.cn　QQ：552063295
电　　话	邮购部62752015　发行部62750672　编辑部62752926
印　刷　者	北京鑫海金澳胶印有限公司
经　销　者	新华书店
	720毫米×1020毫米　16开本　17.25印张　264千字
	2017年10月第1版　2017年10月第1次印刷
定　　价	42.00元

未经许可，不得以任何方式复制或抄袭本书之部分或全部内容。
版权所有，侵权必究
举报电话：010-62752024　电子信箱：fd@pup.pku.edu.cn
图书如有印装质量问题，请与出版部联系，电话：010-62756370

前言

在创新型国家建设战略的驱动下,在产业升级换代困境的背景中,为避免陷入"中等收入陷阱",创新成为我们求胜的唯一法宝。创新管理的重要性也就不言而喻了。然而也有"不创新等死,创新找死"的说法。通过系统研究创新管理前沿理论与实践,来帮助企业管理工作者掌握创新管理的规律,使更多的企业能够跨越创新的"死亡之谷",就成为创新管理学者的首要任务。

浙江大学创新研究团队在中国工程院院士、我国创新管理研究的主要开拓者之———许庆瑞院士的带领下,经过三十多年的努力,初步构建起了与国际接轨并具有中国特色的创新管理理论和学科知识体系。其中,清华大学陈劲老师和浙江大学郑刚老师,联合编写的"十二五"普通高等教育本科国家级规划教材《创新管理:赢得持续竞争优势》(第三版)(陈劲教授领衔的"技术创新管理"国家精品课程配套教材)是创新管理教学领域的代表性成果之一。作为创新管理领域的国家级规划教材,该书自2009年起在全国各大高校本科生、研究生、MBA/EMBA教学和企业管理培训中,在传播创新管理前沿理论与实践中起到了非常好的效果,目前已经成为最受欢迎的创新管理教材之一。

虽然《创新管理:赢得持续竞争优势》中插入了大量最新的创新管理实践案例素材,但是由于篇幅有限,这些实践案例素材的编写只能高度压缩和抽象,无法完全满足创新管理案例教学的需要。因此,编写一本专门为《创新管理:赢得持续竞争优势》配套的案例集迫在眉睫。

以陈劲老师领衔的"最佳创新"研究团队为本次案例开发主力,历时近一年,这本案例集终于面世了。本案例集既有团队近年来开发的"全国百篇优秀管理案例",或者被中欧国际工商学院案例库、清华大学经济管理学院案例库和中国管理案例共享中心案例库收录的案例，也有专门采写的最新原创案例。

希望本案例集能起到抛砖引玉的作用，唤起创新管理学者与企业管理工作者的共同参与与互动，把扎根于中国的前沿创新理论与最新的创新实践相结合，开发出更多优秀的本土创新管理案例，服务于创新管理的研究与教学，并向国外传播我国的最佳本土创新管理案例。这是本案例集编写的最终目标。

感谢浙大创新团队的刘景江老师和金珺老师，浙江工业大学的王飞绒老师和王黎萤老师，以及浙江工商大学的伍蓓老师等的鼎力支持，他们在百忙之中专门为案例集开发了原创案例。

感谢陈劲老师的最佳创新团队成员、紫金港资本合伙人、浙江智能硬件联盟创始人曾珍云总经理。曾总自始至终参与了本案例集的策划和征集工作，并作为联系人在案例企业和案例开发师生之间做了大量的关键性的推荐和协调工作。可以说，没有曾总卓有成效的工作，这本案例集难以出版。

本案例集会每年陆续更新，面向国内外发行，以服务于中国创新型国家建设的需要，服务于我国越来越多优秀的创新型企业走出去的需要。希望借此得到全国创新管理学者及企业家的积极参与和支持。

感谢北京大学出版社的徐冰编辑对案例集的高水平的策划与指导！感谢王晶编辑的辛苦的细致编辑工作。没有她们的指导与辛勤工作，这本案例集不可能付印。在此，对她们表示由衷感谢！

由于能力有限，本案例集存在各种不足。衷心希望广大师生和企业管理工作者能够给予批评与不吝指正！

陈劲　郑刚　蒋石梅
2017年10月

目录
CONTENTS

第1篇 创新与创新管理

第 1 章　创新的价值　／003

互联网思维做手机：移动互联网浪潮下的小米传奇

郑刚　蒋石梅　张鹏　贾鹤　田华

第 2 章　创新的内涵与类型　／027

路在何方：旅步科技酒店自助终端产品商业模式创新

刘景江　吕韧

第 3 章　创新的过程与模式　／043

牛肉干大王的科学创新之路

王飞绒　李正卫

第 4 章　创新的有效管理　／055

比亚迪的成功创新

王成军　叶伟巍　安佳喜　何杰　赵大地

第5章　变革时代的创新与创新管理　/ 071

衣邦人：触手可及的高端定制

王黎萤　宋秀玲　虞微佳

第2篇　创新的战略视角

第6章　创新战略　/ 087

大华股份：创新战略支撑起的产业链延伸之路

刘景江　蒋石梅　刘中元　王志玮

游戏多公司的变革之路：快速反应战略

蒋石梅　许浩凡

第7章　自主创新　/ 121

科技打造"安全屋"：大华股份的自主创新之路

蒋石梅　刘景江　王文超

第8章　开放式创新　/ 135

阿里众包：价值共创的时代

伍蓓　李雨霏

HOPE开放创新平台：平台引爆颠覆性创新

蒋石梅　吕平　闻娜　安佳喜　陈劲

第3篇 创新的组织与文化视角

第9章 创新的组织形式 /175

韩都衣舍的组织创新：以"产品小组"为核心的单品全程运营体系

郑刚　雷明田子　陈箫　梅景瑶

第10章 创新系统 /195

海尔触"网"转型：企业创新生态系统建设

陈劲　蒋石梅　刘宏　李笑春　石会　吕平

吉利并购沃尔沃：走向国际化的协同创新之路

陈劲　刘景江　蒋石梅　戚利坤

第4篇 创新的资源视角

第11章 创新的人力资源管理 /241

知识型员工的管理体系建设：华为管理之道

蒋石梅　陈劲　李笑春　闻娜　王自媛

第12章 如何从创新中获益 /255

标准战略、知识产权战略与技术创新战略的协同：以浙大中控EPA标准为例

王黎萤　金珺　曹泽钦

第一篇

创新与创新管理

第1章 创新的价值

互联网思维做手机
移动互联网浪潮下的小米传奇

小米公司于2010年成立，用互联网思维做手机，在短短4年内异军突起，估值过百亿美元，成为中国第四大互联网公司。发展迅猛的小米被誉为"中国的苹果公司"，却希望成为亚马逊，并带有一些谷歌的元素。在谷歌安卓全球副总裁雨果·巴拉加盟后，小米正式启用全球新域名mi.com，迈出了国际化的第一步。本文通过描述并分析小米公司在互联网思维影响下的各种管理创新活动，展现小米公司创立以来的创新管理思路，帮助读者深入了解互联网思维、开放式创新和商业模式创新等相关理论。[1]

关键字：小米公司，互联网思维，开放式创新，商业模式创新

---

[1] 本案例由浙江大学管理学院郑刚，河北工业大学经济管理学院蒋石梅、张鹏、贾鹤，以及北京邮电大学经济管理学院田华共同撰写。作者拥有著作权中的署名权、修改权和改编权。未经允许，本案例的所有部分都不能以任何方式与手段擅自复制或传播。本案例授权中国管理案例共享中心使用，中国管理案例共享中心享有复制权、修改权、发表权、发行权、信息网络传播权、改编权、汇编权和翻译权。本案例仅供讨论，并无意暗示或说明某种管理行为是否有效。

第1章 创新的价值

引言

2011年8月16日,雷军站在798艺术中心北京会所的舞台中央,身着黑色T恤和深蓝色牛仔裤,以小米科技创始人兼CEO的身份,带着一款"顶级智能手机",对着台下的几百名听众讲述它的诞生传奇。

2013年,雷军在中国企业家年会上申明,小米是一家互联网公司而非制造商。小米依托互联网思维做手机的理念印证了自己的成长:仅2013年销量就接近2 000万台,销售额突破300亿人民币。随后,雷军又宣布2014年销售额将追至800亿。[①]

小米4年来的传奇发展开创了一个新的产品品类——"互联网手机",为互联网思维改造传统产业提供了突破方向,创造了崭新的商业模式,刷新了中国互联网公司的成长速度,快速打造了一个三线城市都熟知的品牌,成功跻身于一线厂商,成为"中国的苹果公司"。

小米为什么会在短短几年内取得飞速发展?互联网思维在小米的快速发展中到底起到了什么样的作用?让我们一起走近小米,探索其中的奥秘。

1. 小米概述

1.1 公司概况

北京小米科技有限责任公司,简称"小米公司",正式成立于2010年4月6日,是一家专注于高端智能手机自主研发的互联网公司。小米手机、MIUI、米聊是小米公司旗下的三大核心业务。"为发烧而生"是小米的产品理念。小米公司首创了用互联网模式开发手机操作系统、发烧友参与开发改进的模式。自创立以来,小米公

---

① 派代网.雷军的小米模式5点总结及互联网方法论. http://news.paidai.com/13345.html, 2013年12月9日.

司三年多时间估值过百亿美元。

小米的logo是"MI"两个英文字母，它们是"Mobile Internet"的首字母缩写。首先，它表示小米是一家移动互联网公司；其次，"MI"倒过来很像一个"心"字少一个点，意味着小米要让用户"省点儿心"；另外"MI"是米的汉语拼音，正好对应其公司中文名称。

1.2 明星CEO和黄金团队

雷军，1969年出生于湖北仙桃，小米科技创始人、董事长兼首席执行官，曾任金山软件公司董事长，中国著名天使投资人。2012年当选北京市人大代表，2012年12月荣获"中国经济年度人物新锐奖"。2013年2月当选全国人民代表大会代表；2013年10月荣获"对民族产业贡献卓著的民营功勋企业家"荣誉；2013年12月12日，荣获"中国经济年度人物"及"十大财智领袖人物"。2014年2月，雷军首次以280亿元财富进入"胡润全球富豪榜"，跃居大中华区第57名，全球排名第339位。②雷军是一个明星CEO，每次访谈或者演讲都会说起小米模式和互联网思维。

为了使小米公司成为一家无限完美的公司，雷军可谓煞费苦心。2010年4月，雷军与谷歌中国工程研究院原副院长林斌(曾参与微软亚洲工程院的创建并任工程总监)、摩托罗拉北京研发中心原高级总监周光平(曾主持设计"明"系列手机)、北京科技大学工业设计系原系主任刘德、金山词霸原总经理黎万强、微软中国工程院原开发总监黄江吉和谷歌中国原高级产品经理洪锋六人联合创办小米科技。因为小米公司这七位创始人都是才华出众之辈，所以被大家称为"小米黄金团队"。

"如果你招不到人才，只是因为你投入的精力不够多。"强调"设计先导"的雷军硬性要求所有团队必须有三分之一的人是设计师，而且其骨干力量均由微软、谷歌、金山软件、摩托罗拉等国内外著名IT公司的资深员工组成。为了组建这支超强团队，雷军前半年花了至少80%的时间找人，每天都要花费一半以上的时间用来招

---

② http://baike.baidu.com/subview/50454/5076049.htm?fr=aladdin&qq-pf-to=pcqq.c2c.html。

募人才,前100名员工在入职前都要与他当面沟通。和每位潜在的高管和重要产品经理至少聊10个小时,说服他们加盟。有一次,一位非常资深和出色的硬件工程师被请来小米公司面试,他没有创业的决心,对小米的前途也有些怀疑,几位合伙人轮流与他交流,整整12个小时,打动了他,最后工程师说:"好吧,我已经体力不支了,还是答应你们算了!"[3]

1.3 "出格"的管理

小米公司把自己的企业文化概括为:一是小米没有森严的等级,每一位员工都是平等的,每一位同事都是自己的伙伴;二是小米崇尚创新、快速的互联网文化,讨厌冗长的会议和流程,员工可以在轻松的伙伴式工作氛围中书写自己的创意;三是小米相信用户就是驱动力,坚持"为发烧而生"的产品理念。同时,小米的组织管理也受到很多人的关注,有人称小米的管理很"出格",这是为什么?

组织管理有新意

在小米的眼里,互联网时代讲求单点切入、逐点放大。雷军认为,领导少做事,管理扁平化,才能把事情做到极致,才能快速。小米的组织架构没有层级,基本上是三级:七位核心创始人→部门领导→员工(见图1.1)。雷军给自己的第一定位不是CEO,而是首席产品经理。他80%的时间用来参加各种产品会,每周定期和MIUI、米聊、硬件和营销部门的基层同事坐下来,举行产品层面的讨论会。很多小米公司的产品细节,就是雷军在这样的会议当中和相关业务一线产品经理、工程师一起讨论决定的。

除了每周一的一小时公司级例会,小米很少开会,也没有什么季度总结会、半年总结会,甚至做出的决策都不发邮件,有什么事情就在米聊群里解决,连报销都在米聊截个图就可以了。成立至今,七位合伙人只开过三次集体大会。2012年"815"电商大战,从策划、设计、开发、供应链仅用了不到24小时准备,上线后微

---

[3] 赢在中国网.雷军自述小米模式:少做事,管理扁平化.http://business.wincn.com/Corporate_Design/20130902144499.html,2013年9月2日.

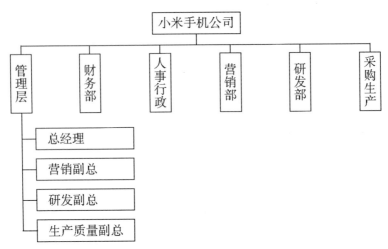

图 1.1 小米公司组织结构图④

博转发量近10万次,销售量近20万台。

绩效薪酬出奇招

小米公司成立以来坚持全员6×12小时工作,从来没有实行过打卡制度,而且也没有实行公司范围内的KPI考核制度。小米公司的激励理念就是要和员工一起分享利益、尽可能多地分享利益。公司带给员工很多的回报,工资是主要的,另外在期权上也有很大的上升空间,小米成立的时候就推行全员持股、全员投资的计划,而且每年公司还有一些内部回购。团队做事有时候确实压力很大,但员工会觉得很有满足感,如果很多用户极力追捧他,可能会说某个工程师万岁。而且小米强调你要把别人的事当成第一件事,强调责任感。比如一位工程师的代码写完了,一定要别的工程师检查一下,别的工程师再忙,也必须第一时间先帮忙检查代码,然后再做自己的事情。

2. "大踏步"进入互联网

从大学毕业开始做软件到金山、卓越再到创办小米,从雷军的个人经历不难发

---

④ 贺林. 小米手机公司的发展战略研究 [D]. 北京邮电大学,2013.

现，雷军的职业生涯始终围绕着计算机软件和互联网。因此，每次谈起小米的创办，雷军都会讲起自己在互联网浪潮刚刚到中国的经历和自己对于互联网与众不同的认识。

2.1 互联网是一种观念，一种方法论

雷军参与创办的第一家公司就是金山软件，它创办于1988年。当1999年互联网在中国真正热起来时，在互联网浪潮的冲击下，金山成为被互联网革命湮灭的第一代，实际上这次互联网浪潮的到来，最先吃掉的就是跟它最近的行业——软件行业。眼看着创办于1998年11月的腾讯和创办于1999年的百度及阿里巴巴相继火了起来，雷军感觉自己落伍了，被抛弃了，于是他第一次对"互联网"进行了深刻的思考。[⑤]

2000年，雷军牵头创办了卓越网，2004年又将卓越网卖给亚马逊。卖掉卓越网后，雷军再一次对于互联网的概念进行了深度思考："金山只有20%到30%的成长，而卓越网能获得100%的增长。我就在想，这事情好像不对，我花了80%时间做的东西只有20%到30%的成长，问题出在了什么地方？我们怎么可以成长得更快呢？而且互联网到底是一个什么样的东西呢？足足想了半年多，我才觉得自己对互联网有了一点点感觉。这个门道是什么呢？其实说起来很简单：互联网是一种观念！互联网其实不是技术，它是一种观念，一种方法论，你用这种方法论就能把握住互联网的精髓了。"[⑥]

2.2 在台风口上，猪也能飞起来

谈到自己正式进入移动互联网这个行业，雷军用"顺势而为，做台风口上的猪"来形容自己。他认为，"只要站在台风口，猪也能飞起来"。互联网是精英的平台，移动互联网是草根的平台，比如学生、军人、农民工等，是这样的人群在使用移动互联网，所以这次移动互联网浪潮的起因很大是因为草根人群希望用手机来接触这个世界。同时，作为天使投资人的他理解了这个需求以后，就投了一系列的

[⑤] 网易财经. 雷军：互联网模式干掉软件业启发创立小米公司. http://money.163.com/14/0331/10/9OLLFK2N00253G87.html，2014年3月31日.

[⑥] 雷军的个人博客. 用互联网思想武装自己. http://blog.sina.com.cn/s/blog_4b0e23c901015idw.html，2012年5月11日.

资金往相关公司，2007年他投了一家非常重要的移动互联网公司——UCWeb，也因此成为当年整个移动互联网最活跃的投资者。

2.3 立刻去做，不懂就和别人去学

在移动互联网这个浪潮到来的时候，雷军做的最重要的一件事情就是"立刻去做"，不懂就向别人学。就这样，雷军进入了移动互联网行业，进去以后又发生两件大事。

第一件事是iPhone在2007年1月发布、2007年7月上市。当年iPhone给他的震撼极大，他感到一个新的时代来临了。在iPhone发布之前，智能手机就有了，但iPhone发布以后，大家就认为，像iPhone的才是智能手机，iPhone重新定义了智能手机。iPhone发布了之后，雷军买了二三十部iPhone，给朋友一人发了一部。用了iPhone之后，雷军感触很深，"当年用iPhone比较痛苦，第一没有中文输入法，第二不能发中文短信，于是我们全开始学英文。还有一个更痛苦的是，它没有转发，所以也不能转发段子，我们后来就不再转发段子了。"

第二件事就是2008年9月安卓发布了，2008年10月第一部安卓手机也发布了，即HTC的G1。雷军当时在香港用高价买了一部G1，用完以后，他说："iPhone的确很好，有点像30年前的麦金塔电脑（Macintosh），在市场上有极高的平台，有极好的口碑，但最后在个人电脑（PC）时代，个人电脑胜出了。今天的苹果对安卓可能就是30年前历史的重演。"所以预感到一个巨大机会的来临，这个市场最终会属于安卓。2008年10月，雷军开始做安卓手机。

3. "铁人三项"让小米飞起来

雷军认为小米模式就是"铁人三项"，小米创造了互联网手机模式，实现了从设计、研发、供应链管理到市场、渠道、销售、服务的一体化，凭借"软件+硬件+互联网服务"的"铁人三项"，为用户带来良好的体验。

3.1 用户体验至上：产品定位"为发烧而生"

小米从创立之初就将产品理念定位于"为发烧而生"，原因之一就是雷军本人

是一个"机龄16年,换了53部手机"的发烧友。他了解手机发烧友对手机功能和用途追求极致的心情,所以他要做一款手机发烧友能够参与其中的产品,让发烧友"有用武之地"。在一次采访中,雷军讲起自己曾经使用诺基亚的经历:在使用诺基亚手机的时候,和众多发烧友一起提出过很多系统软件创新改进的建议,但是诺基亚公司一直都没有反应。"既然他们不做,那我来做",雷军在采访中说道。

在探索"铁人三项"模式的道路上,小米最大的特点就是将软件和硬件向用户开放。雷军在思考互联网的时候就想"怎么样通过互联网让用户跟我们一起干?"雷军想透了,"利用互联网平台与用户交流,通过互联网发动足够多的人一起帮你出主意,一起帮你推广,一起来做,这就是互联网思想。"

做到开放只是第一步,接下来小米要面对的就是"大家为什么要帮你一起做"的问题。雷军认为,既然要做互联网手机,那就做一个高度注重用户体验的产品。他认识到离开安卓自己做一个系统听上去很不错,技术难度也不大,但是生态系统却难以建设。"今天在手机上最好的系统就是IOS、安卓,连WindowsPhone的压力都很大,更不要谈其他系统了。所以,我们基于安卓深度定制了我们的MIUI系统。"相对于苹果一年一次的大升级和安卓系统半年一次的更新,受互联网思维影响的小米认为这样的速度远远落后于互联网,不符合互联网思维"快"的特征,所以小米决定以一周为一个迭代开发周期,依据敏捷开发的理念,坚持"快速迭代、随做随发"。在小米,面对客户反馈上来的意见和建议,每个产品经理花费几个小时从诸多建议中选取一条,然后交给负责软件开发的工程师,经过几个小时讨论之后由工程师表决是否采纳这条建议。如果采纳,接下来就是进行开发,然后在下一周的MIUI更新里,这一条建议就会成为现实。因此,MIUI系统每周更新几十上百个功能,而这其中三分之一来源于"米粉"的建议。

做好了软件,硬件怎么做呢?雷军认为,在小米之前也有人用顶级供应商,用最好或者最贵的元器件,用最好的工厂制造,但是在国内没人这么做过。以前国产手机都以便宜著称,用比较便宜的材料、比较便宜的供应商、做比较便宜的产品。因此,小米一上来就买全世界最贵、速度最快的CPU,用最好的屏幕和最贵的生产线,小米要做国内第一家旗帜鲜明的做最好产品的公司。

有了产品,接下来就是价格。"互联网公司没有价格战,因为互联网产品全免费,免费是价格战的极致。小米刚刚面市的时候就定位零利润,成本即定价,其价格相当于同行的40%,截止到今天小米也是所有高端智能手机中最便宜的,这就是小米追求极致的力量。"雷军解释说,"可能在这一点上大家都觉得奇怪,你们怎么会这么便宜?其实很简单,我们使用电商模式,全部直销,没有渠道和市场营销成本。小米就这么简单。"

完成了这些,小米将目光聚焦在服务上。小米没有专门的用户调研中心,而是组建了一个迄今为止已有1700人、7×24小时运转、号称手机行业最大规模的客服团队。物流服务方面,小米采用互联网直销模式,绝大部分商品使用凡客诚品如风达的配送体系进行配送,现已组建1500人的物流服务团队,国内建立10个仓储中心,单日发货能力最高50万单。售后服务方面,小米组建了一个已有600人的售后服务团队,成立18个小米之家,500个授权服务网点,提供"1小时快修"服务,让广大客户放心购买。

3.2 巧用互联网思维,颠覆传统让同行"上火"

从产品到库存,再到渠道和营销,在互联网思维的影响下,传统行业的每一个环节,都发生了翻天覆地的变化。

按需定制实现"零库存"

在家电、个人电脑、功能手机时代,库存是一个让几乎所有生产商都头疼的问题,库存成本高是手机价格高的重要原因之一,很多厂商因库存问题而倒闭。传统的龙头企业在多年经营之下基础扎实,库存能力不容小觑,而小米作为手机行业的新秀,库存成为一大难题。小米手机利用互联网模式经营,实现了"零库存"模式。

小米通过小米商城、MIUI论坛、微信公众平台、新浪官方微博、QQ空间等,与用户直接接触,了解用户需求。通过用户的网络订单和付款信息,小米公司获得了详实的市场需求数据,然后通过灵活的供应链采购零部件,比如向夏普采购屏幕、向高通采购芯片、向索尼采购摄像头等,用"按需定制、以销定产"实现了零库存。

渠道扁平，让同行措手不及

在传统手机行业的传统模式下，工厂和消费者位于销售的两头，中间需要大量的商业服务，因此，在传统手机的分销体系中，由于层层代理制度的存在，渠道成本成为手机价格高的另一个重要原因。小米采取互联网直销为主、主流运营商代售为辅的方式进行销售，没有中间代理商，实现了渠道扁平化，并缩短了从新品发布到销售的时间差，再加上"零库存"，进一步降低了渠道成本。

巧用社会媒体，"零费用"营销

小米运用互联网思维销售智能手机，销售渠道以电子商务模式为主(约70%)，其余则是通过与联通、电信运营商合作渠道销售，其电商系统包括MIUI论坛、基于小米网的预购系统、微博和论坛等新媒体平台等。通过MIUI论坛、微博、论坛等进行营销，对发烧友级别的用户实现单点突破，成功实现了口碑营销，绕开了电视广告、路牌广告等"烧钱"式营销方式。

小米在营销上有"三板斧"，其实也是被逼出来的。2011年的5月月底，在小米手机发布前，黎万强接下了小米手机的营销任务。为保守起见，黎万强设计了一个3 000万的营销计划，主要是一个月的全国核心路牌计划，这也是凡客早期一战成名的手段。对于要做100万台手机的目标而言，3 000万已经是个很少的营销费用了。100万台2 000元的手机价值20个亿，一般的公司至少会投入2%~3%的营销费用，按这样计算，小米在营销上的成本应该是5 000多万。但是，这个营销方案很快被雷军"拍死"了。雷军对黎万强说："你做MIUI的时候没花一分钱，做手机是不是也能这样？"

第一板斧是把新营销当作战略，当作主战场，而不是试验田。因为没有预算，只能选择社会化营销的手段。很幸运的是，小米搭上了一个大的"顺风车"。2010年正好是微博大爆发的时候，小米迅速抓住了这个机会，并将其变成品牌的营销主战略。从小米网的组织架构上，你能看到这种战略聚焦，小米网的新媒体团队有近百人，其中小米论坛30人、微博30人、微信10人、百度和QQ空间等10人。

第二板斧是做服务。客服不是挡箭牌，客服就是营销。雷军认为，"参与感是营销的灵魂，参与感才能让社会化营销效果最大化。在做营销的时候，要注意如何让用户参与其中，从产品开发、营销到服务，让用户全程参与。"小米论坛是这种服务战略的大本营，微博、微信等也都有客服的职能。小米在微博客服上有个"15分钟快速响应"的规定，为此还专门开发了一个客服平台进行专门处理。不管是用户的建议还是吐槽，很快就有小米的人员进行回复和解答，这让很多用户倍感惊讶。

小米还有一个"全民客服"的理念。所谓全民客服，就是每个员工都会通过米聊、微博等得知"米粉"的需求和意见，跟"米粉"互动。小米鼓励大家真正地近距离接触用户。雷军每天花一个小时回复微博上的评论。而对所有的工程师，是否按时回复论坛上的帖子则是工作考核的重要指标。"我们不做呆板的数据抓取和整理，每个员工都可以在微博和论坛上接触一线用户，第一时间拿到用户反馈并直接解决。"据统计，小米论坛每天新增12万个帖子，经过内容的筛选和分类，有实质内容的帖子大约为8 000个，平均每天每个工程师要回复150个帖子。工程师的反馈在每一个帖子后面都会有一个状态，比如已收录、正在解决、已解决、已验证，这就相当于一个简版的Bug解决系统。用户可以明确知道自己的建议是哪个工程师在解决、什么时候能解决，因此有一种被重视的感觉。

第三板斧是涨"粉丝"。微博营销的头绪千丝万缕，最关键的就是粉丝，粉丝是朋友，不是上帝，也不是工具，小米涨粉丝的秘密武器就是事件营销。小米在微博上做的第一个事件营销是"我是手机控"。从雷军开始，发动手机控晒出自己玩过的手机，整个过程大概吸引了80万人参与。转发量最高的事件营销是"新浪微博开卖小米手机2"，也是新浪微博2012最高转发纪录保持者，转发265万次，涨粉丝37万。

最有影响的案例则是"小米手机青春版"。2012年5月18日，小米发布简配版手机，定价1 499元，限量15万台，主打校园人群。为了实现15万台的销售目标，小米微博营销提前一个月开始预热，启动了一个很奇怪的主题叫"150克青春"。所有的素材就是校园的插画，比如说打篮球、翻墙、考试作弊等，一系列这样的内容传播大概长达一个月，在一开始很多用户就莫名其妙，所以他就会问这个为什么叫150克青春。150克其实是青春版小米手机的重量，包装盒上面写的是"内有150克青春"，噱头十足。《高潮》是小米7位合伙人拍的一个微视频，当时《那些年我们追过的女孩》正火，雷军等7位合伙人参照那个风格拍了一系列的海报、视频，相当于一群老男人的集体卖萌，话题感十足。为了刺激转发，小米下了一个狠招——有奖转发送小米手机，这个招数在小米所有的事件营销里屡试不爽。结果3天狂送36台小米手机。最后的战果是，"小米青春版"微博转发量203万，涨粉丝41万。

微博、微信和小米官网等社会化新媒体平台的利用使小米的营销费用很低，计入员工成本，不超过营业额的1%；而一般制造业的营销费用却能占到营业额的10%，渠道费用占营业额的20%—30%。

综合优势让同行"上火"、消费者"疯狂"

生产方面，手机产品性能和外观设计全部由小米内部来自摩托罗拉的硬件团队完成，没有自己的生产线，那就采取业务外包的形式，这样就能够将更多的精力和资金用于产品的技术研发上。产品质量方面，小米手机质量好、性价比高，定位于中档机市场，价格向下看齐、配置向高端机看齐甚至超越。库存和渠道方面费用大幅度缩减，营销方面费用也微乎其微。总之，小米的互联网模式创新颠覆了传统手机行业的成本结构。

在当前国内手机市场上，尤其是像华为、中兴一类的龙头企业，提供高配置手机产品是一件轻松的事情，但手机行业的经营传统是"用低端机冲击市场份额，用中高档机赚利润"。小米的出现则颠覆了这个传统，它最大的卖点是"高配置、低价格"。市场上的手机企业主要提供的产品组合主要包括：苹果的"高配置+高价格"模式，三星和华为"中配置+中价格"模式，以及中兴、天语等的"低配置+低价格"模式。国产手机安卓系统扎堆，要抢占市场份额必须走最险的"低价"策略，小米独辟蹊径，将高配置和低价格结合，通过让利消费者寻求平衡，探索出了"高配置+低价格"模式。同时，网购手机的方式降低了用户的时间成本(挑选手机品牌和款式的时间)、体力成本(送货上门，无需耗费体力到现场购买)和精力成本(免去挑选烦恼)。小米通过提高产品价值和降低顾客成本，实现提高顾客的让渡价值的目的，这是其他企业目前为止难以复制的。⑦

---

⑦ 丁睿. 小米的商业模式及创新[J]. 商，2012，5：83-84.

3.3 跟用户做朋友："因为'米粉',所以小米"

"因为'米粉',所以小米"是雷军经常讲的一句话。"什么是互联网的力量?就是相信'米粉'、依靠'米粉',从'米粉'中来,到'米粉'中去。这是一种超级泛化的'众包模式'逻辑:粉丝各尽所能去成就他们认同的对象。"雷军认为,这就是互联网思维,也是小米最核心的竞争力,由此才能牢牢握住对移动互联网有着极高认知程度和参与热情的用户群体。

小米高调召开酷似iPhone的发布会,进行"千呼万唤始出来"的前期宣传;史无前例地率先发布比普通机更优惠的工程机,拥有第一批产品面世就征服市场用户的高性价比;不断制造、炒作话题,网络盛行着粉丝群传播出的极高评价……通过这些,小米成功塑造了自己的"粉丝文化",让米粉成为产品的代言人,宣传小米的优点,维护小米的品牌荣誉,可以毫不夸张地说是"米粉"成就了小米。

鉴于诺基亚的失败,雷军提出了"粉丝经济"的观念,就是把卖方和买方的买卖关系转化为一种朋友关系,其核心观念即通过用户之间的交流增加用户体验。在小米看来,用户不应该只是消费者,还应该成为技术研发的伙伴共同参与产品的研发。"米粉"给小米带来的收获除了销量就是品牌影响力,"米粉"的热情和忠诚能够让更多人知道小米,甚至也变成"米粉",然后就像滚雪球一样,"米粉"的阵营越来越庞大,反过来进一步促进了小米手机的销量。

4. 机会与挑战并存

4.1 风云激荡的市场竞争

谷歌公司2012年10月发布了与小米2手机配置相当的Nexus4智能手机。这是一款搭载最新安卓操作系统,具有四核处理器、2GB内存及4.7英寸屏幕的智能手机。人民币1900元的定价、纯正的谷歌血统,看上去同样很吸引人。与此同时,三星、摩托罗拉、HTC等安卓阵营的主力品牌手机,也迅速转入降价通道。同期华为发布的四核智能手机,价格也仅为1888元。在2013年12月16日,华为强势发布华为荣耀3C,更是对红米手机造成了一定的冲击。主流的四核安卓手机纷纷进入2000元价位,小米的性价比不再具有明显优势。那么,如何保持价格优势,或者失去了价格优势后的小米拿什么来维系住手机发烧友,是小米必须面临的最大挑战。

4.2 依然快速发展的小米

自2011年8月16日第一款小米手机发布,小米在手机销售上捷报频传。2012年6月7日,小米手机销量突破300万;2012年10月30日,小米手机2首轮开放购买,2分51秒售罄;2013年1月初,小米公司联合创始人黎万强表示,2012年销售额达到719万台,销售额超过120亿元;2013年7月16日,小米公司在上半年共销售703万台小米手机,上半年的营业额为132.7亿,作为对比,去年全年的营业额也不过是126亿;小米在2013年共销售手机1870万台,增长了160%,超额完成了年初供货1 500万台的承诺,含税销售额为316亿元,增长150%。雷军在2014年年初预计小米2014年至少会供货4 000万台,努力供货6 000万台。2014年4月8日,雷军在一年一度的"米粉节"又透露了如下数据:一季度出货突破1 100万台,仅3月份就售出了580万台,如果按照150%的增长速度,2014年的销售额将达800亿元。⑧

4.3 突出重围,进军国际

2013年8月15日,雷军接受路透社采访时便已作出明确表示:"小米被誉为'中国的苹果公司',但小米却希望成为亚马逊,并伴有谷歌的一些元素。"同年8月29日,谷歌安卓全球副总裁雨果·巴拉宣布从谷歌离职,随后小米对外宣布确认巴拉10月份出任小米全球副总裁,负责小米国际业务拓展事务,以及小米与谷歌安卓的战略合作。

2014年1月1日,小米通过其官方Facebook宣布将正式进军新加坡市场,随即开通了小米新加坡的Facebook主页。2月21日,小米推出售价169新元(约合134美元)的Redmi(红米海外版),同时宣布其旗舰手机Mi-3(小米M3海外版)也将以419新元(约合

---

⑧ 凤凰财经. 小米料年销售额破800亿 概念股有望爆发. http://finance.ifeng.com/a/20140409/12078884_0.shtml.html, 2014年4月9日.

332美元)的价格在3月7日上市。⑨此次登陆新加坡是小米全球化路线的正式开启。

首战新加坡之后，3月24日晚间，小米确认其正式进入印度市场，与印度手机制造商Micromax展开正面竞争。⑩据悉，小米将在印度设立办事处，并与当地运营商合作推出手机。"小米在印度将同样支持在官网购买设备"，巴拉表示，小米的在线生态系统是公司的主要收益来源，小米能够以接近成本的低价格销售手机正是得益于此。不过，巴拉也表示，小米在印度瞄准的目标并不是低端市场。⑪

小米在随后的新品发布会上表示将继续开拓马来西亚、菲律宾等10个海外市场。4月22日，小米正式启用全球新域名mi.com，该域名的成交价格为360万美元，荣获"花费最高、域名最短"的称号，显示了小米国际化的决心。

结语

无论是"铁人三项"组成的小米模式，还是独具一格的"米粉"文化，小米的成功是顺应了移动互联网时代的浪潮，还是管理得当加上机缘巧合的市场成功？互联网思维究竟是不是促成小米成功的核心要素？小米的快速发展引起了业内的强势围观，也有人在质疑小米的快速发展："小米能否成为一家可以长久发展的公司呢？"小米的未来又该如何发展？我们拭目以待……

查看有关小米的更多图表资料，请扫描右侧二维码。其中附录一和附录二见本书第19-25页。

启发思考题

1.通过阅读案例，你认为到底什么是互联网思维？其本质是什么？

---

⑨ 通信信息报.小米提速国际化进程 渠道不足制约海外扩.http：//www.kaixian.tv/gd/2014/0508/4952751.html，2014年5月8日.

⑩ 新华网.小米将进军印度市场 线上销售模式面临考验.http：//news.xinhuanet.com/info/2014-03/29/c_133221026.html，2014年3月29日.

⑪ 环球科技报.小米手机欲以东南亚为依托 随后进军印度市场.http：//tech.huanqiu.com/comm/2014-04/4973454.html，2014年4月17日.

2. 小米科技是如何基于互联网思维进行创新的？

3. 以小米为例，分析初创企业如何凭借互联网思维异军突起。

4. 通过案例，分析小米的商业模式创新体现在哪些方面。

5. 你如何看待小米的"粉丝"文化？用户创新对小米的快速发展有哪些价值？

附录一　小米的核心业务

目前，小米公司有三大产品：定位于发烧友的小米手机、基于安卓系统深度开发的MIUI系统和社交聊天工具"米聊"。

小米手机

小米手机是一款搭载MIUI操作系统的智能手机，由小米自行设计、采购、销售、服务，生产由代加工工厂负责。小米第一款手机M1于2011年8月发布(现已停售)，此后相继发布了M1S、M2、M2S、M3和红米等一系列手机产品，每款手机均销量可观，取得了市场的高度认可。

小米手机最引人瞩目的地方在于硬件配置和价格。作为当时国产乃至全球最强的双核安卓手机，其性能并不亚于主流手机品牌，甚至有一定独特性与创新性。而不到2000元的亲民价格，引爆了整个手机市场，刷新了消费者心目中的硬件高度，每轮销售均创造了短时间内抢购一空的奇迹，让小米手机一机难求。

MIUI系统

MIUI是小米公司旗下基于安卓系统深度优化、定制、开发的第三方手机操作系统，基于中国人习惯设计，以带给国内用户更为贴心的安卓智能手机体验。它大幅修改了安卓系统本地的用户接口，并移除了其应用程序列表(Application drawer)，加入大量来自苹果公司iOS的设计元素，这些改动也引起了民间把它和苹果iOS比较。MIUI系统还采用了和原装安卓不同的系统应用程序，取代了原装的音乐程序、调用程序、相册程序、相机程序及通知栏，添加了原本没有的功能。从2010年8月16日首个内测版发布至今，MIUI已经拥有国内外超过5 000万的发烧友用户，包括中国、英国、德国、西班牙、意大利、澳大利亚、美国、俄罗斯、荷兰、瑞士、巴西等近20

个国家。

米聊

米聊是小米公司于2010年12月10正式推出的一款支持跨手机操作系统平台，跨通信运营商的手机端免费即时通信工具，通过手机网络（WiFi、3G、GPRS），可以跟你的米聊联系人进行实时的语音对讲、信息沟通和收发图片，只消耗少量的网络流量。

（资料来源：主要来源于百度百科，小米手机部分来源于http：//www.iresearch.com.cn/View/175699.html。）

附录二　小米黄金团队的组建

雷军

雷军从2006年就开始了对移动互联网公司的投资，第一家是乐讯(lexun.com)，其后又投资了UCWeb等一系列的公司。2007年1月，苹果公司发布了iPhone一代，当2007年6月产品正式上市时，雷军第一时间就买了回来使用。按照雷军的话说："我很受刺激，手机居然还可以这样做？"雷军怕自己的体验不具代表性，他干脆买了20部iPhone回来，送给了20个朋友。3个月后雷军发现，其实只剩下他和另外一个朋友在用。雷军这时候觉得，iPhone做得太超前了，很多细节没做好，不好用，但是苹果的iPhone打开了雷军的思路。雷军发现，未来的移动互联网将会是软硬件一体化的体验，软件将帮助硬件发挥更大的作用，而单独做软件，其实会受很大的局限。雷军从那个时候开始就在想：谁能做出一台更好用的手机呢？

在2007年、2008年的时候，中国的移动互联网还不像今天这样红火，但是雷军已经看到了移动互联网就是未来。尽管当时很多人只是认为，雷军不过是为了他投资的UCWeb等项目做宣传罢了，但是实际上当时雷军就已经认定，手机在未来很长一段时间后，将会替代个人电脑成为大家最常用的电子设备。移动互联网在中国真正开始发力，其实是在2009年、2010年，雷军先行几年，他在这之前就已经开始思考如何去做一台属于自己的手机的问题了。

到了2009年年底，雷军说他觉得自己已经快40岁了，想干点事情，因此开始认真考虑如何把手机做出来的问题。雷军说他在这件事情上是先下定决心去做，然后才去考虑如何做的。让雷军下定决心的是他认为自己感觉到了这个行业里的一些未来变化趋势，他看好的就是手机会替代个人电脑，以及手机工业的进一步互联网化。雷军觉得，他的手机之梦，终于时机成熟了。他要开始为了这个梦想构建队伍。

林斌

谷歌中国工程研究院副院长、工程总监，谷歌全球技术总监，全权负责谷歌在中国的移动搜索与服务的团队组建和工程研发工作。再早一些的时候，林斌是微软工程院的工程总监，可以说是当今软件产品和互联网产品技术领域数一数二的人物。

雷军认识林斌是在2008年。当时林斌想推动谷歌和UCWeb之间的合作。雷军惊讶地发现，林斌有发自内心的对产品的热爱，林斌在谷歌所做的工作和产品都非常投入、"下功夫"。那个时候，雷军就开始经常去找林斌聊天，两个大男人经常在一起挑灯夜战，聊到凌晨一两点钟。聊着聊着，两个人从合作伙伴聊成了好朋友。有一次，林斌和雷军聊天时透露说："我想出来自己创业了，做一个互联网音乐的项目，你看怎么样？"雷军听后大喜，对林斌说："别做音乐了，音乐我们投点钱，别人干就可以了，没意思。咱们一起做点更大的事情吧！"就这样，人们亲切地称为Bin的林斌，第一个登上了雷军的小米战船。

黎万强

黎万强就是阿黎，这个广东人喜欢人们这样叫他。阿黎2000年大学一毕业就加盟了金山软件。历任金山软件的人机交互设计总监、设计中心总监和金山词霸事业部总经理。在金山10年的职业生涯中，阿黎从一个设计师成长为一个百余人规模的事业部的领导者，其中既是阿黎自身能力使然，也得益于雷军对阿黎的提携。

和雷军10余年的共事关系让他们的私交非常好。当时正是2009年年底，阿黎决定辞职离开金山，他找到已经是亦师亦友的老领导雷军，告诉雷军说自己创业了，他要去做商业摄影,并问"你觉得我这个创业方向怎么样?"

雷军说:"我这里也有个方向,要不你来跟我一起干?"

阿黎说道:"没问题。"

雷军反问阿黎一句:"你知道我要干嘛吗,你就这么答应了?"

阿黎说:"你要做手机。"

雷军笑了。

黄江吉

黄江吉,人们都叫他KK。KK还不到30岁就成为微软工程院的首席工程师。但是已经在微软工作13年的KK,面临一个选择:是创业还是留在微软继续干?如果留在微软,是留在中国还是去美国?

已经决定和雷军合作的林斌曾经是KK在微软的同事,林斌了解到KK所面临的情况,把KK介绍给了雷军。见面后,雷军丝毫没提创业的事,就是和KK一起聊各种电子产品,从手机到电脑,从iPod到电纸书。三个人一聊就是几个小时,雷军毫无保留地展示了自己作为一个超级产品发烧友的素质。KK当时就震惊了:"当时我以为我是Kindle的粉丝,但是没想到雷军比我更了解Kindle。当时为了用Kindle,我还自己写一些小工具去改进它,结果没想到雷军也是这样的疯狂,他甚至把一个Kindle拆开,看里面的构造怎么样。"那天,他们一共聊了4个半小时。KK已经能够判断出,对面坐的两个人是要做点什么事情的,虽然KK还不知道他们具体要做什么,但是在临走时,KK说道:"我先走了,反正你们要做的事情,算上我一份!"

洪锋

说到洪锋,用雷军的原话就是:"你接触他你会压力很大,他没有表情,他随便你说,你不知道他怎么想的。但他是一个绝顶聪明的人。"洪锋在他上小学的时候就开始学习计算机,并编写程序来解决实际问题。洪锋最令人惊奇的经历就是他在谷歌用20%的业余时间,和几个人一起做了谷歌3D街景的原型。洪锋在美国谷歌的时候是高级工程师,后来回到中国,在中国谷歌他又是第一产品经理,他所主持开发的谷歌音乐,成为了中国谷歌为数不多饱受赞誉的产品。

这样的一个人很强势。林斌说洪锋很强，雷军想要见见洪锋，算是面试吧。但是没想到，实际上成了洪锋来面试雷军。洪锋准备了上百个问题来问雷军，越问越细致，也越问越难。雷军发现洪锋提的问题比他们自己提到的问题都要细致，雷军也就越来越想要拉洪锋入伙。雷军终于明白，其实对于洪锋，不是雷军在想办法找他一起创业，而是他在面试雷军作为一个老板靠不靠谱。于是雷军告诉洪锋：雷军是谁，他打算怎么做手机，还有小米能给洪锋什么。末了，洪锋说："这件事情够好玩，梦想足够大。或者可以说这件事情足够不靠谱，因为它太疯狂了，但你觉得这个事情从逻辑上是靠谱的，只是从规模上和疯狂程度上来说，是绝对不靠谱。这很有挑战性，我决定来挑战一下。"

刘德

刘德本来并不在雷军的人才规划体系里面。雷军不认识刘德这样的人，而且，雷军甚至认为他根本请不起刘德这样的人才。然而凑巧的是，洪锋的太太认识刘德的太太，洪锋认识雷军之后，就想到了刘德，这个艺术中心设计学院（ArtCenter College of Design）毕业的牛人。当时刘德在美国过着悠哉悠哉的中产生活，安逸得不得了。洪锋故作神秘地跟刘德说："来和几个朋友聊聊天。"在2010年5月，因为回中国办事而到北京的刘德，抽空来到了当时在北京北四环边上银谷中心大厦的小米公司，见到了雷军、黎万强，以及后来才正式加入小米的林斌和黄江吉，大家从下午4点一直聊到12点。

聊完之后，刘德说："这事儿挺好，我又能帮上你什么呢？"。而雷军说："我们想拉你入伙。"但是对于刘德来说，如果来和雷军共同创业做小米，意味着刘德要放弃他在美国开办的公司，在美国的舒适生活，现在的一切正常生活轨迹都要放弃，而小米这个事情，也只是有可能成功而已。

而雷军和刘德聊完之后当晚根本就没睡着，有些纠结，他觉得小米还不到做一款有世界水准的、顶级工业设计的手机的时候。雷军觉得对于刚刚开始办公才一个月的小米来说，顶级设计还有些遥不可及。

不过刘德回到美国后，开始去仔细思考这个机会。"这么多年来我都是自己干的，非常累，就是因为没有一个好团队，"刘德说，"我非常愿意加入这个团队，因为找到一个好团队太难了!"

第二次来北京时，刘德主动给雷军打了电话，双方再次沟通。最终"小米选择了刘德，刘德选择了小米，这是一个双向选择"，雷军说。

为了加入小米，刘德下了巨大的决心，放弃了在美国的工作和生活。后来，刘德除了完成了小米手机的设计之外，居然还肩负起了小米手机供应链的工作，那简直是雷军的意外之喜："我很庆幸洪锋能介绍刘德给我认识。刘德现在幸福不幸福我不知道，反正有了刘德，我是非常幸福的。他做得非常出色!"

周光平

到目前为止，雷军找到了能够做手机系统的人、做手机软件的人、做手机设计的人，就是还没有找到能够把手机做出来的人。作为软件行业和互联网行业的大佬，雷军和林斌在硬件制造领域都没有什么特别深的人脉。当2010年7月1日小米公司准备启动硬件项目的时候，这个项目还没有一个专业的人才加入。

雷军说："很多人跟我讲创业公司招人困难，所以业务搞不起来。我认为这就是借口。其实那是你作为老板还不够努力。"在2010年的夏天，3个月时间里，雷军见了超过100位做硬件的人选。雷军、林斌、黄江吉等人动用了他们所有的关系来找搞硬件工程的人才。最夸张的一次是，他们和一个理想人选7天时间面谈了5次，每次10小时，但是很遗憾最后双方由于各种原因却没有达成共识。没有办法，雷军和林斌就继续找人……

这期间，有朋友介绍了周光平博士，但是雷军判断，这个55岁的博士，从1995年开始就在摩托罗拉工作的资深工程师，肯定是不会出来创业的。雷军当时更倾向于去找一些年轻一点的合作伙伴。但是在2010年9月，一个周五的晚上，雷军又一次面试毫无结果，还是找不到合适的能够负责小米手机硬件的人选，雷军几乎绝望了。林斌说："要不，试试看周博士吧。"周六，雷军约到了周博士。

周一，周博士到雷军的办公室去聊天，按照计划，他们准备了两个小时。谁料两个人见面以后居然都感觉相见恨晚，一发不可收拾。雷军和周光平，就在银谷中心小米的办公室里，从中午12点一直聊到晚上12点，从互联网聊到硬件设计，从用户体验聊到手机发展趋势，两个人连出去吃饭的时间都舍不得花，从中午到深夜，叫了两次盒饭来解决吃饭问题……

随后，雷军很兴奋地告诉林斌："周博士有戏！"

过了几天，雷军正在外地出差，林斌打电话来："周博士同意了！"

至此，雷军的小米创始人拼图，终于完成了。

（资料来源：http://finance.qq.com/a/20110817/003418_1.htm，2011.8.17。）

第 2 章 创新的内涵与类型

路在何方
旅步科技酒店自助终端产品商业模式创新

旅步科技由多名海归和资深IT工程师于2012年6月创建，公司立足高科技和智能化，专注酒店行业，力争为客户提供高性价比的智慧酒店解决方案。2013年年底，旅步科技在国内率先推出一款酒店自助终端产品——智能前台。作为公司第一代新产品，它完全实现了入住和退房等业务的自助化和智能化，帮助酒店大大提升了客户体验、缩减了管理成本。然而，令公司创业团队困扰的是，这一代新产品的商业化过程进展很缓慢。公司应该如何创新现有的商业模式？[①]

关键字：产品创新，商业模式创新，技术创业，智慧酒店

[①] 本案例由浙江大学管理学院刘景江和吕韧撰写，作者拥有著作权中的署名权、修改权和改编权。由于企业保密的要求，在本案例中对有关名称、数据和资料等采取了必要的掩饰性处理。本案例仅供讨论，并无意暗示或说明某种管理行为是否有效。

引言

2014年1月，一个周五的晚上，窗外寒风冷冽、细雨飘洒，大地期待着生机勃勃、姹紫嫣红的春天早日到来。23点30分，旅步科技的产品总监Ren关上电脑，正准备上床睡觉，手机突然响了起来。他看了一下，果然是公司CEO Tim打来的。Ren心想："这个时点一般不会有其他人给我打电话了，估计Tim又有什么新的想法吧。"

"喂，Tim，"Ren连忙接起电话。

"没睡吧？"Tim轻声地问。

"没呢，"Ren回答道。

"正如我们创业团队都已认识到的，咱们公司推出的酒店自助终端新产品商业化过程进展很缓慢，根源就在于它的商业模式。那么，公司应该如何创新这一代新产品的现有商业模式？"Tim咳嗽一声后，继续说："我想请你牵头负责组织相关人员收集信息、开展公司内外部的广泛沟通，在2月28日前拿出一个我们公司酒店自助终端产品商业模式创新的设计与实施方案。我期待它是一个能够落地的方案。"

"好的，我将尽快拿出这个方案，向你汇报。"Ren坚定地回复Tim。

通话刚刚结束，Ren的思绪回到了一年半前……

1. 公司背景

近年来，随着科技的发展，各种新兴行业不断涌现。与此同时，基于传统行业的技术创新机会也层出不穷，能够实现信息化、智能化、网络化和绿色化的技术源源不断地渗透并融入传统行业中，驱动许多传统行业焕发出新的活力。

酒店行业就是其中一个很典型的例子。近年来，成功在纳斯达克上市的携程、去哪儿、如家、汉庭等企业，一方面从事或服务于酒店行业，另一方面应用大量的新科技来激活酒店行业，使之能够满足日益增长的市场需求，创造更多的价值。那么，为满足传统酒店转型发展的目标，新的产品与市场机会会在哪里出现？

几年前，Tim等几位海外留学生无意中在国外某一酒店看到了一台自助终端。通过这台自助终端，客人可以快速地自助完成入住和退房手续。整个流程非常快，大概只有几十秒。这不仅大大节省了客人的办理时间，也避免了高峰时期客人排队等待时间太长的情况。当时，他们相信这是一个非常好的产品，如果能够在国内应用并推广，一定会获得成功。

回国后，Tim等几位海归虽然没有马上创业，但是他们对传统酒店行业保持着密切的关注。通过较长时间的深入调查，他们总结了国内酒店行业的现状和面临的主要问题：

第一，受经济增长的大环境影响，国内酒店行业发展迅速。据统计，截止到2011年，国内具有合法资质的酒店数量已超过40万家，并且还在高速增长中。根据RCP (Rubbermaid Commercial Products) 的内部预估，2012年至2018年，中国四星级和五星级酒店的年均复合增长率可达6.3%，而三星级酒店和经济型酒店的年均复合增长率有望达到15.9%。这些数据表明中国酒店行业拥有巨大的发展潜力。

第二，大量的客人出行前会选择通过个人电脑或手机App等方式在线预订酒店。据统计，2012年酒店在线预订市场规模超过620亿元。

第三，酒店人力成本上涨迅速。2012年酒店行业市场调查显示，劳动力成本平均占到酒店总运营成本的25%，一名普通酒店前台员工一年的薪酬福利和培训等成本总计已超过5万元。

第四，酒店员工流失率居高不下。2012年中华英才网第十届中国最佳雇主调查报告的统计数据显示，在酒店行业从事首份工作的员工中，约有92.3%的人有意转入其他行业。

第五，随着生活水平的提高，人们对出行品质的要求也越来越高，越来越不能接受在酒店前台办理业务时繁琐的手续和长时间的等待。

第六，高星级酒店正在从不计成本的奢侈豪华向合理成本的平民化、个性化和特色化方向转变；而快捷型酒店的行业竞争正在从一味的成本竞争向低成本和差异化相结合的方向转变。

在对酒店行业进行调研的同时，他们也了解了国内自助终端设备的推广和使用情况。首先，自助终端设备推广得最好的行业是银行，ATM机的方便快捷和安全已经深入人心。其次，无论是在火车站、机场还是在医院、加油站等场所，这些需要排队办理业务的地方，基本上都出现了自助终端，自助模式已逐渐为人们所接受。年轻人更加愿意选择这种新兴的模式来办理业务，他们认为自助模式除了节省时间外，还带来了更好的体验。

经过综合分析判断，Tim等几位海归认为酒店自助终端产品的研发和商业化时机已经成熟。于是，他们和几位资深IT工程师于2012年6月在杭州创建了旅步科技公司。公司立足高科技和智能化，专注于酒店行业，以为客户提供高性价比的智慧酒店解决方案为主要目标。

2. 新产品研发

经过一年多的努力，旅步科技创业团队克服了人员少、技术难、任务重、资源缺等重重困难，于2013年年底，在国内率先推出第一款酒店自助终端产品。这是一款类似银行ATM机或高铁自助售票机那样的自助终端，放置在酒店大堂，为酒店客人提供自助办理入住和退房的服务。旅步科技习惯称它为"智能前台"（Smart Reception，SR）智能前台的产品外观如图2.1所示，包含广告屏、摄像头、触控屏、银行卡插口、房卡出入口、发票出口、金属密码键盘、身份证扫描仪、手写签名板、凭条出口等部件。智能前台的系统框架如图2.2所示。该系统框架比较复杂，涉及酒店内部的运营管理系统、门锁管理系统、宾客信息管理系统和发票管理系统等，在酒店外部还包括公安旅馆业治安管理信息系统、银行交易系统及一个云端的服务平台。智能前台需要同所有的这些系统模块进行对接,以实现完全无需人工干预的自助式服务。酒店自助终端在国外发展迅猛,但在国内却进展缓慢,很大的一个原因就是国内酒店业务同国外有较大区别。国外信息化程度较高,各个系统数据互通,通过信用卡号就能轻松查询到客人的预订信息、身份信息和银行信息等。而在国内,各个系统之间是封闭的,信息无法共享,要实现自助服务,必须做到系统互通、信息共享,这里面存在很多技术和业务方面的门槛,难度较大。这也是国内从事酒店自助终端开发的企业稀少,而产品进展也较慢的主要原因。

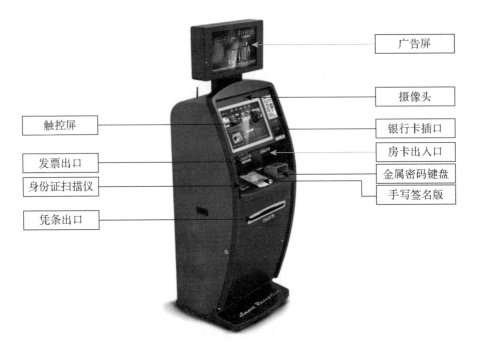

图2.1　酒店自助终端外观图

作为公司第一代新产品,智能前台通过同酒店内外部各个系统进行整合、集成和交互,实现了自助入住、自助退房、会员体系管理、O2O服务、广告运营等功能。同时,它还具有很强的业务扩展空间及数据采集、挖掘和分析功能。因此,智能前台能帮助酒店大大提升客户体验、缩减管理成本。

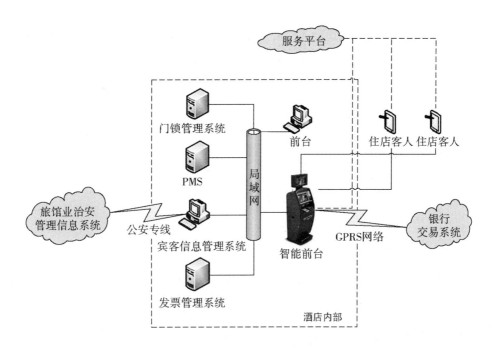

图2.2 酒店自助终端系统框架

具体来说，它给客人提供以下价值和体验。第一，全新的住店体验。第二，大幅度节省入住和退房的办理时间，以及高峰期的排队等待时间。按传统人工的方式，办理一个入住，平均在3分钟左右；使用智能前台，办理入住可以在40秒内完成，办理退房在30秒内完成。第三，享受智能前台提供的各项增值服务，如景区门票、优惠券打印、移动办理入住和退房等。第四，个人隐私受到保护。它给酒店提供以下价值：第一，提升酒店科技感和服务品质，帮助酒店吸引年轻客人。第二，降低酒店人力需求和经营管理成本。业务办理的全程无需人工干预，所有的客人信息和交易数据均自动存入酒店原有的管理系统。第三，可自动配置增销、节假日房价浮动等市场方案，帮助酒店提升收益。第四，提供精准数据分析，为酒店管理者的经营决策提供有力支持。第五，享受广告营收分成。

智能前台的推出受到了业界的广泛关注，创业团队似乎看到了一个光明的未来。一个多月后，智能前台成功在一个四星级酒店上线运行（免费），获得很多好评。至今，旅步科技公司已经向两家星级酒店和一家快捷型连锁酒店免费投放了3台智能前台。根据这三台智能前台的使用情况，公司随后开始在市场上对智能前台进行营销。其中，MK酒店因地处某景区中心位置，交通便捷，客源大部分为年轻散客，成为旅步科技重点发展的客户。

3. CEO 的倾诉

一个周三的晚上11点15分，Tim的电话在Ren的耳边响起。

"Ren，没睡吧？"Tim轻轻地说。

"还没，正在写调查报告，"Ren回复说。

"我想跟你聊聊。今天跟MK酒店老总谈过了，对方的条件非常苛刻，价格压得很低，我们不可能接受。当然，我还会再去跟他们谈，但是对方对我们产品的价值仍然有很大的疑问。在酒店看来，我们的产品并非必需品，对他们来说是可有可无的，在这种情况下我们几乎就没有什么议价能力啊……但是我真的非常想拿下这家酒店。你知道的，这家酒店无论是在业界的影响力，还是它的客源结构、客人特征、入住率等，都非常适合使用我们的产品，如果对方能选择我们的产品，不仅对我们的产品有非常大的市场宣传作用，而且也能使产品真正得到市场的检验……"

"说实话，客户对产品的价格存在顾虑，我完全可以理解，"Tim继续说，"毕竟我们是新产品，还没有在市场上充分证明自己的价值。目前MK酒店最担心的问题还是设备采购回来后没有客人使用，最后沦为摆设，因此他们不愿出高价。我认为，提高智能前台的使用率和用户体验，仍然是我们目前的首要任务。在HC酒店提供免费试用的那台智能前台使用率上不去，除了客观存在的几个原因以外，我们是不是没有完全尽力呢？我们难道就一点办法都没有了？"

"你知道的，HC酒店使用率不高的原因，我们也分析过好多次了，"Ren回答道，"第一，这家酒店有2/3的房间门锁都是十多年前的老型号，早就停产了，由于缺乏技术资料，智能前台根本没法跟它们对接。第二，这剩下三分之一使用新型门锁的房间，全是高档房，酒店最近生意本来就不好，普通房都住不满，住高档房的客人就更少了。第三，客人的使用习惯还没有养成，很多人到了酒店，看见智能前台也不知道是干什么的，如果没有前台服务员的引导，几乎不会有客人主动去使用它。"

"Ren，你知道吗？我现在有些迷茫，甚至有些怀疑我们当初选择做智能前台的决定是否有些草率和鲁莽。一年多以前，我们天真地认为，只要智能前台做出来，酒店一定会花很高的价格来购买，毕竟市场上还没有同类的产品。然而，一年多过去了，我们对酒店的了解和认识也越来越深刻，在对产品价值不确定的情况下，酒店是不会花太多的成本去使用它的。这么简单的道理，我们却从来没有认真思考过，凭着一时的冲动和一些肤浅的所谓市场调研，我们就开始埋头苦干，一干就是一年多。产品研发是成功了，但是下一步应该怎么走呢？"

"的确，我们当初的考虑过于简单。例如，我们把公司定位于只做智能前台的设备提供商，通过销售设备获取利润，而且我们智能前台的业务系统也过于简单。这些不足之处导致我们公司收入来源比较单一，利润完全来自酒店。但由于智能前台本身是新产品，酒店对其价值仍然持怀疑态度，再加上产品成本相对比较高，在短时间内很难有酒店能够接受以较高的价格购买一个价值还不明确的产品。因此，销售难度是比较大的。"Ren一边说，一边在他脑海里印出智能前台的业务系统图（如图2.3所示）。

图2.3　基于智能前台的业务系统图

在图2.3中，矩形代表旅步科技公司，圆形代表公司的利益相关者，菱形代表企业间交易活动。硬件供应商为旅步科技公司提供智能前台硬件；旅步科技公司根据酒店业务需求，通过软件开发和系统集成，向酒店提供智能前台及微信服务号并集成第三方旅游服务商的服务；智能前台和微信服务号为酒店客人提供自助入住、退房服务。在这样的模式下，旅步科技的盈利模式相对比较单一，即它从硬件供应商处定制购买智能前台硬件，然后通过软件开发和系统集成，将整个解决方案出售给酒店，并每年收取一定的维护保障费。

"唉！"Tim叹了一口气，继续说道，"其实今天郁闷地给你打这个电话，还是因为在客户那边受到了打击，从长远看，我对我们的产品还是有信心的。不过我们真的应该好好想一想我们的产品定位和商业模式问题，不然，公司真的很危险啊。今天就到这儿吧，你早点休息，今天心情不好，把你也给影响了，真是不好意思。早点休息，我相信会有办法的。加油！"

挂完电话，Ren一看表，已经是凌晨了，不过他的睡意却一扫而光，取而代之的是一阵惆怅……

4. 第二次与MK酒店洽谈及其反思

4.1 洽谈过程

一个周四的上午，MK酒店的俞副总经理、前厅部沈经理和IT部经理在试用旅步科技公司部署在HC酒店的智能前台后，再次跟旅步科技高管坐在一起洽谈。旅步科技的参加人员有CEO Tim、市场总监Nic、技术总监Frank和Ren。

"东西还是不错的，入住和退房办理速度都很快，而且也很简单，我相信客人在学习一至两次后，应该都可以自己完成业务办理。"MK酒店的副总经理俞总把身体往沙发上靠了一靠，开始了谈话。

"不瞒您说，俞总，为了提升客人的操作体验，我们的用户界面和提示动画已经修改了不下3遍，而且最近还增加了语音提示功能，客人每一步操作该干什么，都有准确的语音提示。为了做好产品，我们还是下了不少功夫的。"Tim紧接着对方的话题，不失时机地再次对产品进行了宣传。

"嗯，这些我都看到了。不过，仅仅是入住和退房的功能，是不是显得太单薄了一些呢？"俞总话锋一转，显然早有准备，"如果只是为了方便客人入住和退房，花个一两万块钱买个设备，我是愿意的，但是你们公司的产品价格实在是太高了一些，总让人觉得性价比还是不够啊。"

"俞总，是这样的，您说得没错，产品目前确实只有自助入住和退房的功能，但我们已经在规划一些新的功能了，按照之前的承诺，我们产品的软件永远都是免费升级的，也就是说，只要我们开发出了新的软件功能，您这边都能第一时间免费享受到。"Tim接着说。

"那你说说，你们后面都在规划什么功能啊？什么时候能够交付？"看来俞总对产品的扩展功能还是有一些兴趣的。

"我们目前正在考虑在酒店自助终端上集成一些旅游相关的服务，比如网上已经购买过的景区门票，可以在我们的设备上进行打印；再比如在我们的广告屏上推一些本地的土特产，客人扫描二维码就可以进到我们的网上商铺下单购买，而我们可以按客人的要求，在最短的时间内把东西送到客人房间。还有一个我们认为最有价值的功能，就是手机入住。试想一个商务客人准备到一个城市出差，在出发之前，他已经预订了MK酒店，但是由于其行程还没有确定，他显然不会提前在线支付房费。但当他乘坐的飞机抵达目的地的时候，他的行程已经确定了，那么他当天一定会入住MK酒店。传统的做法是客人首先到酒店办好入住，把行李放好，然后出去办事。如果他办事的地点离酒店很远，那么对他来说就比较浪费时间了，先从机场赶到酒店，再从酒店赶到办事地点，然后办完事还得再返回机场，我相信这样的客人不在少数。然而如果有了手机入住的功能，一切都会变得简单。客人下飞机以后，可以直接赶往办事地点，在去往办事地点的出租车上，他可以在手机上找到自己的预订，并提前办好入住手续，完成房费的支付，这样酒店一定会为客人保留好房间。客人办完事来到酒店，也许已经很晚了，但由于他的入住手续已经在手机上办理过了，这时候他只需要简单地在我们酒店自助终端上完成身份证扫描和签字，就马上可以拿到房卡，整个过程不超过10秒。您看，如果用这种方式，客人可以少跑一半的路程，节省了多少时间啊！其他还有一些功能，我们也正在调研和规划。"Ren做了详细的回复。

"嗯，这些都是不错的功能，不过我相信也没有那么容易实现。而且这些功能都是偏向为客人服务，说难听点，对我酒店的帮助作用并不明显啊，客人会因为你们自助终端有这些功能，就愿意多花10元钱房费来住店么？在我看来很难。"

"俞总说的还真是有几分的道理。我们产品的最终用户是住店客人，但是埋单的却是酒店，把握住酒店的心理和深层次需求看来还是非常必要的。"Ren在脑海里想着。

"俞总，对于拓展功能方面，我们最近也正在做市场调研，不知道您这边有没有什么建议？"Tim很自然地把谈话继续往下引导。

"酒店的需求其实还是很多的，你们平时可以多跑一些酒店，多了解一下。从我们MK酒店来看，目前发展会员是我们的工作重点，我相信你们也都知道，现在OTA（在线旅游代理，如携程、艺龙、去哪儿等网站）房间的佣金抽得很厉害，酒店都变成给他们打工了。很多酒店都想逐步发展自己的直销平台，减少对OTA的依赖。我们虽然很早就创建了会员体系，但效果一直不太好。现在我们发展一个会员很麻烦：客人退房时询问住店体验，如果客人比较满意，那么我们前台员工会邀请客人扫描二维码关注酒店官方微信。客人关注完微信以后，还得在微信里面发消息，填写自己的姓名、手机号码，才能注册成为会员。这还没完，目前微信后台跟我们的会员系统不是互通的，我们的工作人员还得在微信后台把客人的信息再重新手工转录到会员系统中去，这样一个会员的注册才算完成。你看看是不是很麻烦？"俞总正说着，旁边的沈经理使劲点头，看来这会员注册的工作量，对他们部门的影响还真是不小。

"另外，由于我们酒店位置好，大部分客人都是来旅游的，他们来了以后大多都会问路，比如哪些景点好玩，怎么去，还有的会问附近有什么吃饭的地方啊，或者哪里逛街比较有特色，总之这方面的问题很多，我们前台员工每天都要花不少时间来解答类似的问题。如果在你们的设备上能够方便地查询到这些信息，那不是可以节省我们很多时间么？"沈经理说。

"那可不行，要客人都围着这设备查地图啥的，那后面要办理入住和退房的客人不是要排长队了，呵呵。"Tim解释道。

"哦，那倒是，我还真没考虑到这点。"沈经理有些不好意思地说。

"这样吧，Tim，"俞总打断了交谈，"我马上还有个会议，你们产品的拓展功能这块，我建议你们再好好调研一下，有结果了以后给我一个方案，你们准备做哪些功能，准备什么时候做好，最好能有书面的东西交给我们，然后我们再约时间聊，你看好不好？"

"好的，那行，俞总，您先忙，我们回去好好准备，回头让Ren把方案发给您，然后我们再一起探讨！"Tim说道。

"好，那就这样，下次再见！"

"嗯，再见！"

4.2 公司团队对洽谈情况的反思

回到公司，Tim把大家召集在一起，就今天同MK酒店的第二次洽谈情况进行讨论。

"今天情况大家都看到了，对于这样的产品，客户还是很慎重，大家有什么想法，提出来我们一起讨论讨论吧。"Tim像往常一样，希望每个人都能发表自己的意见。

"我们的产品成本还是太高啊，需要想办法控制。"Nic对客户在产品价格方面的顾虑有深刻的印象。

"与其说价格太高，倒如不说我们产品的价值偏低。如果我们能创造20元的价值，那么客户一定愿意花10元钱购买。如果我们只创造了5元的价值，客户当然觉得10元的价格高了。"Ren从产品价值方面给出了自己的看法。

Frank点头道："我们的产品增值功能要加快开发，特别是手机端的开发，现在移动互联网这么火，我们完全可以降低产品的价格，快速把产品和手机App或是微信公众号推广出去，发展用户量才是王道啊！只要用的人多了，就不怕赚不到钱。"

"现在我们公司人力资源很有限，哪有精力把你说的这些事情都做好啊！再说了，现在公司还没有引入风险投资，前期推广需要的资金是很大的问题。发展用户量是没错，不过说不定还没等到用户量发展起来，我们公司就死了。"Nic一脸哭丧地说。

"嗯，你们都说得有道理，可接下去我们应该怎么做呢？关于引入风投的事，我这边也会加快速度，尽可能多见一些投资者。不过，在风投进来之前，我们切不可好大喜功，还是要扎扎实实地把产品做好，因为我们首先必须做到自己能养活自己。Frank，你们技术开发团队需要把握好方向，在Ren确认新的产品功能之前，你们不要盲目投入开发，目前重点还是放在产品的稳定性提升和后台管理方面。"Tim做出了自己的判断和总结。

"Ren，你别忘了把今天同客户的交流记录发出来。还有，产品功能方面的规划要明确，不光是要反馈给客户，还需要清晰定义我们自己的产品路线。Nic，你盯牢MK酒店，等公司产品功能有了新的规划，我们还要去拜访他们。争取下周吧，大家时间都抓紧一点。我们今天的讨论会就先到这儿吧！"Tim在做了最后的安排之后宣布散会。

5. 向往那片天：迷茫之中的憧憬

接下来的一个月，旅步科技是在忙碌和迷茫中度过的。在这期间，智能前台的商业化过程依然进展很缓慢。公司智能前台现有的商业模式究竟存在哪些根本性缺陷？公司应该如何创新现有的商业模式？大家对这些问题尚未提供清晰可行的回答。

一个周五的晚上，大家都在办公室加班。突然，网上传来一则消息：携程网以逾两亿美元的战略投资入股同程网。这两家曾经在景区门票业务上"大打出手"的竞争对手，一夜之间变成了盟友。大家得知这个消息后在办公室里展开了热烈的讨论。

"携程这么强的实力，为什么还要选择跟同程合作？真想不通。用两亿美元砸，估计也能把同程砸死了吧？"一个同事不解地问。

"是啊，之前竞争那么激烈，怎么说投资就投资呢，你们觉得同程的核心竞争力在哪儿呢？是什么让携程不得不放弃原来的竞争策略，转而采取合作的方式？"另一个同事也提出了自己的疑问。

"我刚刚联系了一个在同程工作的朋友,你们想听听他的解释吗?"Tim也加入了大家的讨论。

"当然了,快说说。"Tim话音刚落,其他人几乎异口同声地说。

"呵呵,你们知道吗,同程这家公司已经有10年历史了。我相信大家听说同程网也就是这一两年的事,那这家公司之前是干什么的呢?"Tim开始给大家介绍。

没有人知道,更没有人回答。

"它之前是做旅游分销软件、旅行社客户管理系统、酒店营销系统之类的软件产品的。你们看,它在做景区门票在线销售之前,已经在旅游业摸爬滚打很多年了。那么,你们现在认为同程的核心竞争力在什么地方?"Tim又问道。

"我知道了,是丰富的旅游行业经验!"一位做研发的同事迫不及待地喊道。

另外一位做市场的同事冷静地分析道:"还有线下景点资源的积累,就像我们酒店自助终端需要接入酒店管理系统一样,同程要卖景区门票,一定也需要跟景点的票务系统进行对接吧。它在这块积累了大量的经验和资源。因此,从做门票的在线销售来看,同程一定比其他公司更有优势,这正是它的核心竞争力所在。"

"说得太好了,这就是同程的核心竞争力所在。虽然携程钱多,但是它要去熟悉这个行业,一点一滴地积累景点资源是要花大量时间的,这不是光用钱就能解决的问题。正是因为携程看到了这一点,它最终放弃了对抗而选择了合作。大家从这件事里面有没有得到一些启发?"Tim继续鼓励大家发表自己的看法。

"我觉得我们可以向同程学习,我们现在所做的事情,也跟他们当年一样,积累行业经验,积累线下资源。我们需要把智能前台坚定地做下去,尽力把智能前台植入更多的酒店,占领这些据点,越做越好,越做越深。这样我们自己的核心竞争力便水到渠成!"一位同事激动地喊道。

Tim接着他的话说道:"是的,我们之前看不清公司的定位和业务发展方向。同程网的成功对我们来说无疑具有很高的参考价值。大家明白了吗?我们的核心竞争力就在酒店,我们的优势将是对每家酒店的需求都了解得很透彻,而且能够同每家酒店内部的信息系统进行交互。不经历这个痛苦的过程,是很难做到有竞争力的。

智能前台是一块敲门砖，有了这款产品，我们就有机会去跟更多的酒店沟通。了解了他们的需求痛点，我们就有机会去把酒店内部的信息系统打通。基于这两点，我们才能设计出真正有益于酒店、能够为酒店带来巨大价值的系统方案。等有了一定数量的酒店积累，我们就有实力去做线上运营了，我们也就有实力去跟那些互联网大佬们叫板了！"

听完Tim的话，大家变得兴奋起来了，让大家憋闷已久的迷茫得到了稀释。此时，透过办公室窗户，大家看到走出云团的月亮越来越明朗。从Tim坚定的眼神里，大家也仿佛看到他脑海里关于智能前台商业模式创新的方案越来越清晰……

启发思考题

1. 为什么旅步科技要研发酒店自助终端产品？

2. 作为第一个研发酒店自助终端产品的公司，旅步科技有哪些先发优势和劣势？

3. 旅步科技酒店自助终端产品的商业模式存在哪些问题？为什么会存在这些问题？

4. 若你是旅步科技的CEO，你打算如何变革与创新现有酒店自助终端产品的商业模式？为什么？

第 3 章 创新的过程与模式

牛肉干大王的科学创新之路

为了实现自己的科学梦想，曾经的牛肉干大王林东跨界研究海洋潮流能发电，经过七年的研发和一年多的施工，虽然遭受过质疑嘲讽，也经历过资金短缺、技术难题、人才难题，但林东最终攻克了一个个难关，终获成功。LHD模块化海洋潮流能发电机组项目的运行，为潮流能发电找到了一条更经济可行的技术路径，意味着国内潮流能的开发应用从试验阶段真正开始走向产业化。[①]

关键字：潮流能发电，技术路径，并网发电，自主创新

---

① 本案例由浙江工业大学经贸管理学院王飞绒、李正卫共同撰写。作者拥有著作权中的署名权、修改权和改编权。未经允许，本案例的所有部分都不能以任何方式与手段擅自复制或传播。本案例授权中国管理案例共享中心使用，中国管理案例共享中心享有复制权、修改权、发表权、发行权、信息网络传播权、改编权、汇编权和翻译权。本案例仅供讨论，并无意暗示或说明某种管理行为是否有效。

第3章 创新的过程与模式

引言

"林东,祝贺你,终于成功了!"这一整天,林东接到了上百个祝贺的电话。国家海洋局陈副局长在电话中高度赞扬:"LHD联合动能项目的突破,将对国家环境的改善作出巨大贡献。"中国工程院院士金翔龙由衷地感叹:"以涡轮集成的模式来突破设备大型化的技术瓶颈,是当今科学界最'潮'的技术路径。"国家海洋技术中心能管中心主任王海峰连说了几个不容易后,说道:"这个项目的研制成功,是我国海洋清洁能源利用技术上的重大突破,也意味着中国在海洋潮流能利用领域跨入世界先进行列。"2016年8月15日,世界首座3.4兆瓦LHD林东模块化大型海洋潮流能发电机组在舟山市岱山县秀山岛海域成功发电。在这个永生难忘的日子,林东回首艰难的开发之路,仍然感慨万千。

1. 创始人林东

林东,1974年1月出生,温州瑞安人,2001年毕业于澳大利亚LA TROBE大学工商管理专业,并获MBA硕士学位。林东对科学有着浓厚的兴趣,拥有对科学梦想不懈追求的执着精神。在林东眼里,他只佩服两种人:一种是具有科学家精神的企业家,比如埃隆·马斯克、比尔·盖茨;另一种则是具有企业家精神的科学家,比如爱迪生、诺贝尔、贝尔。他认为,只有这些人才能推动社会的进步。林东的思想比较有前瞻性,具有强烈的创新意识和能力,敢于面对任何事情。他坚持不懈、不轻言放弃的创业和创新精神,在他的几次成功创业中得到了很好的验证。

2. 几经失败终成牛肉干大王

1993年,刚刚大学毕业的林东向家里借了30万元,准备自己出来创业。看到上

《创新管理：赢得持续竞争优势》案例集

一辈创业者，如1984年李经纬"健力宝"的扬名、1987年宗庆后"娃哈哈口服液"的诞生，林东也想从做饮料入手，因而注册了杭州绿盛食品有限公司。绿盛的第一款产品是"绿盛果粒橙"，但由于生产出来的时间错过了饮料销售的旺季，林东第一桩生意失败了。

这次失败使林东学到了只有充分了解市场才能组织生产的道理。他经过深入调查，发现牛肉干很好卖。一个月后，第一批绿盛牛肉干产品面市，很快就脱销了。但过了不多久，他发现自己信任的合伙人竟然"暗度陈仓"，严重损坏了绿盛的品牌和销路，林东毅然决定放弃。

转眼即是第二年的夏天，棒棒冰很流行。由于市场上严重缺货，因此只要能生产出来，就马上能到市场上换成现钞。成本几分钱的水和糖，流出机器，转眼就变成了一元钱，简直跟变戏法一样。短短3个月，林东"狂赚"了40万元，不仅赚回了总的投资，还获得了10万元的盈利。这一切发生在10个月不到的时间内。40万元，在当年算是一笔不小的数目了。那个时候，一幢比较好的房子也不过是五六万元的价格。棒棒冰让林东感受到赚钱的乐趣，不过这个项目却有个很大的缺陷：进入的门槛实在太低，利润很快会变薄。

林东想做一个能够长久运营的饮料，这一次他选择的是牛奶。"说起来还是很难摆脱自身认知的商业模式对个人发展的影响。"林东把所有的流动资金都投入了牛奶，并借贷了新的款项。绿盛牛奶进行大量的广告投放，但仅仅半年后，林东遭遇失败，而且是致命的失败：除了把之前的获利赔进去之外，余下的亏空还相当于家里用于维持生计的两个店铺的价格。1995年的那个春节，林东过得相当落寞：出租房内，粉丝、大白菜和土豆一直陪伴着他。林东耳边则是年迈父亲的叮咛，一定要回家一趟。可是他觉得丢脸！林东准备结束生意去匈牙利，但是厂房的租期还有几个月，租金是一个月6 000元，加上水电、人工，如果一天没有两三百元的收入，按林东的话说，"被债主拿走桌椅，砸了电话，那就算是真正的破产了"。

春节前后，林东开始第二次做牛肉干。捡起这个生意，纯粹是迫于压力，因为林东一直觉得做牛肉干生意档次太低。那个时候，林东每天扛着75公斤牛肉，心里想的是如何平衡每天的收支。1995年年末,当林东把一笔30万元欠款汇出去的时候,心里是一阵彻底的轻松。一年运营下来,牛肉干帮他还完了所有的欠款。之后,绿盛牛肉干以前所未有的势头占领着市场,成为中国牛肉干休闲食品的第一品牌。

2005年,绿盛与网络游戏"大唐风云"联手打造了中国第一网络食品"绿盛QQ能量枣",该合作被称为R&V非竞争性战略联盟,引起了国内外高度关注。绿盛集团至今已成功研发和生产了"绿盛牛肉干""农夫与海""百卤坊"三大系列包括牛肉粒、酱鸭舌、手撕牛肉、卡通丁等近百种规格的产品。同时,2012年研发的"百卤坊现蒸牛肉""百卤坊现蒸鸭舌"等新系列产品也为绿盛食品库注入了新的活力。绿盛公司的销售网络已覆盖全国20余个省、100多个地级市、2万多家网点,是全国最大的牛肉干生产与销售企业之一,销售额曾连续5年以翻番的速度递增,并在2012年超过11亿元。林东也因此被人称为"牛肉干大王"。

3. 瞄准海洋潮流能发电

3.1 海洋潮流能初接触

海洋潮流能是新型可再生清洁能源,是未来世界最有前途的能源之一。据了解,潮流能跟潮汐现象一样具有非常明显的规律性,不像风能那样随机性强得不可预知,也不像太阳能必须"看天吃饭"。换句话说,潮流能发电是一种基本不受天气影响、每天都能坚持工作的发电模式。而且潮流能发电不同于潮汐电站,一般无须建坝,可以节约大量的水工建筑投资。全球潮流能储藏量约50亿千瓦,可开发利用的潮流能总量达3亿千瓦,主要集中于北半球的大西洋和太平洋西侧,如北大西洋的墨西哥湾暖流、北大西洋海流、太平洋的黑潮暖流和赤道潜流等。我国沿海潮流能比较丰富,潮流高能密度海域有渤海海峡老铁山水道、杭州湾北侧、舟山群岛的金塘水道和西堠门水道等。目前,世界上最先进、最大规模的海洋潮流能发电站是1.2兆瓦,由英国国家实验室和SEAGEN公司联合研发,于2008年下海发电并网。亚洲至今还没有一个国家的潮流能电站达到下海发电并网技术要求和商业化应用的水平。在国内，目前研发的最大海洋潮流发电机站是0.3兆瓦，但是从投入成本角度计量，都无法实现大规模应用。

3.2 情定海洋潮流能发电

2008年，起源于美国的次贷危机引发了一场全球性的金融危机，许多金融机构倒闭，国内企业也哀鸿遍野，尤其是中小企业受到极大的冲击。在此背景下，浙江省提出了产业转型升级战略，并开始重金引进海内外高层次人才。同时，国家也大力号召将孵化器转移到发达国家去。从2009年3月开始，林东将大量精力投入大学生创业项目中，他甚至还当上了杭州大学生创业联盟的首任轮值主席。除了把关与出谋划策之外，2009年，林东一口气做了十几个项目的投资，同时在美国洛杉矶建立了一个孵化器，为的是帮助在海外的高层次人才创业。正是林东在南加州大学投资的这个孵化器，哺育出一个名为"海洋潮流能发电机组"的项目。2009年4月，林东在美国洛杉矶联合美国南加州大学流体力学专家黄长征博士和美国新材料领域专家丁兴者博士，一起创办了美国联合动能科技有限公司，先期投入100万美元开启了海洋潮流能发电项目的研发。

一边是牛肉干，一边是世界尖端领域的海洋潮流能发电，两者之间没有任何关联。"成功的概率仅有1%，比中彩票还难，但这是全新的领域，我要尝试。这么做，我更愿意把它理解为一种情怀。因为我小时候就有一颗做科学家的梦，偏好科技。尤其是在国外念大学时，了解到国外对创业创新的重视，让我心生羡慕，而我国的企业家在这一块上一直做得很不够。""我们处在这个时代，而且自己也刚刚跨入中年，如果有机会为这个时代做一点东西，为祖国做些有突破性的东西，生命就变得有意义，所以我们当初在美国创建这个孵化器的时候，就锁定了新能源。但说实话，刚开始我们是先搞太阳能，再搞到风能，都走不通，才走到海洋潮流能里去。"林东说。就这样，源于小时候的科学家梦想把林东带到了与牛肉干没有任何关联的潮流能发电项目上来。

2011年8月，浙江省和杭州市相关部门领导带队到美国硅谷招才引智。作为杭州企业家的代表，林东激情满怀地汇报了自己团队正在做的海洋潮流能发电项目。考察团带队领导听取汇报后非常高兴,鼓励林东一定要把这个项目引进国内。领导的一席话,给了林东莫大的鼓舞,下定决心要搞出点名堂来。"无论这个项目最终成功与否,都将会是绿盛集团发展史上一次伟大的尝试。"

4. 困难重重的创新

4.1 要求严苛的银行贷款

2012年,林东领衔的创业团队回国创办了浙江舟山联合动能新能源开发有限公司,在千岛湖花了1 800多万元建立了模拟海洋流大型实验室,进行包括破坏性验证和各项原理性验证在内的基础研究。该实验室实验水流速度最快可达每秒4米,且可24小时实验。随后,由他控股的杭州林东新能源开发股份有限公司承担起该项目的自主研发生产。

当时林东的设想是:每年投入100万美元,直到搞出名堂来。但事实的艰难程度远远超出他的想象。此时,质疑、嘲笑林东的声音此起彼伏,因为国际上潮流能发电技术也只是处于试验阶段,尚未实现商业化运行。"一个做牛肉干的搞高科技,自不量力。""你一个小公司就想和他们较量,谈何容易,别浪费精力自讨苦吃了。"身边的朋友也劝他放手,"林东,你怎么这么想不通呢?你看看,我刚刚花2亿元买了一架私人飞机,想去哪里就去哪里,不要太潇洒哦。"甚至还有人说林东是骗子。林东没有退却反而更加坚定了决心,"这些钱都是我做牛肉干赚来的,并没有骗谁的钱,每年投入100万美元,我就不信我投2个亿下去搞不出名堂来。"

可是资金的投入之大确实出乎林东团队的意料,林东算了一笔账:每月进行两次高流速发电测试,测试租用渔船就需要花50万元,单次测试成本高达100万元以上……当时已经投入了1亿元用于项目开发,根本没有多余钱再往里投了,怎么办呢?林东首先想到的是去银行贷款。

坐在银行VIP客户接待室里,林东对着银行行长说出了资金的困境,提出贷款申请,没想到行长听了连连摇头,"你的公司没有销售收入和盈利记录,这种情况是不允许贷款的。"

"公司还在搞研发,哪来的营业收入?只要有资金支持,我们肯定可以搞出来的。"

"我怎么能相信你的话,国外都没有成功的先例!""那你们有没有抵押资产?""抵押资产,有啊,我们有一些研发的设备。"最后好说歹说终于以研发设备作抵押贷到5 000万。钱是贷到了,可是行长的一段话又让林东倍感压力:"这个贷款的期限是两年,两年后必须归还。"

"这意味着这个高科技我们只能玩一次,只能成功不能失败,还要立马见到真金白银。"林东叹了口气。

4.2 技术拦路虎

因为没有太多可供借鉴的技术,林东的潮流能发电项目面临了重重技术难关。"几乎每一个系统,就是一项世界级课题,每个课题的破解都是领先世界的先进技术,足以写一篇技术论文。""那几年,只要有跟潮流能发电项目相关的博览会、展览,我们的团队都会跑过去。"考虑到英国国家实验室和SEAGEN公司联合研发的1.2兆瓦发电站是世界上迄今为止最大的并网发电成功项目,他们还特地跑到了英国,接待他们的研究人员一听到他们要开发3.4兆瓦的潮流能发电项目,都不可思议地瞪大双眼:"林先生,这不可能,你们真的要这么做?"

难,非常难,可难还是要做,开弓没有回头箭。作为一个搞管理出身的人,林东碰到的困难可想而知,每天废寝忘食,只睡几个小时,把时间都花在科研上,他从头啃发电的技术专著,经过无数个不眠之夜硬生生从门外汉变成了专家。

在对英国、韩国、瑞典等国潮流发电技术多次研究的基础上,林东团队认为这些技术存在几个弊端:一是只有一个涡轮或风机,只要装机容量增加,风机体积就会加大,对海域的利用面积也会增加;二是设备的维修困难,一旦使用中出现问题,很难再重新回收利用。经过一轮又一轮的技术路线论证,林东和研发团队决定以水轮机涡轮集成模式为突破口,以模块化技术开发模式攻克一个个难关。他们把整个项目分成了15个系统,经过研发团队数以百次的讨论、计算、实验,终于攻破了一个又一个的技术难题。正当他们觉得技术难关突破差不多的时候,2013年年底碰到了一个他们意想不到的技术问题：轴承密封系统问题。原本以为这样的部件市场上肯定有售，因为潜水艇上要用到，没想到跑到市场上一问，居然没有。他们又跑到密封圈的制造厂家，也没找到。因为一般的轴承承受的是轴向力，而他们需要涡轮在水下运转，轴承承受的是径向力，现有的轴承密封圈没有一个可以承受得了这种力。林东情急之下赶紧联系国内知名的轴承研究所，专家听完他的描述，居然也说："这样的技术问题我们解决不了，这是人类共性的难题。"

这样的回答让林东非常沮丧和难过，整整一个多月，他吃不好，睡不着，一直在琢磨这个问题。密封圈如果密封不好，外面的海水就会进入设备，造成设备的腐蚀，而且海水中的泥沙一旦进入轴承，轴承就会报废。那怎样才能不让外面的海水进去呢？如果能够确保里面的压力大于外面的压力不就行了吗？想通了这个原理，研发团队又经过刻苦的钻研，终于解决了径向压迫轴承密封的技术难题。

"以前国外科学家进行潮流能发电研究时，都在追求将水轮机涡轮的直径做大，但实践证明这是错误的。"林东认为，模块化大型海洋潮流能发电机组的特点是"一大一小"："一大"是指将固定水轮机涡轮的总成平台做大；"一小"是指将水轮机涡轮的直径做小。随着新材料技术不断发展，未来总成平台可以造得更大、更轻，单台装机容量达到50兆瓦，甚至100兆瓦都是有可能实现的。

4.3 人才"进不来""留不住"

潮流能发电这样的高科技企业对于人才的要求极高，林东在他的公司下面创办了自己的研究院，招聘了30多个人，主要来自高校毕业生和社会招聘人员。可是林东觉得远远不够，他经常跑到一些高校和科研院所去挖人，也有一些科研机构的研究人员到林东公司考察，相互都有合作意向，但真正来的人却寥寥无几。林东说："不少高校科研人员怕丢了身份、丢了职称，不愿意干。"

"人才是支撑创新发展的核心要素，民营企业技术创新面临很多问题和困难，缺人才是一大瓶颈。根本原因是没有打通高层次人才体制、机制障碍，科研院所与企业、国企与民企人才相互流动还没有形成制度。"

"不少毕业生来了没干两年就走了，我们白白做了培训。"每每碰到这样的问题,林东都要头疼好几天,想着怎么再去招聘一个替代的人选。而他们几个创业团队成员的辛苦更是无法言说,一个人干几个人的活,每天加班加点。林东则把绿盛集团的运营全部交给了自己的妹妹打理,一门心思全部扑在这个项目上,而且不断地拿卖牛肉干的钱贴补项目的投入。

5. 并网发电成功

经过水流勘测、海底扫描、海底勘探、环境评估等大量现场勘测,舟山秀山岛南部海域水流流速大,最大可达每秒4米,是一处理想的安装场所,于是舟山市秀山岛成了项目落户的地方。

2014年5月,项目在舟山开工建设,经过七年的研发和一年多的施工,以海归人士林东为总工程师的世界首台3.4兆瓦LHD林东模块化大型海洋潮流能发电机组终于建造完成。这是中国首台自主研发生产的装机功率最大的潮流能发电机组,标志着中国在海洋清洁能源利用技术领域获得了重大突破。"这种装置并不复杂,原理也简单,你可以把它想象成安在海底或河床上的风车。它的叶轮设计和飞机螺旋桨类似,后面连着齿轮箱,齿轮箱连着发电机。当潮水袭来,涡轮带动齿轮旋转,然后带动发动机运行。发电机产生的电能再通过电缆传到岸上汇入电网,送至千家万户。"林东说。

这个拥有完全自主知识产权、已获50多项国内外专利的3.4兆瓦LHD林东模块化大型海洋潮流能发电机组总成平台系统群,主要由总成平台系统、制动系统及变流升压控制系统等15大系统构成。以总成平台系统为基础,总成平台长70米,宽30米,平均高20米,重达2 500吨,可抵抗16级台风和4米巨浪;平台可以安放7个涡轮水轮机模块,这次首先下水运行发电的2个涡轮水轮机模块为1兆瓦发电机组,后续将要陆续下水的5个涡轮水轮机模块为2.4兆瓦。全部涡轮水轮机模块下水运行稳定后,预计年发电量可达600万千瓦时。

2016年7月26日上午10点半,眼见着落潮期就要到了,LHD联合动能总工程师林东的心一直提在嗓子眼,这个24米高、230吨的大家伙能否顺利安装到总成平台上就只在这短短的半小时内见分晓。而此时,已经准备了一天的浮吊船搭载着发电机组模块距离平台越来越近。GPS定位到达、打好缆绳,所有人就等待着一声令下。林东此时下令LHD涡轮水轮机模块开始下海发电。这是一个吊装精度不能超过2厘米的工程,一旦出现偏差,将直接影响发电。除了争精度之外,还得和潮水抢时间,所有项目人员都来不得一点马虎。最终时间定格在上午11点,发电机组模块顺利安装完成,现场一片欢呼。

2016年8月15日,世界首座3.4兆瓦LHD林东模块化大型海洋潮流能首套发电机组在舟山市岱山县秀山岛海域成功发电,发电功率为1兆瓦。站在东海之滨,远眺大海,林东说:"我正在做一件大事情,'新能源方舟'已经开始启航,哪怕大风大浪也将一路向前。"

结语

林东LHD海洋发电项目成功实施后,在国内外引起强烈反响,包括美国、英国、法国、日本、意大利等国家在内的顶尖潮流能研发机构纷纷前来学习交流,表达合作意愿。在林东心里,他有着更大的筹划方向,下一步发电机组系统将不断优化提升,未来可以做到单台总装机15兆瓦左右,据测算,届时发电成本可以跟火电比拼。根据现有数据,舟山海域潮流能装机容量可达7000兆瓦,相当于三峡大坝三分之一的装机容量。一旦成功,绿色能源将从舟山海域源源不断而来,潮流能大规模开发将成为现实,这将有可能改变国内的可再生能源利用格局。林东表示:"未来我们要建设世界级潮流能研发中心,建成潮流能发电高端装备制造基地,在全球建潮流能发电站,我们有能力、有信心!"

启发思考题

1. 林东为什么会跨界投身潮流能发电项目?又为什么会遭遇如此多的嘲讽和质疑?

2. 林东的项目碰到了哪些困难?他是如何一一克服的?

3. LHD潮流能发电项目在技术开发路径上采取了哪种模式？

4. 结合本案例，你认为应该如何提升企业的自主创新能力？自主创新需要什么样的环境？

5. 结合本案例，探讨像林东一样的企业家身上有哪些特质？

第4章 创新的有效管理

比亚迪的成功创新

比亚迪汽车始终坚持自主品牌、自主研发、自主发展的发展模式，以"打造民族的世界级汽车品牌"为产业目标，在步入汽车行业短短的十年内就成为世界汽车行业的新宠。2008年，比亚迪得到"股神"巴菲特的青睐；自2010年起比亚迪开始大规模运营新能源汽车，至今已在25个国家得到推广；2014年，其创始人王传福获得"扎耶德未来能源奖"终身成就奖，比亚迪的三大绿色梦想与城市公交电动化再度获得国际认可。本案例围绕比亚迪公司有关汽车产品的开发战略、独具特色的企业文化和公司资源优化配置三个模块的相辅相成，来研究它的成功创新，旨在对企业在发展中制定并调整其创新战略和开发有效的商业模式提供借鉴指导。[1]

关键字：创新管理，企业战略，企业文化，资源优化配置，技术创新

---

[1] 本案例由安徽财经大学王成军、浙江财经大学叶伟巍和河北工业大学安佳喜、何杰、赵大地撰写，作者拥有著作权中的署名权、修改权、改编权。

本案例授权中国管理案例共享中心使用，中国管理案例共享中心享有复制权、修改权、发表权、发行权、信息网络传播权、改编权、汇编权和翻译权。由于企业保密的要求，在本案例中对有关名称、数据等做了必要的掩饰性处理。本案例仅供讨论，并无意暗示或说明某种管理行为是否有效。

第4章 创新的有效管理

引言

2008年,"股神"巴菲特以每股1.03美元收购2.25亿比亚迪股份,一年后股价翻涨近7倍。股神在对比亚迪的投资中轻松获得13亿美元的收益,这无疑给比亚迪做了最好的广告。

中国企业向来不被看好,但是比亚迪又是怎样让"股神"在金融海啸袭来时还愿意"掏钱"呢?比亚迪是如何在被外国汽车统治的中国市场上分得一杯羹的?领导人王传福又具有怎样的魅力将一个民营企业打造成民族企业,以至国际知名企业的?

1. 一跃而起——比亚迪汽车

1.1 公司概述

比亚迪股份有限公司是一家在香港上市的中国民营企业,总部设于广东深圳,主要从事二次充电电池业务、手机部件及组装业务,以及包含传统燃油汽车及新能源汽车在内的汽车业务,同时还在积极拓展新能源产品领域的相关业务。

2003年,比亚迪收购西安秦川汽车有限责任公司,正式进入汽车制造与销售领域,开始民族自主品牌汽车的发展征程。发展至今,比亚迪已在广东、北京、陕西、上海等地建有九大生产基地,基地总面积将近700万平方米,并在美国、欧洲、日本、韩国、印度等地和中国台湾、香港地区设有分公司或办事处,员工总数超过15万人。

目前,比亚迪在整车制造、模具研发、车型开发等方面,都达到了国际领先水平,产业格局日渐完善,并已迅速成长为中国最具创新性的新锐品牌。汽车产品包括各种高、中、低端系列燃油轿车,以及汽车模具、汽车零部件、双模电动汽车和纯电动汽车等。代表车型包括F3、F3R、F6、F0、G3、G3R、L3/G6、速锐等传统高品质燃油汽车，S8运动型硬顶敞篷跑车、高端SUV车型S6和MPV车型M6，以及领先全球的F3DM、F6DM双模电动汽车和纯电动汽车E6等。

作为最具创新性的新锐民族自主品牌，比亚迪汽车保持了连续5年超100%的高增长：2005年比亚迪汽车销量约2万台，2006年约6万台，2007年约10万台，2008年约17万台；2009年8月到2010年5月，F3连续10个月保持全国销量总冠军！2009年，比亚迪汽车销量超过44.8万台，利润额达到30.33亿元人民币，利润率达到14.11%，约为中国行业平均利润率的2倍。在电动车领域，比亚迪2012年电动车总销量大约为2 400辆，2013年该数字将大幅增长至8 000辆，销售形势一片大好。

比亚迪汽车始终坚持自主品牌、自主研发、自主发展的发展模式，以"打造民族的世界级汽车品牌"为产业目标，立志振兴民族汽车产业。俗话说"火车跑得快，全凭车头带"，比亚迪的领导人又有着怎样的独特魅力呢？

1.2 王传福的传奇人生

他，让三洋、索尼等国际大公司感到恐惧；

他，一个近似狂妄的技术奇才；

他，在格局动荡的经济环境下引来"股神"入股比亚迪；

他，在仅一年时间内身价暴涨百亿，成为中国新一代首富……

他就是王传福，曾经的农家子弟，26岁成为高级工程师、副教授；2002年，在经过短短7年时间后，他将镍镉电池产销量做到全球排名第一、镍氢电池第二、锂电池第三，37岁便成为享誉全球的"电池大王"，坐拥3.38亿美元的财富。

2003年，王传福斥巨资高歌猛进汽车行业，誓言要成为汽车业领军人物。2003年1月23日，比亚迪公布以2.7亿元的价格收购西安秦川汽车有限责任公司77%的股份，成为继吉利之后国内第二家民营轿车生产企业。进入汽车领域之后，王传福坚持自主研发，复制电池领域的成功模式，进行垂直整合。三年磨一剑，比亚迪F3在2006年一战成名，王传福的汽车梦想终变成现实。2008年，比亚迪又吸引"股神"巴菲特前来入股，说明了股神对这个中国企业的信赖和看好。2009年9月28日，王传福以350亿元身价位居"2009胡润中国百富榜"榜首，成就了自己的财富人生。而现在，王传福放出"2025年成为世界汽车行业老大"的豪言，让业界关注有加。

2. 产品研发出新招

比亚迪无疑已经是电池领域的王者，从最早生产电池，到生产手机配件，再跨入汽车业，比亚迪将优势克隆战略发挥到了极致。从比亚迪的经营范围到各个产业的发展模式来看，其所有的战略发展都有着极其相似的发展史，都是"模仿—整合—创新—技术领先"的发展模式，而且将先前产业的优势经验复制到新开拓的产业上，就给看似陌生的行业带来了"轻车熟路"的感觉。

2.1 照葫芦画瓢

勇拆大奔为创新

李学林至今记得，拆解奔驰那天，七八名同事围着这个黑色、价值百万的"大家伙"站了很久，不敢下手。最后，一个个子不高、微微发福的中年人拿起车钥匙，在车身上狠狠划了一道。"这样你们就可以动手了，"中年人擦去脑门上的汗珠。他就是王传福，这辆车和比亚迪的主人。

当领头人不顾个人得失拆卸自己大奔的同时，也意味着比亚迪开启了逆向模仿生产汽车的大门。这也是比亚迪之所以能从电池代工起家，然后又以颠覆者的姿态，从电池跳入IT、汽车、新能源等一个个看似毫不相关的新领域的原因。

质疑也是一种动力

从电池行业到汽车行业，比亚迪一直被誉为"山寨大王"，尤其是进入汽车行业后更是一直被质疑为"模仿国外车型"。只要仔细观察，的确不难发现比亚迪的一个车型中，可能包含了好几种国外知名车型的"特征"。曾任职奇瑞的一位业内资深人士，是"逆向开发"的激烈反对者，一直主张中国汽车企业应走自主开发的道路。他回忆说，2006年F3上市后，奇瑞曾买了一台样车研究，最后认为它不过是对丰田花冠的拙劣模仿，无论是外形，还是工艺、配套，都不是奇瑞的对手。

在国家倡导独立自主研发的背景下，比亚迪好像一个被大时代抛弃的孤独者，独自探索着自己的发展模式。可是，那些质疑比亚迪单纯只会模仿的人大错特错了！几年后，虽然各种外国特征依然会出现在比亚迪车身上，却完全没有突兀感，这也是比亚迪在模仿中的一种学习和创新，正如资深汽车评论人钟师在2008年指出的："每一个品牌的汽车，都要经历一个从模仿到改进，再到自主设计的过程，日韩汽车工业就正是从对欧美汽车的模仿中成长起来的。另外，我们也要看到，从即将上市的车型来看，比亚迪模仿的成分已经开始越来越少。"

华丽逆袭

尽管比亚迪经历了行业内的各种质疑，但它却没有改变初衷，始终埋头于逆向研发，培养出了一大批研发人员，并逐渐把知识产权和技术专利作为企业的战略。

比亚迪在知识产权策略上一向奉行"成本最小化"战略，通过自主掌握核心技术，来避免支付高额的专利费用。在掌握核心技术后，生产成本的降低就被提上日程。公司专门建立了上百人的团队研究全球的专利技术，大量使用非专利技术，并在此基础上进行组合集成和创新。

比亚迪的"技术"，并不是人们通常所理解的"高深的、尖端的、颠覆性的技术"。比亚迪数款新车在机身设计上借鉴了丰田花冠等跨国车型因素，同时巧妙规避了侵权问题。比如，比亚迪的F3刚上市时被外界称为"超A版丰田花冠"；F3R与上海通用的凯越HRV相似；F6则像是本田雅阁与丰田凯美瑞的混合体。这些车型在性能上虽然不如国外汽车，但从性价比和使用维护方面都得到了业内和市场的赞誉，逐渐赢得了市场。

2.2 垂直整合与追随战略——双管齐下

经验嫁接，引垂直整合进"家门"

当你走在比亚迪的技术博物馆时，就会看到展台上陈列着一块块电池、各种手机外壳和内部的组件、整个车身、硬顶敞篷、发动机、气囊、车辆氧传感器、倒车雷达、空调……所有这些东西，只有一个制造商，那就是比亚迪。这些物品除了用于彰显比亚迪的技术外，还显示了比亚迪另一条非主流发展模式——垂直整合。

谈到将垂直整合复制到汽车行业时，王传福是这样解释的："大多数电子制造服务企业只做组装环节，只能获得低廉的利润。但如果具备自上而下的垂直整合能力，做从设计到组装到零部件的生产制造，得到的利润将高许多。各个行业是相通的，电子行业可以，我相信汽车行业同样可以，而且可以做得更好。"

王传福说到做到，他在比亚迪从电池及IT制造领域的成功经验中破译出通过垂直整合降低成本的"密码"后，把同样的"基因"嫁接到了汽车制造上。现在，比亚迪汽车除了玻璃和轮胎，其他部件全部由自己研发生产。

大刀阔斧收购生产线

王传福是个地道的安徽人，骨子里流淌着徽商的精明和敢闯敢为的血液，这在他的"电池王国"快速扩张中被展现得淋漓尽致，然而他进入汽车行业后，内心又萌生了更大的野心——包揽生产线。

2003年，比亚迪收购西安秦川汽车公司之后，同时收购了位于北京通州的北汽模具厂，并将全部生产线复制到了深圳，甚至建造了自己的铸造车间。两家模具厂每年可以同时开发四款新车型的全套模具，比亚迪开始了掌控整个生产线的征程。

王传福做出这个决定不是拍大腿式的选择，而是经过缜密思考和专业测算后做的决定。据比亚迪内部人士测算，一套F6模具共有1 800多套，外包给模具公司制作需要一两年时间，成本大约为1.5亿至2亿元；而比亚迪自行设计制作只要8个月时间，成本也只要七八千万元。目前，比亚迪正在毗邻深圳的广东惠州大亚湾建设第三个模具工厂，全面建成后，每年可以增加开发四款新车型的全套模具。

"新宠"上市，引"利润源泉"

掌握了汽车零部件生产就保证了比亚迪汽车的低价优质。因为上游供应商的利润，对自己来讲就是成本，必须严格控制利润的外流，并将利润的源泉引向比亚迪。

王传福曾经自信地说："我们的产品毛利很高，F3、F6都在25%以上，F0低一些，因为奇瑞QQ把市场价格压得很低，但也有10%的毛利。像F3，和国际同类品牌（丰田花冠）相比，价格是它的一半，为什么还有25%的毛利？因为我们的每一款产品都是自己开发、制造、销售的。现在的垂直整合还只是表面的，随着公司进一步垂直整合，毛利会更稳定。比如发动机，现在我们只是做缸体、缸盖，还没有做曲轴、连杆，以后都可以做；变速箱现在只做变速箱壳，齿轮还是外购的，今后我们一旦有精力，都会自己做。越细分地进行整合，整体的毛利就会越往上走。

在对整个生产线和成本垂直整合的基础上，比亚迪节约了大量的成本，收获了较为丰厚的利润，同时也得到了较大的市场份额，加强了与国内品牌的竞争（吉利、奇瑞、桑塔纳等），也为比亚迪在紧追市场领先者的战略上提供了资源和竞争资本，不至于被同行业的巨头（大众、丰田、奔驰等）吃掉。

2.3 出奇制胜——"驭变战略"

从王传福的性格来看，他既有做教授时的儒雅风采，又有商人狂热追求的王者霸气。这样的性格使他拥有冒险和探索的精神，对于比亚迪的"驭变战略"发展无疑起到了重要影响。

"双驱战略"，固源出新

"双驱战略"这个战略规划是在2013年9月举行的以"科技·驭变非凡"为主题的比亚迪世界级技术解析会上提出来的，主要针对比亚迪在传统燃油车和新能源车两个层面实施的"双驱"发展节能技术。比亚迪未来的方向将是双擎双模，在新能源车市场，它将针对私人用车市场广泛推广双擎双模，针对公交市场继续推广纯电动车，未来3年，90%比亚迪车型都可以配上双擎双模动力。

比亚迪双擎双模技术是一种将发动机和电机两种力量相结合控制的先进技术，需要自动变速箱、TCU、ECU、电池、电机、电控六大核心技术，而这足以将大多数汽车厂商拒之门外，像通用、丰田、本田等国际知名车企也都看到了这一发展趋势，但比亚迪无疑已走在了前列。从F3DM到2013年四季度即将上市的双擎双模车型"秦"，都可以看出比亚迪的实力，后者搭载1.5T发动机和110KW高转速电机，百公里加速度为5.9秒，百公里油耗仅为2升。而明年上市的"唐"是又一款比亚迪双擎双模SUV车型，将搭载2.0T发动机和前后两个电机，可实现百公里加速度4.9秒。从中也不难看出，比亚迪双擎双模技术以速度和节能作为两大发展主线，以实现科技促环保的理念。这样不仅保证了原有传统动力汽车的竞争优势，从而保证了利润来源，同时为新产品的研发提供了技术支持和资金来源，也为比亚迪在汽车领域打造了品牌。

需求拉动——尊崇用户体验

尊崇用户体验，针对汽车电子配置推动"智能化战略"。如今，用户体验已变得越来越重要，从走高端路线的苹果手机到走平民路线的小米手机都将用户体验摆在举足轻重的位置，汽车当然也不可能例外。比亚迪的企业发展理念就是"技术为王，创新为本"，也很早就提出了"用户体验就是技术创新的第一推动力"的口号。从一辆辆新车型的推出到一项项新技术的搭载，这不仅是比亚迪充分发挥旗下多个产业群的垂直整合优势，实现了技术的集成创新与快速搭载，而且也正体现了比亚迪"普世科技"给用户带来更安全、更便利、更享受的用车生活的理念。例如锐上搭载的云钥匙，可通过3G信号实现跨地域开门、着车、开空调操作，还可通过手机实时查看车况信息，很多用户体验过后发现这些配置确实能影响和改变他们的传统用车习惯。

3. 企业文化

一个公司在持续发展的同时，必须始终致力于企业文化建设，矢志与员工一起分享公司成长带来的快乐。比亚迪坚持不懈，逐步打造"激情、创新"的企业核心价值观，始终坚持"技术为王，创新为本"的发展理念，用先进的理念指导战略的实施，为战略的前进指明方向，而其中"袋鼠模式"更是比亚迪企业文化的灵魂。

曾担任比亚迪副总裁的夏治冰说："近来很多企业都在倡导、学习'狼性法则'，而我们更秉承'袋鼠模式'。"学习"狼文化"是因为狼有三种习性值得借鉴：一是嗜血，反映出对市场信息的敏感性；二是耐寒，反映出不畏艰难的意志和百折不挠的进取精神；三是结群，反映出团队合作的精神。华为作为"狼文化"的倡导者，其实也受到了不少批评，因为完全从丛林法则的适者生存角度来看问题有时候也过于偏激。而比亚迪就是借鉴了华为的"狼文化"，但希望不过于偏激，所以把"狼文化"发展成了"袋鼠模式"。

与狼相比，袋鼠给人的印象更加稳健。首先，通过踏实地打造自己的"长腿"，袋鼠跳得高且远；其次，相比狼的凶猛，袋鼠则通过"育儿袋"，稳妥地培养小袋鼠（新的产业或产品），由此达到了企业的发展与传承；最后，狼更强调向竞争对手的进攻，而袋鼠则习惯于自我赛跑，它在自己的跑道上，通过自我完善与进步，快速拉开与竞争对手的距离。比亚迪同样拥有这三个优势，因此才能游刃有余的驰骋在汽车行业。

"长腿"——核心竞争力

多年来，比亚迪以自主创新为核心竞争力，在产品的差异化等方面构建起了企业的"长腿"。技术出身的王传福，对于技术研发非常重视，比亚迪不仅实力第一，而且在技术研发上，甚至在全球范围内都拥有领先优势。比亚迪进入汽车业后，先在上海建了一个检测中心，这一"多余之举"其实极富远见，因为随后发生了奇瑞旗云在俄罗斯的对撞检测中被撞成一堆废铁的事件。在进入汽车业后，比亚迪首先考虑的就是先把试验平台打造好，避免出现类似悲剧。为此先后在上海和西安的基地分别建了一条试车跑道，还建设了碰撞实验室、道路模拟、淋雨、高温、综合环境、抗干扰等检测实验室。

"育儿袋"——前行保障

夏治冰曾经这样形容"育儿袋"："比亚迪通过资源的传承形成了袋鼠的'育儿袋'，像袋鼠妈妈保护小袋鼠那样帮助、保护新产品的培育和成长。"从电池大王到造车新秀，比亚迪在IT产业方面的经验厚积得以在新领域薄发，由此培育的F3等精品车型，以国际品质和高性价比确立了在中国车市的地位。

比亚迪选择汽车行业看似天马行空，实际上是"形散神不散"，其整个产业链各项业务之间可以通过此发生聚合效应，形成一个巨大的资源库，就像袋鼠妈妈用育儿袋哺育、保护小袋鼠一样，为比亚迪汽车提供充足的动力。比如，日本汽车的崛起与电子器件在汽车中的广泛应用有很大的关系，装在他们汽车上的电控系统能安全可靠地运转。同样，在电子部件、模具、车载电池等领域的领先优势，使比亚迪依靠电池和IT的强大"育儿袋"，可以先掌握某些具备核心竞争力的零件，然后再形成整车的集成优势，造就了一般民企无法超越的制高点。

"我行我素"——拉开差距

类似袋鼠在大自然中高效而又高速的跳跃一样，"袋鼠模式"的最后一层含义就是标杆对手，即通过自我完善提高奔跑速度，快速拉开与竞争对手的距离。在与客户合作中，比亚迪在控制体系等方面不断补齐短板，一次又一次击败竞争对手，赢得了通用、大众、劳斯莱斯等国际顶级客户的大单。

袋鼠模式说到底应该就是速度模式。速度经济的实质就是迅速满足顾客需求而带来超额利润的经济。可以预见在不远的将来，当速度成为竞争中的决定性因素时，以速度打击规模、以速度利润战胜规模利润，将会成为衡量企业核心竞争能力的重要指标。

4. 资源整合再创新价值

王传福在接受媒体采访时说："比亚迪汽车之所以能够用短短十年时间，坚实地执行企业制定的各个阶段的战略，从而使得比亚迪一步步走向世界舞台，很大程度上是得益于企业成功吸收了电池、IT行业的巨大优势，并把先前的成功经验复制到汽车行业，给予技术、资金、销售网的支持，这些无疑是比亚迪成功的坚实后盾。"

4.1 复制模式巧成产

比亚迪在十几年的时间里做到电池行业的巨头，靠的是"人+机器"的半自动化生产法。与对电池行业的理解相似，王传福认为汽车也可以做成劳动密集型行业，从而发挥中国人力成本低的优势。

进军汽车行业后，一开始，比亚迪汽车业务就延续了电池业的模式，希望通过全面铺开研发和最大限度利用人工生产来降低成本，以此开拓出新的市场。通过对生产线的整合和人员吸收，公司很快拥有了独立汽车制造车间，这无疑是拥有强大实力的比亚迪才能做到的，所以很多想模仿的后来者很难复制比亚迪。

4.2 技术研发是王道

比亚迪人意识到要想自主创新必须拥有企业自己的研发机构，从而整合一切可以利用的资源，掌握研发渠道，而不会在关键技术上受制于人。于是，比亚迪开始狂热地在汽车领域构建研发体系。

2003年8月，汽车工程研究院成立，其作为比亚迪汽车研发中心，目前已拥有造型、车身、底盘、内外饰、电器、整车集成等一系列关键技术和整车研发能力，并已成功研发比亚迪F3、F6、F0、F8等车型，目前在研发车型遍及家轿、商务及SUV系列等。汽车工程研究院拥有全方位专业化的汽车设计能力和强大的检测能力。

2005年，比亚迪设立中央研究院、通讯电子研究院及汽车工程研究院，专门负责生产设备及生产工艺的研发，拥有可以从硬件、软件及测试等方面提供产品设计和项目管理的专业队伍，拥有多种产品的完全自主开发经验与数据积累，积累了大量的设计开发经验，并建立了系统设计质量标准和开发流程标准，逐步形成了具有国际水平和一定特色的技术开发平台。

自建研发体系使得比亚迪大有收获：公司获得了许多全球专利技术，并在非专利的基础上进行集成和改造，这使得比亚迪在世界500强公司中的专利拥有数量的排名逐年上升，并且在2009年，比亚迪成为继华为和中兴之后，深圳第三大专利申请大户。

4.3 "双网营销"开先河

当大量的汽车从生产线下来时，摆在比亚迪面前的问题就是如何销售，如何使整个资金流、商流、物流流动起来，如何最大限度满足客户的要求，如何建立具有竞争优势的核心业务。由此，比亚迪的"双网营销"应运而生，这无疑是众多软实力支持中最具影响力的因素，是将比亚迪的车轮开向世界的又一强大动力。

何谓"双网"？

比亚迪在F3R自动版上市的同时正式启动A2销售网络。至此，比亚迪将采用A1、A2双网运行模式，其中A1网销售F3、F6等车型，主要是针对品质相对低端、能力相对较弱和信誉度相对较低的运营商；而A2网将销售F3R、F1及还未推出的一款

SUV车型，主要针对车型和品质相对高端、运营能力和信誉度相对较高的运营商，两个网络共享F8。

A2销售网络不是分网，而是要新增加一批经销商，应该是扩网、增网销售。这也就预示着比亚迪汽车已经逐步得到市场的认可，现有的销售网络已不能满足用户的购买需求，需要扩大销售范围来满足市场需要。品牌形象对于消费者的影响十分重要，拥有良好的品牌形象不仅可以为产品带来美誉，而且可以为企业确立市场中的地位。比亚迪将在此后的时间里加大品牌建设的力度，力争走国际化"大牌"路线。

"双网"扩销建奇功

像这种两个网络并行的销售方式，在汽车行业又是一个里程碑式的创新。按照比亚迪规划的产品推进速度和密度，平均每年都有3款新车或改款车上市。密集的产品计划确实会对经销商产生较大的不必要的压力和干扰，实行分网销售无论对于经销商还是厂家来说都是一个双赢的策略。此外，比亚迪还规定，实行分网后，将仍旧允许A1、A2网之间互为二级经销对方的产品，这样一来可以使经销商在扩大经营范围的同时避免可能发生的损失，也可以让消费者接触到更多产品，有效扩大市场占有率。

5. 展望：未来之路怎么走？

近年来，比亚迪凭借准确定位的"城市公交电动化"解决方案，为全球更多城市带来了新鲜空气，在新能源汽车领域推广效果显著。自2010年5月起，比亚迪开始大规模运营新能源汽车。目前，已在深圳、宝鸡、西安、长沙、香港、伦敦，以及荷兰、德国、美国、哥伦比亚等42个城市、24个国家开展了商业运营。2014年1月20日，王传福荣获第六届"扎耶德未来能源奖"（Zayed Future Energy Prize）终身成就奖，比亚迪三大绿色梦想与城市公交电动化再获国际认可。王传福在接受采访时说："比亚迪期待未来与世界更多的城市携手开展纯电动大巴生产及储能产品的推广，打造更多的绿色环保城市。"

随着互联网时代的来临，比亚迪以大数据和互联网为背景，用蓝牙钥匙开启"车机融合"大数据时代，借助智能手机与蓝牙技术，将汽车与手机高度融合，实现车辆使用信息的数据管理存入云端，对车况进行实时观察和分析，并精确计算零部件的磨损情况及运营情况，从而方便为用户提供更多个性化、智能化服务。另外，比亚迪也已经开始研发包括近距离无线通信、自动泊车在内的更智能化的汽车电子配置，这一系列智能化战略的实施，也将有助于提升比亚迪在未来竞争优势。

但是，比亚迪是否就不存在问题呢？显然不是的。

5.1 大包大揽，欠缺合作

汽车是由上万个零件组成的复杂机构，其设计涉及多个学科，任何一个汽车企业都不可能从技术和资金上独自承担起所有零部件的研发。因此，汽车企业之间的联合研发和委托研发显得尤为重要。当前，世界汽车企业之间联合与委托研发也是一种趋势。例如，丰田和日产联手开发混合动力系统，以求降低混合动力车辆零部件的成本，最终达到降低混合动力汽车的价格、进而提高销量的目标。PSA与宝马汽车公司共同投资7.5亿欧元，联合研发和生产用于标致、雪铁龙等品牌轿车的汽油发动机等。到目前为止，比亚迪只是和德国戴姆勒奔驰共同研发过电动汽车，相对来说进行联合研发的次数较少。

5.2 利润压缩，难成大佬

在比亚迪收购陕西秦川汽车制造厂的前三年，比亚迪是在用电池业的利润来造车。近年来，比亚迪在汽车业务上投入的20多亿资金，是采用每年分摊的方法，从每年电池行业的利润中支出的。2006年，尽管比亚迪汽车实现利润1.16亿，但比亚迪采用的是低价促销策略，利润率只有3.5%，大大低于合资汽车公司的利润率，这对于比亚迪的后续发展必然造成一定的压力。相较而言，电动车行业的大佬特斯拉就另辟蹊径，走了一条"奢侈品"路线，将产品定位在高端，等待成功后再从高端向低端迅速渗透，这样不但保证了品质，还在一定程度上打击了低端市场。基于这样的策略，特斯拉很快抢占了世界范围的电动车市场。

随着比亚迪汽车业务的迅速增长，公司的资产结构越来越庞大和复杂，使得公司的长远良性发展面临巨大的挑战，并且比亚迪汽车以后的增速会更高，为达到预定计划产生的资金需求也会更大。可以预见的是，随着汽车行业竞争的日益激烈，比亚迪技术创新的资金必将逐年加大，如果不扩大利润源和提高产品质量，资金筹集必将更加困难，开拓国际市场也是难上加难。

5.3 僧多肉少，竞争激烈

目前，中国轿车行业市场竞争日趋激烈，广告战、宣传战、公关战打得不亦乐乎，国内新车型大量上市，品牌越来越多，汽车库存压力加大，价格平衡已被逐渐打破，大规模的降价风起云涌。可以预期，在较长的一段时间内，比亚迪将会面临更加严峻的轿车市场竞争，想单纯采取价格战赢得竞争的胜利将会越来越难。

此外，随着石油资源的日益减少，寻找替代能源已成为迫切需要解决的问题。国内外汽车企业纷纷研发新能源汽车。据业内人士估计，目前我国研发新能源汽车的企业（包括电池等零配件生产企业）至少有一两百家。

5.4 售后服务，不尽人意

比亚迪正在创造一个汽车业的销售神话，但是从某次国内二、三线城市汽车品牌售后服务调查结果来看，除了交车服务环节达到自主品牌的平均得分，比亚迪其他各环节均离平均水平有一定差距，整体表现不尽如人意。而在服务经济性和透明化方面，比亚迪虽然整体保养费用较少，但其在保养时长、服务质量和透明度上均排名靠后。如果比亚迪仅仅依靠销售环节来提升自己的业绩，伴随着国内消费者越来越理智的消费观念，其能否继续创造一个又一个销售神话，还需要打上一个大大的问号。

结语

21世纪的第一个十年，比亚迪这辆在世界汽车行业中奔驰的黑马，给我们留下了很多值得关注、思考的印记。它用先进的企业文化作为指导思想，整合了优势的资源来制定各个发展阶段的创新战略，并且脚踏实地地去执行和控制，使得比亚迪成为一个跻身世界汽车市场的中国民族品牌。同时，比亚迪也面临很多难题，但它至少已经迈进了技术创新的殿堂，并且还在前行。让我们继续关注这匹黑马，看它能否在未来颠覆汽车市场。

启发思考题

1. 比亚迪的技术创新战略经历了哪几个阶段？各阶段的创新有哪些特点？

2. 如何看待比亚迪产品初期的研发方式？这对中国企业有什么启示？

3. 结合比亚迪"袋鼠模式"的指导作用，试阐述企业文化在企业发展中占据何等地位。

4. 试阐述在比亚迪的发展中，企业文化和资源优化配置是如何支撑其战略发展的？

5. 假如你是比亚迪的高管，你在未来五年的发展中会如何进一步在企业战略、企业文化、资源配置的整合上布局？

第5章 变革时代的创新与创新管理

衣邦人
触手可及的高端定制

衣邦人创立于2014年年末，由杭州贝嘟科技有限公司和杭州骄娇服饰有限公司共同营运，是一家专注于男女中高档服装定制的互联网品牌，致力于利用互联网技术和工业4.0技术，打造一个用衣服帮助人而不是人将就衣服的"邦国"。本案例以商业模式创新为出发点，通过对衣邦人品牌发展历程、核心价值及关键资源的描述分析，重点分析衣邦人以何优势在短时间内成为服装行业中的佼佼者，并探讨其从凝炼出核心价值到传递核心价值、最终实现核心价值的全过程，此外，进一步细化了其供应链管理等相关方面存在的风险，迭代商业模式驱动价值增值，并展望其未来发展前景。[1]

关键字：商业模式创新，核心价值，关键资源，衣邦人公司

---

[1] 本案例由浙江工业大学中国中小企业研究院王黎莹老师及宋秀玲、虞微佳同学共同撰写。作者拥有著作权中的署名权、修改权和改编权。未经允许，本案例的所有部分都不能以任何方式与手段擅自复制或传播。本案例仅供讨论，并无意暗示或说明某种管理行为是否有效。

第5章 变革时代的创新与创新管理

引言

在"互联网+"一路高歌猛进的时代背景下,大众消费领域正发生天翻地覆的变化,各种个性化产品、体验式服务层出不穷。"互联网+"对于服装定制行业而言也已不再是什么新鲜话题:竞争者层出不穷,服务更是眼花缭乱,越来越多的传统服装定制企业在消费升级时代的夹缝中消失,如何在服装定制领域中找到属于自己的一片天地成为诸多企业生存发展的一大难题!

而在这样的困局下,成立于2012年12月的衣邦人依托互联网和大数据技术,以其创新的商业模式,在服装定制领域开辟出一条独特的个性定制服装之路,成为服装定制业的一匹黑马。

1. 创始人方琴

杭州贝嘟科技有限公司成立于2014年12月,是专注于中高档服装定制的互联网企业,创始人为2014年获"中国创业榜样"称号的连续创业者方琴女士。

作为一个26岁就当CEO的"80后"女孩,方琴是一个定制路上的连续创业者。1999年,方琴以保送生的身份从农村到浙江大学计算机系读书,没想到后来成绩沦为班级后几名。巨大心理落差下的方琴曾经自卑到无以复加,所幸她并没有自暴自弃,而是努力发现自己的闪光点、找到自己的定位,在读研二时,她成功创办了自己的第一家公司——杭州清朗翻译有限公司。

受硅谷互联网创业故事的启迪,2006年毕业时,方琴和几位互联网前辈一起创办了卡当网,成为6名合伙人当中年纪最小和股份最少的那个,开始了她的第二个创业项目。卡当网是一家专做礼品定制的网站,走的是C2B模式。但创业之路并非一帆风顺,资金紧张,成绩却寥寥无几,合伙人意见发生分歧并选择退出,更让项目遭遇瓶颈。2008年，在困境中方琴选择出任公司的首席执行官。在她的带领下，卡当网成功上演了"逆袭"，业绩连续五年几乎以每年翻三倍的速度上涨。2010年起，公司全面实现了盈亏平衡，到2013年，成为细分行业的第一。

而2014年年底，已经顺风顺水的方琴做出一个惊人的决定：离开卡当网，独自进行第三次创业，开始做高端西装和旗袍的个性化定制。她在浙江省国家大学科技园创立了贝嘟科技有限公司，组建了全新的团队。2015年4月，贝嘟公司旗下的高级服装定制服务平台——"衣邦人"正式上线。衣邦人即"一帮人"——衣邦人是一帮致力于改变传统成衣购买模式的人；衣邦人还致力于打造一个服饰定制邦国，提供个性化服务，帮助客户提高形象和自信。

"人有三种性别——男性、女性、创业者。我是创业者。"方琴这样说。

2. 寻找创业契机，凝练核心价值

2.1 衣邦人公司的发展历程

衣邦人创立于2014年12月，是专注于男女中高档服装定制的互联网品牌。公司在成立不到1个月时就获得浙大科发的天使投资，不到2个月再获著名投资人吴炯的Pre-A轮投资。2016年9月，衣邦人获得由北京竞技世界领投、前Pre-A轮投资人吴炯跟投的数千万元A轮融资，团队进一步扩大。现在，衣邦人已成为服装定制行业的标杆企业，服务网点遍布我国的160座城市。衣邦人期待在2017年将服务网点进一步覆盖全国，并携手更多优质工业4.0工厂，启动时尚全品类扩张战略。

2.2 发现创业契机、展开市场调查

谈及创业契机，方琴的思绪飘到参加阿里巴巴研讨会的情境：各行业大咖西装革履，热烈畅谈各行业发展。其中，青岛红领集团在服装模块中分享了其现有国外订单中男士西装大规模个性化订制模式，这让方琴眼前一亮，她发觉这也许是让定制从线下转为线上从而更加大众化的契机。而正是这份契机，让方琴再次踏上了创业之路。

研讨会之后，她与好友从杭州飞到青岛去红领集团一探究竟。她们在红领的工

厂中不仅了解其设计、下单、排程、生产及配送的信息化过程，还体验了不同款式、工艺、面料及尺寸的工业化流水生产的服装定制过程。返程不到一周，定制包裹如期而至，方琴与身材矮小的同行好友都收到了合身、合心的西装。青岛红领工厂的体验之旅不仅让方琴对大规模服装定制模式有了初步了解，更让她对在国内市场开拓服装定制的可行性增加了信心。随后，方琴与团队展开了一系列市场调研活动。在针对消费者端的调查中，团队里的每个人都穿梭在写字楼、酒店、咖啡厅各个角落，针对25—40岁商务男士展开调查。据调查结果分析，在有限个性化，即"基本款+微调"的定制下，以7天交货为前提，80%的调查对象表示可以接受并愿意尝试。

2.3 洽谈合作、凝练核心价值

全面的市场调查结束后，方琴团队对于货源供应方面是自己亲力而为还是与资深厂家合作产生了巨大的争议。团队部分人认为货源供应关系到产品的质量与品牌的形成，因而至关重要，与其他厂家合作难以掌控质量且不易定价操作；而方琴等人则认为公司现有资源主要集中在互联网营销上，对成衣定做及大规模定制领域不熟悉，如果自己建厂制衣，起步太难且很难快速发展。经过多次会议研究，团队最终敲定与资深工厂进行合作。而方琴珍惜现有资源，于是开始了与青岛红领集团的洽谈合作之旅。

青岛红领集团创建于1995年，是青岛市一家以生产经营高档西服、裤子、衬衣、休闲服及服饰系列产品为主的大型企业。红领集团有3家子公司、15家分公司、5个国外分支机构和2个工业园区，形成了以西装厂、衬衣厂和休闲裤厂为主的三个专业研发制造工厂。集团现拥有总资产12亿元，年实现销售收入近10亿元，有超过5 000名在各自领域拥有专长的员工，有2条专业西装生产线、15条衬衣生产线，具有年产80万套西装、600万件衬衣的生产能力。想取得与红领集团的合作并非易事。起初，方琴试图以团队多年积累的互联网创业及产品营销能力为切入口，拿到红领集团国内的全部零售权，但惨遭拒绝。而后经过几番努力，终于拿到其部分商标品牌的国内零售权，在服装订制的路上迈出了第一步，并以"高端定制，触手可及"为经营理念推出服装定制平台——衣邦人。衣邦人以"互联网+时尚"的概念,把"美女着装顾问免费上门量体"作为营销重点进军高端男装定制市场,短短数月取得了不菲的成绩,而后与青岛红领集团展开了深度合作。至今为止,衣邦人的合作厂商日益扩大,但红领集团依旧为其最大的合作伙伴。

3. 打造衣邦人定制平台,传递核心价值

3.1 客户细分——致力精英服务

衣邦人主要以商务男士为主要目标客户群,秉持"高端定制,触手可及"的经营理念,通过O2O线上免费预约订制平台,为中高端的消费群体提供一对一尊贵化的服装定制服务。客户通过衣邦人平台中的图文介绍找到心仪款式、输入基本信息和上门时间后,衣邦人的服装顾问将携带样衣及面料上门为用户测量身材数据,并最终确认定制方案。在保证着装顾问专业水准的基础上,衣邦人尽量选择青春靓丽的美女顾问,并为其配备定制西装的工作服和装备齐全的量体箱。着装顾问可以通过这些工具量取一件定制装需要的19个身体部位共26个数据。除了定制的尺寸,顾客还可以选择面料和款式,甚至可选择喜欢的领型、门襟、袖头及在袖口绣字等。量体顾问上传数据至系统后台,厂家负责衣服生产及成品寄送。

3.2 客户关系——提供至尊享受

衣邦人主打"美女着装顾问"进行营销,着装顾问可以进行线下免费讲解、上门量体裁衣,她们与顾客是一对一终生负责的关系。衣邦人为客户提供7个工作日左右送衣服,以及365天无忧售后保障的至尊享受。

3.3 客户渠道——构建网络营销

移动互联时代到来之后,人们的生活方式发生了极大的改变,衣邦人方便、快捷、性价比高,客户体验极大地适应了人们的购买习惯,成为优势。衣邦人建立线下自有展厅取代线下门店,采用精准化网络营销取代线下推广:在各热门网站投放硬广告,以效果广告为主兼顾品牌广告;在微信、今日头条、爱奇艺等手机移动端

精准投放广告；衣邦人还通过大数据分析，在朋友圈精准投放广告，行而有效地将互联网思维融入服装高端定制中。

另外，衣邦人还斥资与相关媒体合作，借势明星营销，最大化明星效应。衣邦人通过品牌赞助2016"高通骁龙™"杯中澳篮球对抗赛等体育赛事植入品牌元素，得到杨毅和一批体育界重量级意见领袖的青睐后，衣邦人借此效应"俘获"体育迷。除了继续针对体育产业及体育人群的营销之外，按照目前趋势，衣邦人也不排除未来介入运动服装定制市场的可能性。

除此之外，方琴亲自代言制造话题。2017年2月，"你敢被量全身吗？"这句广告语密集出现在沪深两地，衣邦人CEO方琴手持专业量体皮尺亲自为模特量身，首次亲自站台，为名下的互联网高端服装定制平台代言背书。

4. 整合衣邦人关键核心资源，实现核心价值

4.1 整合关键资源、满足顾客最大需求

在衣邦人的模式中，前端通过自建量体顾问的队伍，收集顾客数据，而在后端的生产供应链上，则选择与定制工厂合作的"轻操作"模式。衣邦人独特的C2M运营模式实现了流程信息化，客户订单数据和工业4.0工厂无缝对接，省略了中间商成本和实体店租，砍掉了包括库存在内的所有不必要成本。

目前，国内的服装生产厂商普遍操作不规范、标准化程度低，如果和这些厂商合作难以实现规模化。因此，在货源方面，衣邦人不准备以多取胜，而是选择与青岛、宁波等5家优质厂商深度合作，争取独家代理权，在供给端设立竞争壁垒，塑造强有力的竞争力。在上线之初，衣邦人只能销售合作供应商工艺最成熟的产品，即西装和衬衫。但是经过两年的发展，借助"互联网+"，大量聚集、分类定制客户的需求，在客户量足够大的基础上，衣邦人已经能够反向推动供应商进行工艺、面料乃至品类的创新开发，满足客户的更多需求了。此外，制造厂商通过技术升级有效降低了衣邦人的返修率，据统计，用户在收到衣服后提出修改要求的不到5%，全年退货率仅为1.5%。

4.2 规划利润分配机制、实现核心价值

衣邦人通过厂商提供的成衣自行进行市场定价，同等面辅料和做工标准的成衣定价标准要普遍低于同类服装定价，从而通过市场低价逆推可接受的生产成本结算价，选择要推广的服装品类，达到理想的价格竞争力。在与合作伙伴的利润分配机制中，衣邦人利润占比为厂家提供的最终生产成本结算价与市场定价之间的差值；而合作伙伴的利润占比主要表现在其提供给衣邦人最终的成衣结算价与实际生产成本之间的差额。

在盈利模式上，衣邦人主要靠贩卖定制成衣赚取差价来变现。在保证自己生产成本不低于毛利50%的同时进行营销、服务费用等的分摊，其中营销推广成本大体控制在保守时段的10%到进攻时段的20%之间，一般情况为15%；而服务成本较之传统行业低效率的服务并没有明显上升，对其独具特色的服装顾问团队也仅仅投入10%的成本，相对于实体店动辄超过30%的店租成本，采用上门量体服务确实优化了成本结构，让客户能以更实惠的价格享受高端定制。而且上门量衣的效率很高，衣邦人平台上的服装顾问一天能拜访5—8位客人，相比之下，成衣定制的实体店可能一周都没有5个订单。因此，衣邦人不仅能够定制媲美国际奢侈品牌的服装，而且还将定制服装品类价格降到了高定店的30%左右，交货期也缩短到了10天。

截止到2015年3月，衣邦人不仅完成多轮千万级融资，而且搭建全国服装定制网络，开设了杭州、上海、北京等15个直营网点，组建成上百名专业美女着装顾问团队。自成立至今不到两年的时间内，衣邦人已为10万位精英男士提供了服装定制服务，成为服装定制行业的标杆企业，而一般传统服装高定门店一年的客户数在200至300人左右。

5. 迭代衣邦人商业模式，驱动价值增值

在服装定制领域，竞争者层出不穷，玩法也多种多样。衣邦人在目前的发展中并非一路向前，还需要做更多的努力才能站稳市场，它未来面临的主要问题是供应链的变革问题。但没有实体店、没有库存依然是衣邦人的优势所在。

与工业4.0工厂合作的衣邦人只需要向工厂提供顾客数据，所以在产品品质、价格控制、库存管理、订单配送等方面有诸多不确定性，存在无法及时把控的现象。

其矛盾冲突主要表现在合作利润的分配、风险共担及信任沟通等问题上。一方面，衣邦人通过市场上同等面辅料和做工标准的成衣定价标准进行低价定价，然后通过市场低价逆推可接受的生产成本结算价反馈给合作厂商，从而达到了工厂有溢价空间、成本有降价空间的准则。另一方面，衣邦人通过建立严密的供应链管理体系，在信息对接、订单接口以及质量控制体系标准化方面解决信任沟通危机。

对于未来的供应链管理，衣邦人设想了两种变革途径：一个是通过推荐优秀的供应商向工业4.0大工厂学习的方式，改善供应链体系；另一个是涉足供应链前端，不仅提供订单，而且可能直接以裁片（根据设计制图的衣服和顾客数据，裁剪后还没缝纫的衣片）的形式给到工厂。在"互联网+服装定制"的路上，衣邦人希望整合行业更多的优质资源，形成健康、高效的生态链，从而推动工业4.0革命，让服饰定制成为一种生活常态。

结语

如今的时代是个性需求不断放大、品味需求不断释放的时代，是一个正在变化的时代。生于这个时代就要追逐变化的脚步，衣邦人只有不断创新才有可能超越对手，成为赛场上的领跑者。

启发思考题

1. 衣邦人商业模式的核心价值是什么？

2. 请以下商业模式基本框架分析衣邦人的商业模式，具体阐释衣邦人是如何创造、传递和实现其核心价值的。

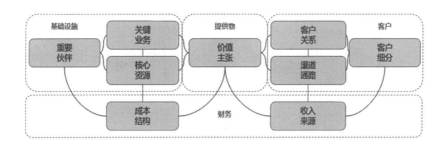

3. 你认为衣邦人的商业模式还可以怎样改进和迭代？

4. 你认为衣邦人的发展对各行各业的商业模式创新发展提供了什么启示与借鉴？

附录一 衣邦人发展历程

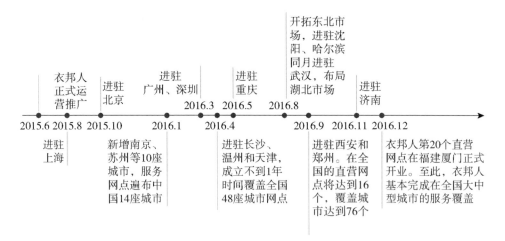

图5.1 衣邦人发展时间轴

衣邦人创立于2014年12月，是专注于男女中高档服装定制的互联网品牌。在成立不到1个月即获得浙大科发的天使投资，不到2个月再获著名投资人吴炯的Pre-A轮投资。

2015年6月，衣邦人进入正式的运营推广，结果令人欣喜：运营仅半年，客户量已近万，并且几乎每个月的业绩都翻番，而传统高定店一般第一年客户量只有300位左右。在售后问题上，95%的客户第一次定制衣邦人就很满意，剩下的5%经过售后服务也满意而归。

2015年7月，衣邦人与浙江省中国旅行社集团有限公司就品牌推广、服务资源共享等方面达成合作，这是衣邦人继5月与开元集团合作后再次携手高星级酒店集团跨业合作，为客户提供优质服务，提供不一样的生活方式，进一步推广品牌发展。

2015年8月和10月，衣邦人分别进驻上海和北京。

2016年1月9日，衣邦人因用互联网思维创新性地颠覆了传统高定行业而斩获"2015年度浙江互联网企业新力量奖"。

2016年1月11日,服装定制O2O电商衣邦人正式对外宣布:新增南京、苏州、无锡、宁波、嘉兴、绍兴、湖州、金华、昆山、常州等10座城市提供美女着装顾问免费上门量体服务。截至目前,加上原先开放的北京、上海、杭州、驻马店四城,衣邦人的服务网点已遍布中国14座城市,成为中国互联网服装定制企业中的标杆企业。

2016年3月16日,"互联网+服装定制:For A Better Lifestyle"2016衣邦人广州媒体见面会于圣丰索菲特大酒店开启,宣布其正式进驻广州。2016年3月17日,"互联网+服装定制:For A Better Lifestyle"2016衣邦人深圳媒体见面会于君悦酒店开启,宣布其正式进驻深圳。在南下进入广州、深圳市场之后,服装定制C2M平台衣邦人仅用10天就折服了华南市场。同时,衣邦人顺势宣布新增佛山、东莞两座城市提供美女着装顾问免费上门量体服务。截止到3月24日,衣邦人广州、深圳两个城市网点已成功为300余位客户提供量身定制服务,而这一数据相当于传统高定门店一年的服务客户量。

2016年4月13日,衣邦人长沙直营店正式开业,宣布正式入驻长沙及温州,开拓衣邦人在这两座城市的互联网服装定制市场。成立一年多的时间,衣邦人已覆盖全国48座城市网点,服务2万多名客户。基于大数据分析,衣邦人可以做到清晰画像客户,精准服务目标客户。

2016年4月27日,衣邦人宣布正式进驻天津;5月5日,衣邦人重庆城市网点开业,正式进驻重庆,开拓该城市的互联网服装定制市场。

作为服装零售业黑马,衣邦人的发展一直处于领跑地位。随着团队规模的扩大和客户数量猛涨,管理挑战加大,衣邦人决定在夏天暂停网点拓展,优化管理和培训。经过两个月的调整期,衣邦人再次加速全国城市扩张战略。8月份,衣邦人将扩张重心放在了东北市场。8月13日,衣邦人第12个直营网点沈阳网点开业,正式进驻沈阳,成为其在东北市场的首秀。8月18日,进驻哈尔滨,进一步扩张东北市场。

2016年8月26日,衣邦人宣布进驻武汉,正式布局湖北服装定制市场。9月8日,衣邦人入驻古城西安,这也是衣邦人在全国范围内第15个直营网点。作为衣邦人全国定制网络布局中的重要一环,西安以及陕西市场的开拓,显得意义重大。9月20日,衣邦人正式进军河南服装定制市场,在郑州设立网点,开始逐鹿中原。据统计,郑州网点开设之后，衣邦人在全国的直营网点将达到16个，覆盖城市达到76个。

2016年9月，衣邦人获得由北京竞技世界领投、前Pre-A轮投资人吴炯跟投的数千万元A轮融资，团队进一步扩大。迄今，衣邦人已成为了服装定制行业的标杆企业，服务网点遍布华北、华东、华中、东北、华南、西南、西北的160座城市。

2016年10月23日，衣邦人荣获2016文创新势力"创新潜力奖"。

2016年11月26日，衣邦人正式入驻泉城济南。济南网点的开业，标志着衣邦人在华北服装制造大省山东正式开展"互联网+服装定制"细分市场的布局。

2016年12月12日，衣邦人第20个直营网点在福建厦门正式开业。衣邦人厦门网点，是继济南之后，在传统服装制造产业强省开设的又一个直营网点，而厦门网点也是衣邦人2016年全国网点布局的最后一站，至此，衣邦人基本完成了在全国大中型城市的服务覆盖。

附录二 衣邦人服装定制服务特征

1. 男女全品类定制——西装、大衣、衬衫、羊绒衫、皮衣皆可定制

2. 网点覆盖——服装定制市场每年保持在50%以上的增速

2015年期间，衣邦人连续6个月业绩月增长速度在80%—120%，已经成为互联网服装定制行业的领跑者。2016年3月和4月，衣邦人业绩同比去年更是高达20倍的骄人增长，其业绩增长主要来自新网点的拓展和老客户的重复购买。

2016年2月以来，衣邦人加速全国城市扩张战略。截止到5月底，衣邦人已在华东、华南、华北、华中等区域布局71个城市。快节奏的城市拓展直接为衣邦人带来大量的新增客户。8月初，衣邦人的服务客户数已然突破50 000大关。

3. 快速交货——交货期控制在7个工作日内

和传统服装定制不同，衣邦人并没有门店，而是与有多年大规模定制经验的工业4.0工厂，比如和青岛红领集团合作，保证了旗下产品的品质和发货速度。红领集团是最早进行大规模个性化定制变革的传统服装企业之一，换言之个性化定制也可

以在工厂的流水线上大规模生产。而很多传统的门店虽然是请有经验的老师傅为客户服务，不过出货速度可就慢多了。技术上的完善也在一定程度上减少了流程耗费的时间。

衣邦人通过使用企业端App，完成用户数据的录入、订单的生成及流转（如图5.2）。考虑到成衣定制需要记录的用户数据多，难免出错，为了降低错误率，衣邦人建立了自有用户数据库，当着装顾问输入新的用户信息后，后台会自动估算合理值，超出合理范围时将会立即提示。因此，95%的客户对衣邦人提供的服务和产品第一次就很满意。但只要是做服务，一定有需要提供售后服务的情况。衣邦人的策略是：把客户的不满意度降到最低。所以，在衣邦人定制是可以30天内免费返修、重做或者100%退款的。因而，其余5%的客户经过衣邦人的售后服务后也表示满意。

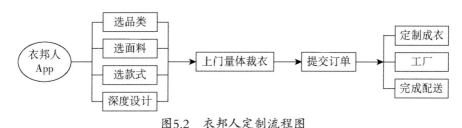

图5.2　衣邦人定制流程图

4. 高竞争力产品——免费上门的量体服务、国际高端定制面料、手工定制、价格是传统高级定制门店的30%

除了马不停蹄的城市拓展之外，衣邦人也积极与优秀的合作供应商专心研发，不断丰富产品线，满足广大白领群体的个性化定制需求。2016年3月底，意大利著名面料品牌VBC（维达莱）为衣邦人推出专属面料册，据了解，这是VBC首次为国内高级定制公司提供专属定制面料册。而后，衣邦人又与意大利顶级面料Cerruti 1881达成合作。衣邦人一共开发了近百款Cerruti 1881面料，价格在7 000元—8 500元之间，而在传统门店中，同款面料的均价在20 000元以上。

第二篇

创新的战略视角

第6章 创新战略

大华股份
创新战略支撑起的产业链延伸之路

浙江大华技术股份有限公司成立于2001年，是一家视频安防行业的龙头企业，同时也是处于上升期的民营上市企业。本案例基于产业链延伸的视角将大华的发展历程划分为三部分，即从切入后端市场到布局前端市场再到向解决方案提供商转型，分析和探讨支撑其产业链延伸的创新之道，希望由此对中国民营企业的发展壮大提供些许借鉴。[①]

关键字：大华股份，视频监控，产业链延伸，创新战略

[①] 本案例由浙江大学管理学院刘景江老师、河北工业大学经济管理学院蒋石梅老师和刘中元同学以及福州大学管理学院王志玮老师共同撰写。作者拥有著作权中的署名权、修改权和改编权。未经允许，本案例的所有部分都不能以任何方式与手段擅自复制或传播。本案例授权中国管理案例共享中心使用，中国管理案例共享中心享有复制权、修改权、发表权、发行权、信息网络传播权、改编权、汇编权和翻译权。本案例仅供讨论，并无意暗示或说明某种管理行为是否有效。

第6章 创新战略

引言

2017年3月7日，雨过天晴，位于浙江杭州滨江区的浙江大华技术股份有限公司（以下简称为"大华"）总部在暖暖阳光的照射下，显得格外惹眼。得益于中国安防行业的高速发展以及在视频安防领域15余载的精耕细作，大华发展势头迅猛，上演了"鱼跃龙门"的神话，从一家名不见经传的小公司跃居为全球安防第一方阵的民营上市企业。2015年，大华实现营收100.78亿元，同比增长37.45%，顺利实现百亿目标；2016年，大华实现营收133.29亿元，同比增长32.26%。在《安全与自动化》公布的"全球安防50强"排名中，大华从2014年的第六位上升至2016年的第四位。纵观大华发展历程，其产业链条不断延伸和升级，一个又一个的创新如同一块块沉甸甸的基石，铺就了大华的壮大之路。

在杭州G20峰会期间，大华作为G20安保工作的重要保障单位，为六大核心区域提供了2万余台/套安防设备和600人左右的专项技术保障/值守人员。此外，大华还作为杭州企业代表参与了"中小企业发展工作组"的讨论，董事长傅利泉在接受媒体采访时说道："大华是一家以科技创新为主基因的企业，我们将每年销售额的近10%投入研发。也正是通过持续的高研发投入，大华才得以在短短十余年的时间里跻身全球安防第一方阵。只有创新才能创造价值，才能弯道超车，才能永葆竞争力。"

看着在大华高清摄像机下完美呈现的西湖美景以及忙碌奔波的大华安保人员，傅利泉心中不免感慨万千，从创业伊始到如今的一幕幕如同电影片段一般，在脑海里铺展开来……

1. 公司发展简介及行业背景

1.1 安防产业链介绍

安防产业链主要包括音视频编解码算法协议标准组织、芯片厂商、软硬件设备供应商、系统集成商、安防工程商、分销商、运营服务商和终端市场等。其中，音视频编解码算法协议标准组织为安防产业链的最上游，如制定算法协议MPEG-4的ISO、H.264的JVT和专注智能视频领域的OV（Object Video）；芯片厂商也处于产业链上游，它们可以根据所选用的算法设计出对应的编解码芯片。近年来，随着物联网、大数据、人工智能等技术与安防产业的相互融合，这些核心技术也在产业链上游占据重要位置。

软硬件设备供应商处于安防产业链中游。软件供应商主要提供系统管理平台、软件控制系统；硬件设备供应商集成音视频编解码芯片及图像传感芯片，经过电路开发及嵌入自主设计或软件厂商所提供的软件控制系统，研制出整机设备。大华和海康威视是目前视频监控行业的龙头企业，形成行业"双寡头"格局，品牌优势和规模优势明显。

系统集成商处于安防产业链中下游，主要是指通过采购上游硬件设备集成商的设备，在后端进行集成，完成统一的整机系统并交付客户。安防工程商是指承接安防工程的公司，类似于建筑公司。安防运营服务商处于安防产业链下游，核心业务主要包括监控报警运营服务、维保服务等。终端市场主要包括平安城市、智能交通、智能楼宇（园区、社区、商超等）、文教卫、金融行业、能源、司法监狱，以及民用和小微企业市场等，行业细分程度更高。

1.2 行业现状

目前，安防行业的发展呈现出以下几个特点：

（1）安防行业市场空间巨大。2016年，《中国安防行业"十三五"（2016—2020年）发展规划》正式颁布实施，规划中指出，未来五年，中国安防行业仍面临发展的历史机遇。一是平安建设新机遇，2015年4月，中共中央办公厅、国务院办公厅印发了《关于加强社会治安防控体系建设的意见》；2015年5月，国家发改委、中央综治办、公安部等9个部委联合发布了《关于加强公共安全视频监控建设联网应用工作的若干意见》，提出了"全域覆盖、全网共享、全时可用、全程可控"的建设应用目标。二是智慧城市建设新机遇，我国正处于城镇化加速发展的阶段，住建部、发改委、工信部等已经确定了300多个国家智慧城市建设试点，视频监控、出入口控制、防盗报警、楼宇对讲四大类设备将得到大面积的应用。三是"一带一路"及国际需求新机遇，"一带一路"覆盖60多个相关国家，安防企业可以利用国内平安建设积累的技术、产品、经验，将平安城市、行业解决方案推广到需要的国家和地区。研究表明，中国已经发展成为全球视频安防监控领域最大的市场。数据显示，2013年，中国闭路电视监控系统（CCTV）和视频监控制造市场总量约为58.5亿美元，预计2013年到2018年的复合增长率为12.1%，到2018年，市场总量约为103.5亿美元（见图6.1）。

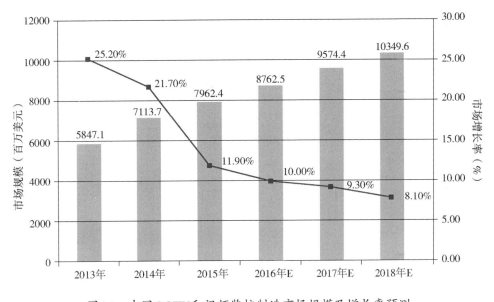

图6.1 中国CCTV和视频监控制造市场规模及增长率预测

（2）智能家居将成为新的爆点。国际管理咨询公司科尔尼最新发布的报告预计，中国或将在2020年前成为亚洲最大的智能家居市场。易观智库也提出，中国智能家居市场规模2018年预测达到1800亿元。

（3）安防产业链整合趋势日渐明晰。《2016中国安防行业调查报告》指出，2016年的安防产业总产值为5 400亿元，同比增长11%，其中安防工程产值3 100亿元，安防产品产值1 900亿元，报警运营服务及其他产值410亿元。2016年，全国安防企业数量为22 000余家，从业人数160余万，其中安防工程商数量占比达到68%。安防工程商门槛低、工程公司的资质良莠不齐，将会加快安防产业链的去中间化，位于中上游的企业将会向产业链下游下沉，兼具制造商、集成商和工程商的角色。与此同时，安防运营服务占比仅为7%，市场处于"有增无量"的形态，这也将加快企业的转型步伐。

（4）技术融合加速，行业门槛提高。随着视频监控高清化、智能化的深入发展，视频监控领域的技术要求不断提高。视频监控技术已在传统领域的基础上，与物联网、云计算、大数据、智能算法、4K、H.265、人工智能、光学、芯片、网络通信与安全等多个学科、多种技术相融合，促使视频监控产品从传统的单一产品属性向视频监控系统子模块转变，进而以机器视觉和人工智能为基础，催生出更为广阔的应用前景和市场需求，这对视频监控企业的创新能力和技术产业化水平提出了更高要求。

（5）从产品竞争向解决方案竞争转变。随着视频监控产品与其他安防产品、智能电子产品和行业应用平台的融合不断加深，视频监控工程规模不断扩大，项目复杂程度不断提升，客户对解决方案的需求与日俱增。具备完善的产品线和解决方案提供能力的企业将在竞争中占得先机，行业竞争也必将从简单的产品竞争向解决方案竞争转变。

1.3 公司简介

大华成立于2001年，以嵌入式硬盘录像机（DVR）起家，2008年在深交所成功上市。从2008年上市以来到2015年，公司销售额复合增长率为48.5%，市值增长约26倍，业绩增长约16倍，2015年度营业收入100.78亿元，15年来业绩增长1 000倍。截止到2016年年底，公司在册员工12 000余人，研发技术人员占55.98%。公司经过15余年的精耕细作，已建立了涵盖前端、后端、传输与控制、平台软件、智能交通、门禁与报警运营和民用等全系列的产品线，推出了融合视频采集、传输存储、平台控制、分析应用为一体的九大行业114个子行业解决方案，九大行业包括公安、金融、智能楼宇、大交通、科教文卫、政企、运营商、专业、互联网应用服务。国内建立了31个一级办事处、82个二级办事处，在海外设立了22个分支机构，覆盖亚太、北美、南美、欧洲、非洲，向全球100多个国家和地区提供快速、优质的端到端产品和解决方案服务。

大华公司从创立伊始就十分重视技术研发和创新，近年来研发投入连创新高，始终保持近10%的比例，同时与基金公司共同制定股权激励计划，极大地激发了公司的创新活力，使得公司形成了良好的技术积累和技术优势，拥有八大核心技术——嵌入式开发技术、视频及图像处理技术、存储技术、智能化技术、HDCVI技术、光学技术、芯片技术、云存储和云计算技术。截止到2016年，公司已承接3项国家火炬计划项目，2项国家高新技术产业化重大专项，1项国家科技重大专项课题，4项电子信息产业发展基金项目；拥有及获得受理专利592项，申请专利以每三天一项的速度增长。2016年，大华股份的人脸识别技术打败Facebook、谷歌等巨头，算法识别率达到99.78%，全球第一。同年，公司获得了国际软件领域最严格认证机构CMMI研究院颁发的CMMI ML5证书，意味着公司的软件开发能力已具备国际领先水平。

2016年，大华独占里约奥运会监控项目80%的订单，并全程助力G20峰会，记录最美江南。新的时期，大华开始进行新的探索和布局，吹响了向"千亿梦"追赶的号角……

2. 三段式发展脉络

2.1 创造立足点

傅利泉是成长于钱塘江畔的农家子弟，在坚定了要考上大学的信念后，经历三次高考终于如愿。大学所学专业为无线电，毕业以后，傅利泉被分配到某部队的下属企业做调度通信。从1993年到1999年，傅利泉一直从事通信行业，经营电力系统的通讯调度机。为了推广市场，他曾在大连石油气厂待了整整35天一直盯着项目，就为了一台30万的调度机。凭借着这股韧劲，傅利泉在市场份额很小的通讯调度市场站稳了脚跟，并且做到全国最大，年产2 000万。三次高考以及创业初期的经历使得傅利泉形成了不忘初心、坚持不懈的优良品质。

1999年，团队为变电站开发了一套远程图像监控系统，无意间介入了安防领域，并且在一个偶然的机遇下，傅利泉发现了硬盘录像机的市场。傅利泉说道："当初是觉得原先的磁带机每天都要换带，很麻烦，对银行来说，虽然这是很简单的工作，但还要派一个人专门来做这样的事情，而且还可能会有忘记换带、或是磁带损坏等失误。所以，我们想到是否能够研究出不用换带的产品，替代劳动、节省人力。如果把所有的磁带机全部换成硬盘录像机，那肯定会是一个有前景的市场。"

从当时的国内市场来说，磁带机都属于高端奢侈品，一台现在不怎么值钱的磁带机在当时却能卖出一万多元的高价，更不要说硬盘录像机了。相比磁带机，无论是从市场来看，还是从终端用户的层面来看，硬盘录像机都属于全新的产品。

"创意有了，市场前景也非常可观，那为什么不实现想法呢？"2001年，傅利泉和他的创业团队在MPEG4和H.264标准算法的基础上，进行持续改进和优化。2002年，大华终于推出中国首台音视频同步的8路嵌入式硬盘录像机，相比原先的磁带机，大华研发出的DVR是开创性的，立刻引起了市场的轰动，迅速占领后端市场，当年实现了1 000万的销售神话，并被国家经贸委评为"国家重点新产品"。大华靠嵌入式DVR挣得了第一桶金，也尝到了创新带来的甜头，同时，嵌入式DVR也让大华在安防产业链中找到了立足点。

2.2 单点到单核的进击

从整个安防产业链来说，视频监控只是其中的子系统之一，而后端产品又只是视频监控产业链条的组成部分之一，所以后端产品只是安防产业链中很小的一点。"无论多长的直线，都是从一个点开始的"，傅利泉也深谙这一点，因此傅利泉和他的团队拿出了做通讯调度机时的热情，开始了单点到单核的进击之路。

在原来技术和经验的基础上，大华以市场需求为导向，不断改进原有技术，嵌入式DVR产品种类推陈出新，不断丰富。2003年，大华更进一步，率先推出16路嵌入式DVR，公司的嵌入式DVR项目被科技部评为"国家火炬计划项目"；2004年，大华率先推出8路D1全实时嵌入式数字DVR；2005年，公司车载影音监控系统项目被评为"国家火炬计划项目"。截止到2008年，除已推出的L系列、G系列、H系列的嵌入式DVR之外，大华还根据某些特殊行业用户的需要提供个性化定制产品，如司法专用系列、ATM专用系列、车载系列的嵌入式DVR，并对产品进行高、中、低层级划分，产品种类近百种，更好地迎合了不同的市场需求。安防市场上刮起了"大华风"，市场占有率稳居行业第二，嵌入式DVR也是大华初期的主要营收来源，占比达到70%左右，成为公司名副其实的拳头产品。而随着金融保险、公检法司等传统安防应用行业对产品个性化需求的提升，交通、电力、教育等新兴细分领域定制化应用的增长，以及民用安防市场的激发，视频安防监控设备不再简单地以高、中、低端产品进行分类。为此，公司在多年行业积累的基础上深入挖掘客户需求，持续提升了拳头产品DVR的功能和性能，产品不断得到完善。2011年，大华创新性地提出DVR进入3.0时代，改变了原先DVR仅作为单一产品而非系统级产品的角色，同时将开发平台升级到N6，并推出了以"高清、智能、融合"为核心的第三代平安城市解决方案及高端视频综合解决方案——视频综合平台M60。而现在，嵌入式DVR早已成为中国安防行业的标准化产品。从单点到单核，大华用持续不断的创新支撑起这条进击之路。同时，在音视频算法方面，大华形成了很多技术积累和经验，为其后来的产业链延伸奠定了坚实基础。

2.3 大华"芯算"，从核到链

以单核为起点，勾勒醒目线条

视频监控设备产业链从上游到下游，主要由图像采集、传输系统、图像控制管理、图像存储、图像显示组成（见图6.2），图像存储属于后端产品，图像采集和显示属于前端产品。其中，摄像机的核心部分就是机芯，机芯的核心部分包括镜头、传感器、图像处理技术、聚焦技术等，每一个模块都制约着机芯的发展。

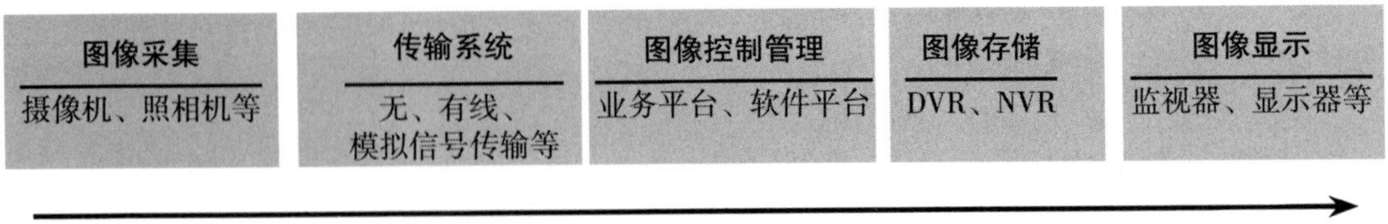

图像采集	传输系统	图像控制管理	图像存储	图像显示
摄像机、照相机等	无、有线、模拟信号传输等	业务平台、软件平台	DVR、NVR	监视器、显示器等

图6.2 视频监控设备全产业链

公司的一位负责人姚总说道："当时大多数前端产品用的是索尼的机芯，形成了技术垄断。同时，索尼的机芯使其对摄像机的相关配件（外壳、传输介质等）也形成垄断，即索尼机芯只能与自产的配件兼容。因此，若进入前端市场，只会充当代工厂的角色，毛利率太低。另外，当时领先的图像传感技术是索尼的CCD技术，当时的CMOS技术虽然成本优势明显，但是在成像质量等方面发展得还不成熟，无法与索尼的CCD技术相抗衡，所以大华没有过早进入前端市场。"于是大华选择与CMOS技术厂商保持密切联系，时刻关注着CMOS技术的发展程度。

傅利泉在后来的一次干部大会上也讲到："原先我们只做后端产品，即DVR，没有做前端。然而，随着后端市场的逐渐成熟，产品同质化现象严重，价格战异常激烈；另外，当时一个100万的项目，DVR只占几万块钱，占的份额特别小，如果我们当时不去做前端，不去做产品延伸的布局，可能也没有现在的大华。"

CMOS技术成熟之后，大华果断出击，成为第一家将CMOS技术与视频监控产业结合起来的企业。在打开前端市场的过程中，公司实行"两条腿走路"的战略：一方面，先后与镜头厂商腾龙（TAMRON）和舜宇、CMOS成像技术的领先厂商Aptina达成战略合作；另一方面，投入大量人力资源，组建专门的团队，同时聘请图像处理技术方面的专家，构建对三星、LG、索尼等产品进行竞品分析的体系，对先进的图像处理技术、聚焦算法技术进行全面追踪，同时，大华的研发团队也重点攻关这两项技术。为了验证图像采集技术在不同场景中的可行性，炎热的夏日、漆黑的夜晚等场景都见证了测试人员的足迹，CMOS技术的不足之处也逐步得到改善。

2005年，大华建立摄像机产品线，研发了第一代模拟球机。到了2006年，通过对图像处理技术、聚焦算法技术的攻关，大华推出了基于CMOS技术的高倍自主机芯，变革了前端市场的竞争格局，并在第一代球机基础上，开发了第二代球机SD60/61系列产品。2007年，大华直接跳过模拟相机，推出全系列标清IPC，并在第二代球机基础上开发光纤型网络球。大华紧跟技术和市场需求，不断丰富前端产品线：2009年，推出高清130万CCD高清网络摄像机，同时推出全系列模拟摄像机；2010年，推出200万、1080P高清网络摄像机、防爆球、高清球等；2011年，推出全系列CMOS和CCD高清网络摄像机，完成了从存储产品向前端产品的跨越，大华也初步完成了视频监控全产业链布局。得益于CMOS技术的成本优势，大华的前端产品竞争优势明显，2010年、2011年前端产品的营业收入同比增加94.43%、163.23%；2012年，前端产品的营业收入和后端产品基本持平，形成了前端带后端，1+1>2的协同效应。同时，公司也从单核产品提供商晋级为软硬件设备提供商，成为安防产业链中必不可少的组成部分。此外，公司在原有嵌入式、存储、网络等技术基础上，在高清应用、视频预处理、光学镜头、图像处理技术、聚焦算法技术等方面形成了大量的技术积累和突破。

"芯算"上游，创造标准

2009年左右，视频监控开始由"看得到"向"看得清"转变，市场对高清视频监控设备的需求不断提升。当时，主流的视频传输方式包括模拟视频、HDSDI和网络技术三种，模拟视频发展到960H的极限，难以再有所突破；HDSDI由于传输距离短、抗干扰性能差、系统成本过高而无法普及；网络技术对网络速度要求太高。公司常务副总裁朱江明在与客户沟通及分享案例时了解到这些业务痛点，开始思考是否能够在低成本和较低质量的同轴电缆上实现超长距离的可靠传输。

2011年年底，由朱江明带头的研发团队开始在已有的SYV75-3或SYV75-5同轴电缆的高清视频传输方法的基础上，进行技术攻关，同时结合HDSDI技术的优缺点，进行对比分析。首先是解决信道的问题，即同轴线上究竟能够传输多远的距离。为此，研发团队与当时浙大的通讯实验室合作，论证了长距离的同轴电缆可以传输高清画面。其次，研发前端发送和后端接受系统相匹配的算法。2012年，北京安防展上，大华发布原型样机，推出具备完全自主知识产权的行业高清视频传输规范——HDCVI，实现了在低成本和较低质量的同轴电缆上实现超长距离百万像素级高清视频信号的可靠传输。同年，大华发布了基于该技术的模拟高清系列新品，为视频监控从标清到高清提供了新的途径。

技术的产业化离不开与之相匹配的芯片，芯片和算法设计又紧密结合。从创意到创意的产业化，大华的芯片技术和算法设计技术得到了快速发展。为了实现HDCVI（high definition composite video interface，高清模拟传输技术）技术的产业化，公司开始研发HDCTV芯片。芯片团队从最初的20人壮大到150人左右，芯片开发流程也逐渐规范，从最初的集成产品开发流程（IPD）到与大华实际相符合的大华版协同产品开发（CPD）流程，每一步都有与之对应的标准，芯片工艺实现了从130nm到28nm的创新。2013年，第一颗HDCVI芯片上市，大华实现了自主创新技术的全面产品化，让全球同轴高清存量市场增长了5倍，推动了HDCVI技术的普及。2014年3月，HDCCVI联盟在澳大利亚悉尼投票通过了基于大华HDCVI技术的高清监控视频的新一代标准HDCTVI2.0。同年，HDCVI技术作为基础技术被写入国家公共安全行业标准GA/T1211-2014，并在2015年正式发布施行，推动了HDCVI技术的产业化和普及。

高性价比的特点也使得大华的HDCVI系列产品更具竞争优势，HDCVI芯片在HDCVI系列高清摄像机的利用率达到80%，在全系列高清摄像机的利用率达到20%。截止到2016年，全球使用HDCVI技术的摄像头达到1 200万支，覆盖100多个行业。HDCVI芯片的问世意味着大华具备了芯片设计的能力，算法设计技术也取得重要突破，而且基于HDCVI技术衍生出来的专利数量多达26项左右，这也间接提升了公司在整个产业链中的话语权。

2.4 贯通公司内部，时不我待

随着安防市场的不断细分，解决方案提供商逐渐成为行业趋势。解决方案是指根据不同行业的特点和需求，将不同的安防产品集成到统一的管理平台，这就意味着不同产品线之间的交融；并且处于产业链中游的视频监控产品提供商要兼具或部分兼具系统集成商和安防工程商的角色，有时也会直接面向行业终端用户，这和以往的单一产品提供商有很大的区别。

危机乍现

大华2014年才开始全面向解决方案提供商转型，而竞争对手2011年就开始向解决方案提供商转型，大华为什么没有同步跟进向解决方案提供商转型呢？2011年，得益于企业本身得天独厚的优势，同行率先捕捉到了向解决方案提供商转型的先机；而此时的大华刚刚完成从后端产品到前端产品的跨越，正处于市场开拓期，于是专注于分销渠道的开拓。2012年，大华的营业收入同比增长59.61%，而处于转型期的同行增长率仅为20%左右，这也使大华心理上产生了误区，即不转型同样可以保持高速的增长率。然而，事情并未像大华最初预想的那样发展。经过三年的布局，同行不仅在解决方案方面越做越大，并杀了个回马枪，开拓分销渠道，这对大华造成了较大的影响。2013年、2014年，虽然大华的销售额稳步提升，然而毛利率却出现明显下滑。一时间，大华陷入了进退维谷的局面。

上中下共连，链条升级

傅利泉审时度势，迅速做出反应，做出全面向解决方案提供商转型的决定。在转型之前，大华的市场定位是产品提供商，基于客户的个性化需求及市场需求的变化，利用自己所掌握的核心技术，对不同种类的产品进行持续升级，不断完善产品的性能，而现在需要向解决方案提供商转型，这意味着公司所面临的需求从独立的变成综合的，一个解决方案不仅涉及不同的产品线，还可能囊括非安防产品，这对公司产业链上中下之间的协同性提出了巨大挑战。

为了加快产业链的整合速度，缩短转型的布局时间，公司以企业内部为起点，苦练内功。2014年，公司引入IBM咨询机构，对公司业务流程进行深入剖析和梳理，建立端到端业务流程管理体系，提高精细化管理水平；聘请职业经理人，全面改革营销服务体系，打通各业务环节，逐步推出各细分行业解决方案。另外，公司加大对软件方面的投入，招聘大量软件人才，做到接口和标准的统一化，提升公司的系统集成和平台搭建能力。2015年，大华推出了九大行业、114个子行业解决方案，并将行业线事业部化。而且产品管理部在原来的基础上升级为总体部，对解决方案所涉及的不同产品线进行横向拉通。同时重构企业流程,提升"销售流""交付流"和"服务流",为内部的协同运转打下基础。

在战略层面上,公司大力推动战略规划、业务规划和预算之间形成有效协同。公司利用BLM模型制定三年战略规划;各个业务部门根据自身业务的特点,制定相匹配的业务规划,主要由市场规划、产品规划、销售规划、其他规划组成,做到逐级执行;财务和人力资源部门高度参与业务规划的制定过程,做到人力、财力等资源的合理分配,创造最优组合。

在方案的具体实施层面,行业解决方案的创新及行业需求都建立在项目团队的基础上,不同的需求与对应的技术部门进行点对点对接,随机结合组成项目团队。每个项目团队都设有研发经理和产品经理,在方案落实之前,会有产品经理驻扎在需求方,不断搜集客户需求信息,并把信息及时反馈给研发经理,研发部根据信息进行技术攻关,满足客户需求。在这个过程中,研发部、产品部、生产部、销售部、质量部、财务部等部门全程参与整个进程,共同保障项目的落地,实现了不同部门的协同作战。

2015年,大华基本完成了由产品提供商向解决方案提供商的过渡,初步实现了上游研发、中游产品及下游需求的有效共连,各个行业解决方案相继得到了实际应用。

成功渡过转型期之后,有关不同行业的解决方案也相继被推出,并以项目的形式付诸实践。然而,各个项目是通过部门的配置库管理的,每个项目结项之后,衍生的经验、共性知识等都被孤立了,没有得到循环利用。为此,大华开始着手知识管理体系的构建。2016年8月底,大华的知识管理项目正式上线。目前,公司实现了知识库、专家网络、知识专题的建设等功能。往后会逐步实现将项目的申请、进度等阶段产生的关键交互件自动同步到知识管理平台,做到共用/通用知识标准化、模块化,充分挖掘隐性知识,将隐性知识显性化,促进知识分享和信息的跨部门流动,形成良性循环。

3. 新的征程

3.1 深度合作，构建安防新生态

2015年，大华渡过了创新变革以来最艰难的时刻，而安防行业也迎来了深刻变革，视频监控高清化、智能化深入发展，视频监控技术与物联网、云计算、大数据、智能算法、4K、H.265、人工智能、光学、芯片、网络通信与安全等多个学科、多种技术相融合，这也意味着封闭式的自主研发是不现实和不可能的，深入学习、深度合作将成为主要方式。

这一次，大华紧跟行业趋势，提出"视频+"模式，即以视频为核心的物联信息服务的"视频+"时代——"视频+多维感知"和"视频+多维应用"。如何才能抓住"视频+"这一行业发展机遇呢？傅利泉也谈了自己的看法："我认为，创新依旧是根本"，创新也是烙印在大华发展历程里的核心要素。

在核心技术层面，公司成立了四大研究院，聚焦于芯片、大数据、人工智能、先进应用。在芯片技术方面，大华设立了独立的芯片研究院，芯片团队达到150人，设计能力达到28nm线宽，2013年自主研发了第一代HDCVI芯片，2015年研发了第一颗高清IPC芯片。与此同时，大华还与世界顶尖的芯片公司保持深度合作和协同作战，如2017年与全球领先的人工智能计算公司英伟达深度合作，发布了一款极高计算性能的智能视频结构化服务器"Deep Sense睿智"系列；公司还与ADI、TI、ALTERA等建立了联合实验室，并与各大高校组织开展形式多样的联合研究。

安防领域产生的音视频数据需要做结构化处理，才能为业务所用。在这一过程中，大数据与云技术起到了核心作用。在大数据方面，大华与阿里云计算正式签署战略合作协议，双方将围绕云计算、大数据技术在视频监控行业的应用，全面展开合作。同时，大华发布旗下智能家居新品牌"乐橙"的多款产品就将基于阿里云计算运行，如家庭乐盒、家庭摄像头、智能插座和人体红外感应器等。并且大华的云计算大数据研究院以视频分析挖掘处理能力为基础，着力构建视频服务开放生态平台——乐橙公有云SaaS汇聚硬入口（硬件产品）和软入口（社区/社交用户群）业

务，同时与战略伙伴、安防行业同行、第三方生态业务群共同推进视频能力开放生态平台和行业SaaS云的构建。其中，视频能力开放生态平台用来支撑集成商、应用服务商、小微、创客、开发者探索应用服务的创新，并孵化新的商业模式，行业SaaS云专注行业客户痛点，成就客户商业成功。乐橙公有云SaaS、行业SaaS云、第三方生态业务群形成互联互享，以实现中国安防产业新生态为目标。目前，大华的云平台市场部署已经超过100PB，与旗下的乐橙品牌紧密结合，大大增加了客户的黏性。

通过人工智能算法比对，才能真正把结构化的视图数据转换为有价值的信息。大华拥有数百人的智能化团队，由数名博士和博士后领衔，建立了博士后流动站。2016年，大华的人脸识别率不仅继续领先谷歌、Facebook、百度、腾讯，排名第一，并且刷新了LFW（Labeled Faces in the Wild）的新纪录。大华的人车大数据与业务系统数据的大碰撞、视频萃取技术在G20峰会保障中得到深度应用，抓获了很多在逃人员，未来或将给安防行业带来巨大革新。

2016年9月19日，大华与东莞市信息技术学校签订技术协议，双方将共同建设、定向培养，为公司和社会输送专业型人才。2017年1月9日，大华与北京邮电大学联合共建"智能视频系统工程联合实验室"，双方以各自优势为基础，重点开展智能视频内容在民用安防领域前沿性的科技研究和技术创新。

3.2 新的业务，新的探索

傅利泉曾说过："有两件事让我上瘾，一是工作，二是咖啡，咖啡与我有着相同的秉性——激情。"这带来了大华力推的"咖啡文化"，公司在大楼的每个工作单元都设有免费咖啡的自动冲饮机，傅利泉称之为"工作激情的加油站"，疲惫了、困倦了就去喝一杯咖啡，打起劲头来继续工作，这也是大华的特质。2015年，大华将顺利实现百亿目标当作下一次腾飞的燃料，开始对新的领域进行探索……

其实早在2009年，大华就成立了控股子公司浙江大华安防联网运营服务有限公司，开始介入安防运营服务市场，经过多年努力，运营公司已摸索出一套较为完整的运营服务模式，在G20峰会上，大华的高清摄像机记录下了大华安保人员辛勤忙碌的身影。

2015年，在以视频监控主业为核心的基础上，公司出资设立了华睿科技、零跑科技、华飞科技等，涉足机器视觉、VR/AR、智能机器人、新能源汽车、无人机等全新的领域。

华睿科技专注于机器视觉产品的研发、生产与销售，公司依托大华在安防视频监控领域十多年深厚的ISP图像处理技术，并拥有独立的研发团队进行针对性开发，保证了相机出众的画面质量，摄像头年产量达到2000万只。2016年，华睿科技工业相机荣获"中国好设计金奖"。"源自大华，彰显睿智"，既是公司的口号，也是对不断突破像素极限的无限畅想。华飞科技的无人机让大华的摄像机插上了翅膀，组合型销售也使无人机的附加价值发生质的飞跃，形成良性循环。安博会上展出的大华育儿机器人"小乐"，其憨态可掬的模样赚足了眼球。大华的多元化紧紧围绕着视频监控主业，使得大华多年来形成的技术积累的价值得到了延伸。

结语

纵观大华15余年的发展历程，创新见证了公司产业链从单点——单核——视频监控全产业链——上中下共连的进击之路。提到公司未来的发展时，傅利泉说道："我最初的梦想是能有一辆电动车，而随着企业越来越壮大，梦想不单单是我自己的。大华目前有一万多位员工，这也意味着大华是一万多个家庭的依靠。同时，大华也要和众多同行一起努力，让世界级品质的产品走进千家万户，实现更大的中国梦。"

傅利泉说的话透露出其作为企业家的责任和担当，作为一家民营企业，大华所取得的成就不得不令人惊叹。通过产业链条的不断延伸和升级，大华实现了从单点到上中下共连式链条的跨越。如今，大华从"零"开始，有条不紊地推进多元化布局以及安防新生态的构建，吹响了向"千亿梦"进军的号角。

查看更多有关大华股份的图表资料，请扫描右侧二维码。

《创新管理：赢得持续竞争优势》案例集

启发思考题

1. 结合案例分析大华的产业链延伸过程。

2. 大华如何在安防产业链中创造出自己的立足点？

3. 单点到单核的进击之路中，大华采用的是什么创新战略？这对其后来的产业延伸有什么作用？

4. 大华是如何完成视频监控全产业链布局的？和单点到单核的进击之路有何相同之处？

5. 大华采用什么创新战略创造出新的标准？HDCVI芯片对大华未来安防产业链的延伸意味着什么？

6. 为了应对危机，大华是怎么做的？结合安防产业链，大华的产业链发生了什么变化？

7. 结合案例，简述企业创新生态系统的内涵。大华为了构建安防新生态做了什么努力？

8. 从一家名不见经传的小公司到成为一家"独角兽"企业，您认为大华的奥秘是什么？

游戏多公司的变革之路
快速反应战略

近年来，手机游戏行业的飞速发展带动了很多以此为基础的周边产业。上海游戏多网络科技股份有限公司成立于2010年，公司的主要业务经历了由网页游戏媒体到手机游戏媒体，再到手游直播平台的转变。游戏多公司在2015年正式挂牌新三板，成为新三板手游媒体第一股。本案例以游戏多公司在几年间的数次产品创新为背景，用重要事件回忆的方式，回顾了公司在转型前后遇到的重大难题和决策，引导学习者在了解企业和所处行业背景信息之后，清晰地分析出游戏多公司所遇到问题的特点，以及公司如何快速有效地通过颠覆性创新的方式及时从问题中脱身。[①]

关键字：快速反应，破坏性创新，手机游戏媒体，游戏直播，电子竞技

---

① 本案例由河北工业大学经济管理学院蒋石梅老师及许浩凡同学共同撰写。作者拥有著作权中的署名权、修改权和改编权。未经允许，本案例的所有部分都不能以任何方式与手段擅自复制或传播。本案例仅供讨论，并无意暗示或说明某种管理行为是否有效。

第6章 创新战略

引言

2017年1月20日,在位于上海市三林路上的游戏多大楼内,上海游戏多网络科技股份有限公司(以下简称"游戏多公司")关于2016年的年终会议正在举行,公司所近200名员工悉数到场。第一位上场发言的就是公司董事长兼CEO——陈艺超。

2012年的时候,游戏多还叫做上海艾游网络科技发展有限公司,公司的主营方向还是网页游戏媒体,刚刚获得了盛大资本A轮融资。窝在一间不大的loft之中的十几个人,一定不会想到在5年后的公司能够发展成为拥有200人规模的行业领先企业。当时放弃网页游戏媒体,转而发展移动游戏媒体服务的陈艺超也许会庆幸自己做出改变的决定。

从那时开始,游戏多公司就开始了一条不断求新求变的道路。身处互联网这样一个瞬息万变的市场中,如果没有时刻关注市场、关注用户,并不断以产品反馈需求的态度,很有可能就会被下一波浪潮给淘汰。那么,一家互联网公司如何才能快速求新求变?如何才能构建起一套完整的快速反应机制呢?

1. 行业背景

1.1 移动游戏行业介绍

移动游戏是指运行于手机、iPad等电子产品上的游戏软件,因为在手机上使用最为广泛,所以又被简称为"手游"。随着科技的发展,现在手机的功能也越来越多,越来越强大,而移动游戏也远远不再是以前人们记忆中类似于"俄罗斯方块""踩地雷""贪吃蛇"这样画面简陋、规则简单的游戏,移动游戏已经发展到了不管是在画面感、操作性上,还是在娱乐性、交互性上都可以和电脑游戏相媲美的复杂形态了。

进入网络时代之后,"互联网+移动游戏"的组合把移动游戏的地位提升到了一个新高度。正是这两者的结合,使得移动游戏产生了很多变化。早期的手机游戏属于单机游戏,只能在自己的手机上玩,现在的手机游戏都是联网游戏,同时具备了休闲游乐、竞技和社交的功能。

自2013年起,中国移动游戏行业在网络游戏产业中所占比例就已经开始有了明显的提升,从2012年的13.1%到2013年16.6%、2014年25%、2015年39.2%,直到2016年正式超过电脑端游戏,成为网络游戏产业中占比市场规模最大的部分。

当然,手游也面临着一定的挑战。受到游戏介质限制,其在便携性好和利于使用碎片化时间的同时存在操作体验差和续航差的问题,整体手游市场存在开发周期短、同质化严重等问题,导致产品生命周期短,整体盈利模式单一。

1.2 移动游戏媒体介绍

如图6.3所示,媒体和论坛是玩家获取手游产品信息的前两大渠道,而目前独立的手游论坛几乎不存在,基本都是依附于游戏媒体,故而游戏媒体已成为中国手游玩家了解手游产品的首要渠道。

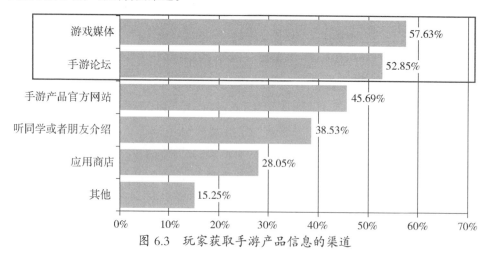

图 6.3 玩家获取手游产品信息的渠道

(说明:易观智库通过互联网问卷的形式对中国移动游戏玩家进行调查,调查最终获得有效样本1 508个,调查时间为2015年10月15日—11月15日,为期一个月。移动游戏玩家指每周至少玩一次手游的玩家。)

2000年之前，游戏媒体行业还停留在专门汉化破解国外单机游戏的论坛，现在的游侠网等网站也是从单机游戏论坛发展而来。

2000年至2004年期间，网络游戏开始取代单机电脑游戏成为市场主力，早期单机游戏社区论坛开始设立网游专区。端游厂商开始自建或收购网游媒体，媒体运作开始正规化和商业化。

2004年至2010年，中国网络游戏市场规模高速增长，网游厂商掀起上市潮，网游媒体也迎来井喷期，市场一片繁荣，但同时也经历着市场洗牌。

2010年左右，网页游戏和移动游戏成为游戏行业新生力量，老牌综合性游戏媒体纷纷开辟网页游戏、移动游戏版块或子频道，专门针对网页游戏和移动游戏的垂直媒体相继诞生。

2013年至今，随着移动游戏市场的高速发展和手游产品的重度化发展，手游厂商及玩家对手游垂直媒体的需求变强，手游垂直媒体的数量激增，融资热度也逐渐升温。手游媒体的业务范围正在逐步向渠道分发、游戏直播、游戏交易、IP对接等环节拓展。

福利、礼包、攻略、找游戏是中国移动游戏玩家对游戏媒体的核心需求。这些需求主要满足了手游玩家更便捷地找游戏、更实惠地玩游戏的需求。

1.3 移动游戏直播行业介绍

移动游戏直播是以视频内容为形式，借手机为主要载体，以电子竞技比赛或电子游戏为素材，主播实时展示、解说自己或他人的游戏过程或游戏节目的服务。

游戏主播是整个环节的主体，他们负责提供游戏直播素材，并实时对其进行展示或解说，同时与观众进行互动。互动的内容包括与观众进行语言和文字上的实时反馈沟通，观众可以免费获得、购买付费道具赠予主播，或者订阅房间或频道等。一般情况下，观众赠送的这些道具和礼物也是主播和直播公司主要的经济来源。

移动游戏直播行业在直播行业的大环境影响下，在2017年开始显现出明显的快速增长趋势。据业内人士透露，2017年将会成为移动游戏直播行业的风口年。这一年里，许多企业将投入大量产品进入市场。一番厮杀之后，最后留下的将会是市场的最终胜利者。

2. 公司创始人陈艺超

谈到游戏多，陈艺超总是绕不开的一个话题，作为公司的创始人之一兼CEO，他在公司每一次的重要转折点都扮演了关键角色，是公司的领航人。陈艺超拥有9年互联网行业创业经验，曾任杭州泛城科技副总裁，曾获"2014中国网络游戏十大新锐人物"等。

陈艺超2007年硕士毕业于浙江大学管理科学与工程专业，师从创新管理领域知名学者陈劲教授，本科曾就读浙江大学创新与创业管理强化班。这个创新与创业管理强化班每年录取60人，着力培养学生的创新创业能力，是全国高校优秀班级。不得不说，浙大的这段求学经历，使陈艺超获得了宝贵的创新创业知识，炼就了其作为创业者需要的特质。后来的事实证明，陈艺超身上的创业者特质在每一个关键的节点都起到了非常重要的作用。

毕业后的陈艺超在2007年到2008年期间担任了杭州维亚文化艺术策划有限公司总经理的职务，主要负责企业公共关系、营销策划业务。在此期间公司获得了"中国优秀策划师50强团队"的荣誉。

从2008年开始，一直到2012年，陈艺超在杭州泛城科技有限公司担任副总裁，该公司也是快的打车的孵化公司。陈艺超在公司主要负责网页游戏及移动App的开发和运营。在他担任副总裁期间，公司成为"十大中国网页游戏企业"。而在泛城科技的这段经历，也帮助陈艺超积累起了关于互联网行业的初步知识和经验，为其将来独立经营互联网公司打下了非常好的基础。

3. 公司发展及现状

游戏多公司在2010年成立于上海，目前，公司总部位于上海市三林路上的游戏多大楼，是一家依托互联网及手机游戏的媒体平台。在近七年的时光中，公司不断改革创新、为适应市场和用户习惯而保持着持续的创新能力，核心理念是"让玩家更加快乐"。

3.1 公司规模与业务

目前，游戏多公司以移动游戏媒体平台的概念为核心打造了一个完整的媒体化服务平台。公司核心团队人员基本都是"80后"，年轻有活力且具有丰富的从业经验。截止到2016年年底，游戏多公司有员工160余人，年收益超过1.5亿。

游戏多是目前国内领先的、极具竞争力的多终端手机游戏媒体平台。在2012年至2016年期间主要提供手游资讯、下载、福利、攻略、视频、社区等多项服务，其目标是让用户找游戏更精准、更高效，玩游戏更省钱、更轻松。公司目前产品包括领先的移动游戏媒体平台"游戏多"、移动电竞及泛娱乐直播内容提供商"VLongTV"及手游直播平台"狮吼直播"，涵盖游戏媒体、游戏运营及发行、游戏及泛娱乐直播等业务。公司旗下产品用户量超过3 500万。游戏多还是业内率先开放广告投放效果监控的垂直类平台。

3.2 发展历程

2010年，公司前身"上海艾游网络科技发展有限公司"成立，其后收购网络Cwebgame.com，并更名为Cwan，致力于报道与发布关于网页游戏行业的新闻与资讯。Cwan曾是国内最早一批网页游戏爱好者所组织的论坛，见证了国内网页游戏行业由萌芽到发展的过程，由论坛向门户网站转型之后旨在关注网页游戏行业，与行业一起成长。现在的Cwan作为一家网页游戏门户网站，致力于发布有关网页游戏行业的新闻资讯，并且提供全方位的平台与支持，使玩家、游戏开发商、游戏运行商等各方面人群均能在Cwan上找到需要的信息。

2012年10月，公司获得盛大资本A轮融资，接着在2013年12月，获得掌趣科技A+轮融资。这两笔融资的进入，使得企业得以进一步发展壮大。同时，由于公司一直密切关注游戏行业发展趋势，积极响应市场需求，自2012年下半年开始，公司的业务重心从电脑端逐渐转移到移动端，推出了全新的手机游戏媒体平台——游戏多。使得公司旗下产品"游戏多"成为国内最早的手游媒体之一，在行业内具备充分的先发优势。

2014至2015是公司的高速发展期，公司一方面在已有的媒体平台领域努力建立业内龙头地位；另一方面为了适应市场的发展，逐渐脱离原有的游戏媒体模式和服务范畴，搭建了移动游戏服务平台，相比单纯的媒体或只提供某项服务的公司，它更加多元化地满足了用户不断增长的需求。

如今随着移动电竞的兴起，公司适时推出了VLongTV和狮吼直播。游戏多是传统媒体平台，VLongTV是内容提供商，狮吼是播出平台，最终形成了媒体平台+内容制作+直播平台的布局。

3.3 业务流程

在游戏多手机游戏媒体成立的初期，公司深入研究手游玩家需求，并将玩家除去玩游戏以外的诉求分为"找游戏""找福利"和"找玩伴"这三个层面。针对这三个层面的用户需求，游戏多提供了三大业务板块，分别是媒体、交易和社交，而广告投放则是当时公司的主要收入来源。

4. 从网页游戏到手机游戏

陈总给很多人的第一印象是这是一位精力很旺盛的CEO，不管从他的言谈还是神态，你看到的都是那种属于年轻人的自信。而他的微信朋友圈基本只会发送两种信息：一种是关于手机游戏行业的最新文章，另一种是公司狮吼项目的动态。

后来的见面就是关于公司故事的深入讨论，从2012年至今，陈艺超对每一个节点的收获和体会都一一详细地阐述。言语间可以感受到他对于这个公司的自豪和期盼。

4.1 火车上的商议

2010年，上海艾游网络科技发展有限公司成立，总部设在上海。公司同年收购CwebGame（前身为中国最早的网页游戏玩家论坛，创办于2006年初），随即转型成为中国领先的网页游戏媒体，定名为"中国页游网"。

2010年，公司主要业务围绕网页游戏媒体平台展开，提供海量网页游戏服务以聚集页游玩家，并凝聚了大量的网页游戏厂商，在业界树立了良好的口碑。

2011年，与多家互联网公司、游戏公司展开深入合作，成为国内最有影响力的网页游戏媒体之一。

2012年，页游网启用新域名Cwan，并更名为"中国玩家网"，业务逐步拓展至手机游戏、儿童游戏领域，致力于打造中国领先的轻游戏媒体门户。

应该说2009年到2012年是游戏多从无到有、晋级行业前三的几年。当时还算很年轻的十几个人，在一间并不大的loft里，为公司打造了一个共同的使命——"让游戏玩家更加快乐"，开始了艰辛的创业。

2012年10月，公司迎来了最大转机。公司在原有网页游戏媒体领域的成功让当时的游戏巨头——盛大公司，注意到了这个成立不到两年的互联网公司，并且帮助它完成了A轮融资。

在2012年的时候，整个公司都对于未来的发展有着非常强烈的期盼，希望通过大家的全力以赴超越排在前面的公司。

在获得盛大资本融资、回上海的火车上，陈艺超和他的妻子，同时也是公司创始人和董事之一的张薇女士，在火车上讨论公司下一步的打算。尽管这笔融资初始的意图是为了原有的业务，也就是网页游戏媒体而准备，但是，陈艺超却提出了一个新的观点：这笔钱应该用在手游媒体开发上。他详细地向妻子说明了国内现在手机游戏的崛起，以及手游媒体的不完善。对于新加入的公司来说，这个市场尚且属于一片蓝海。这是一个正在慢慢形成的"风口"，如果把握好时机和切入点，那么未来几年将会是公司的快速发展期。

是变革还是墨守成规？两人经过一番激烈的讨论之后，张薇最终还是被陈艺超说服了。除了她对市场变化的认同之外，陈艺超的倔强也是很主要的原因。尽管公司另一位股东被说服了，可是公司内上上下下还有许多员工，尤其是各位高管，他们依旧很难理解为什么要做出这样一个改变。

4.2 艰难的决策

当时公司的主要产品Cwan在网页游戏媒体领域已经做到了前三的成绩，而且网页游戏市场也还没有露出疲态，依旧有较强的生命力，因此在这种情况下，大家都担心放弃原来的这块蛋糕进入一个新的市场太过冒险。而这也是当时公司内部众多高层反对的主要原因。

  这个时候，陈艺超把自己对于行业的看法和公司未来更加长期的设想告诉了大家。他认为：互联网是现如今竞争最为激烈的行业之一，一家以互联网起家的公司，往往今天还风光无限，可是第二天就破产，人去楼空。因为这是一个在不断变化的行业，技术的革新及用户喜好的不断变化导致所有公司都需要在不断的变化中去适应这个市场。一旦没有做好这一点，结果就是被落在队伍的后面，接着就是失去用户。在这个流量为王的时代，丧失了用户就意味着产品或服务失去了吸引力，那么结局自然也就是被踢出市场。

  作为一家还在创业阶段的互联网公司，上有阿里巴巴、腾讯、百度这样的互联网巨头虎视眈眈，下有千千万万个不断新崛起的互联网公司，想要在压力如此之大的局面下实现破局何其艰难。就像是武侠小说中的高手过招一般，在密不透风的见招拆招中，哪一方先露出破绽，就很有可能会给对方留下可乘之机。作为同在互联网行业中的游戏媒体，公司同样也是要在瞬息万变的市场里抓住那稍纵即逝的机会。

  陈总又回到公司所处的游戏媒体行业说道："网页游戏行业已经是一个存量市场，在这样的一个市场内，公司规模的扩大和利润收入的增加已经很难实现。就算公司做出了一些成绩，可是如果不尽快开辟一个新的领域，那么也就永远只是一个网页游戏媒体领域前三的一家小型公司。但我想做的是中国数一数二的游戏媒体平台，是一家可以被称为伟大的公司。既然原来通过网页游戏来实现的途径已经很难，那么就需要弯道超车，通过颠覆性创新的方式找到一个新的途径去实现。"

  从数据上来讲，在2012年，手机游戏在中国网络游戏的占比仅为13.1%，远低于电脑端的72.3%。虽然那时这个市场占有率并不起眼，可是有心的人不难发现，当时中国网络游戏市场规模增长率为24.56%，但是移动游戏市场规模增长率却是40.6%。既然手机游戏有这么快的上升趋势，那么肯定也是玩家的游戏习惯已经在潜移默化地发生着变化，而在这个时候，移动游戏服务媒体尚不完善，国内也没有出现一家独大的手游媒体平台，是一个彻彻底底的增量市场。

或许是陈艺超骨子里的那种冒险精神征服了大家，又或许是他的一番说辞让所有人都看清了市场正在发生着的变化。总而言之，大家在最后也都接受了他的想法。

4.3 方案实施的难题

决策一旦做出了，接下来重要的就是方案的制定和实施。这个时候，一个新的难题摆在了大家面前：公司以前做的都是网页游戏媒体平台，所有的内容都是在电脑上来展现，现在转做手机游戏的媒体平台了，是要通过以前熟悉的电脑端呢，还是就做一个手机上的App来推送内容？

当时公司里主要有两种声音：有的人说原来电脑端的推送方式已经很成熟了，在此基础之上做出来的产品会更加成熟和完善；另一种说法则提出既然是针对手机游戏的媒体服务平台，那么就应该在手机移动端做出一个产品来吸引手机游戏玩家。在这一点上，公司主要考虑的就是用户使用习惯的问题。在手机市场逐渐扩大、手机使用量逐年累增的情况下，很明显用户在未来会出现一个对手机越来越依赖的趋势。

针对手机移动端用户的接受程度，公司做了一个简单的客户调研和反馈。最终调查显示，手机游戏玩家的信息接收来源已经从原本的电脑端逐渐迁移至移动端。换句话说，人们已经习惯了在手机上去查找有什么最新、最好玩的游戏，在手机上去看一款游戏的最新攻略，而不是像以前那样还要通过在网上看网页的方式来获取最新资讯。公司最新推出的App满足了所有手机用户的需求，而且它没有使用限制，用户只需要下载这个软件并且注册成功就可以享受所有的资讯和福利，因此这是一个门槛非常低的软件，甚至说还会自费给玩家带来福利，目的就是为了从低端用户入手，给那些没有那么多资金去投资游戏的玩家提供更多吸引力，然后以此为起点获取更多关注，并且逐渐赢得主流玩家们的青睐。不过在产品逐渐升级的过程中，也会加入大牌明星和大牌手游玩家，以此来吸引更多高层次的消费市场。

这些决定现在看起来也许非常简单，但如果说以现在的视角再回过去看当时的决定，就会惊叹于游戏多对于用户习惯的预见。在没有人想到去做一个手机App形式的手机游戏媒体的时候，游戏多敢于走在别人前面，这份勇气源于公司对用户使用习惯的深入了解，源于对自身技术的自信，也源于领头人陈艺超誓要走在别人前面的决心。

如此一来，产品最重要的形态问题也就解决了。接着公司就开始从软件行业不断挖掘人才，并且结合原有的小部分资源，新业务逐渐起步。

4.4 后续的成果

恰好是这样的一个时机给有关于手机游戏服务的平台提供了机会。要是进去早了，市场还没有成形，那么很有可能得不到足够的用户量和关注度，结果就是竹篮打水一场空；而要是进去晚了，那么很有可能市场已经被人抢先瓜分，而且一旦被互联网巨头盯上，谁又能保证有足够的竞争实力呢？

游戏多后来的发展也并没有在技术上和市场上经历太多的波折。一切的原因都是因为市场的选择和产品形态的选择在一开始就决定了一个很好的方向。事实也证明，在之后的几年间，手机游戏飞速发展，可以说所有的周边产业只要产品稳定，都能够从中获得一部分利益，更不用说最早进入的游戏多了。

2013年起，移动游戏迅猛发展，游戏用户对于移动游戏服务需求也逐步从游戏资讯、下载等拓展到渠道分发、视频直播、交易等，移动游戏服务市场规模扩大，其中手游交易等作为手游下游产业，价值不断攀升，为移动游戏服务商业化增添更多模式。正是凭借着这样一股东风劲头，游戏多在当年开始了高速发展。营业收入连续3年保持高速增长，2013—2014公司营业收入及增速同比均超过了100%，根据公司发布的业绩报告，2015年实现营业收入约为6 000万元，同比增长237%。

5. 从手游媒体到直播平台

时间来到了2016年，游戏多公司以游戏多App产品为核心，同时推出了VLongTV视频栏目，并且涉猎移动游戏电子竞技，大力发展狮吼直播平台。公司已经打造了一个颇具规模的移动游戏媒体化产业链，可以多角度、多方式为手游玩家提供第一手的游戏资讯和各种形式的娱乐体验。

5.1 市场和用户习惯的变化

众所周知，国内互联网在2016年迎来了一个影响力超级广泛的浪潮——直播。随着技术的不断升级和革新，直播这种互动感很强的娱乐形式被开发出来。各种形式的直播在这一年如雨后春笋般涌现在市场上，尤其以电脑端的游戏直播、网络红人坐镇的视频直播为主。上百家的直播平台在这一年里注册上线，无数的网络主播开始和亿万粉丝分享他们的生活。

这样的变化也改变了游戏玩家获取资讯的方式，以前他们只是在网络上找资讯来看游戏攻略，或者是看别人制作的游戏视频，但直播为他们提供了一个新的途径。如今，他们可以边看边听高手玩家是如何玩游戏的，并且还可以和主播互动，向他们提出各种各样的问题。这样的形式无疑让众多普通玩家在体验一款游戏的时候获得了更高的观赏性和参与度。

游戏多公司也在做市场调查时就敏锐察觉到了直播所掀起的这一股浪潮，不过除此以外，在他们自己为玩家提供手机游戏服务的时候，也发现了手机游戏的另一个变化，那就是手机游戏正在变得越来越重度化。这两年，手机游戏在观赏性和竞技性上不断提升，在游戏体验上已经不输给很多的电脑端游戏。而且手机游戏不像以往只是为了解决用户的一些碎片化时间，相反，玩家想要玩好一款手机游戏往往需要花费较多的时间和精力。当一款手机游戏的难度提升、趣味性提高、同时观赏性和互动性也在增强的时候，人们就变得愿意去看别人是怎么操作的，愿意在看直播的时候顺便和更多玩家交流游戏心得。这也为手机游戏的直播提供了更多的可能性。

当这些外在条件出现的时候，陈艺超和游戏多公司也就注意到用户对看直播这件事情是有需求的。公司一直做的就是给用户看他们想看的东西，为玩家带来更好的游戏体验，当直播的形态变成一个常规的表现方式时，一定要切入这个领域给观众更多的享受。现在各种直播层出不穷，即便是手游直播也并不是没人在做，如果自己还不抓紧时间革新，那么用户很有可能就会流失到别的直播平台。

5.2 公司内不一样的声音

虽然那是一个大家都前赴后继涌入直播市场的时期，可是公司内部同样还是对这个决定性的选择有着不一样的声音。要知道，游戏多本来就不是体积特别庞大的公司，在未来把直播平台做大做强需要的资金不是一点点，粗略估计的话，怕是要把公司现有的所有收入都投入到这个项目里才有可能做好。而在原有的产品都比较稳定、可以为公司带来稳定收入的时候，游戏多是否还有必要去冒这个险尝试呢？也许这就是企业想要完成一个大的创新所必须面对的问题，大的投入势必会牵扯到多数人的利益。虽然陈艺超是公司的老板，但也不能拿公司所有员工的前途去冒这个险。

5.3 回到初心

就在踌躇不前的时候，陈艺超恰好和同行业的一位创业者有了一次会面。双方了解了彼此公司的经营状况之后，对方称赞游戏多的业务都很稳定、没有冒进。当然了，这是一种表扬，是对公司经营状况的一种肯定。但是陈艺超回到家以后仔细想了想，他觉得越是稳定的公司接下来做大的可能性其实会越小，因为当你风险低的时候收益相应也是低的。

这时，陈艺超又回想起了当时从网页游戏媒体转型到手机游戏媒体时曾做出的承诺：一定要做到同行业里数一数二的公司，一定要成为一个伟大的公司。这是从一开始就定好了的信念，是从始至终要奋斗的目标。同时，绝对满足用户的需求，为他们带来更佳的游戏周边体验是公司长期以来坚持的使命，这也促使着游戏多去做出更好、更符合玩家需要的产品，正如口号所说的"让游戏玩家更加快乐"。而这，正是陈艺超，也是他给游戏多赋予的一份初心。

也许进入一个新的市场会有风险，但是谁能保证总是待在旧市场就能长治久安呢？要知道这可是互联网行业，技术的革新快到让人无法想象。当有一天人们不再通过看文章来获得资讯，而是习惯了在直播平台上交流，到了那一天再转型，如何来得及呢？

5.4 新的征程

想到了这一点,陈艺超就已经做好了投入直播行业的准备。只不过既然要做就一定要做到最好,而且直播行业如今竞争如此激烈,一个决策失误随时就有被淘汰的风险。因此,在2016年,公司从网易和百度找来了顶尖的技术和产品高手,结合原有的生产能力搭建了一个全新的团队。由于进入这个行业已经不早了,所以公司以最高的效率完成了"狮吼直播"产品,并且在9月成功上线。

现在公司最为重要的产品就是"狮吼TV",公司为此成立了多个部门专门为其服务。但是,狮吼TV依旧还是一个具有风险的项目,因为2017年手机游戏直播平台将会真正进入一片红海,狮吼TV能否脱颖而出尚未可知。不过陈艺超说:"目前看来项目风险确实很大,可是用户需求在那里,所以做的事情就有它的价值。毕竟还没有最后的定论,可是既然走出了这一步,就希望能够为了这个目标全力以赴。"

查看更多有关游戏多的图表资料,请扫描右侧二维码。

启发思考题

1. 结合案例中从网页游戏领域到手机游戏的转变,请你阐述游戏多如何在新的市场中挖掘自己的创新点。

2. 结合案例中公司投入移动直播行业的创新活动,请你说说游戏多是如何做到快速反应的。

3. 结合案例分析,在做决策的过程中,领导人在其中起到了怎样的作用?

4. 为什么游戏多公司选择了快速反应战略作为公司发展基本?

5. 将公司2012年和2016年的两次创新活动结合来看,理性和非技术因素是如何帮助公司做出决策的?

6. 游戏多的这种创新模式是否适用于所有的互联网企业?怎么在企业中培养这种创新模式呢?

第7章 自主创新

科技打造"安全屋"
大华股份的自主创新之路

本文从公司创新发展的几个关键节点出发，分析大华股份如何摆脱创业之初的艰难困境，一步步做成如今安防领域的龙头企业。其间，大华股份所做出的战略性决策、自主创新等，可以为我国安防领域及其他行业的企业的发展提供借鉴。[1]

关键字：大华股份，产品，技术，解决方案商，自主创新

---

[1] 本案例由河北工业大学经济管理学院蒋石梅老师、浙江大学管理学院刘景江老师、河北工业大学经济管理学院王文超同学共同撰写。作者拥有著作权中的署名权、修改权和改编权。未经允许，本案例的所有部分都不能以任何方式与手段擅自复制或传播。本案例授权中国管理案例共享中心使用，中国管理案例共享中心享有复制权、修改权、发表权、发行权、信息网络传播权、改编权、汇编权和翻译权。本案例仅供讨论，并无意暗示或说明某种管理行为是否有效。

第7章　自主创新

引言

2016年9月5日，杭州G20峰会圆满落下帷幕，除了峰会达成的共识，峰会和G20会议核心区及周边、杭州萧山机场到主会场沿线、西湖风景名胜区、领导人下榻宾馆及G20文艺演出等众多区域的安防工程也一直饱受人们关注。为G20峰会安全默默提供安保的背后英雄都有哪些呢？大家对此都很好奇。其中一大主力就是浙江大华技术股份有限公司（下面简称"大华股份"）。可以说，大华股份在G20峰会的安保工作中做到了"绝对安全，万无一失"。

大华股份创始人傅利泉在采访时提到："大华股份作为G20安保工作的重要保障单位，在核心区域提供了2万余套安防设备和600人左右的专项技术保障/值守团队；运用了车辆大数据、人脸识别、人证合一、星光级超低照度、电子罗盘、视频接力、视频浓缩、视频萃取、全景拼接、红外热成像、交通态势等数十项最新安防技术。"他还说："看到如今大华股份这片土地长出的累累硕果，就会想到自己年轻时在这片土地种水稻的情形。"

同样的一块土地，从曾经的"亩产"1千元到如今的"亩产"3亿元，不得不让人好奇：是什么让这片土地发生如此巨大的改变？在这个过程中又经历了怎样的困难？

1. 背景

1.1 公司介绍

大华股份的前身是1993年创办的杭州大华电子有限公司，2001年更名为浙江大华技术股份有限公司，一直专注于安防领域，目前是领先的监控产品供应商和解决方案服务商，面向全球提供领先的视频存储、前端、显示控制和智能交通等系列化产品。公司目前总人数1万余人，拥有5千余人的研发技术团队，每年有近10%的销售收入投入研发，创造了众多行业和世界第一。大华股份的产品已获得多项国际认证，具有很高的行业知名度，营销和服务网络覆盖海内外：在国内32个省市，以及亚太、北美、欧洲、非洲等地建立了35个分支机构及10余个服务站，产品覆盖全球180个国家和地区；为客户提供端对端快速、优质的服务，并在业内率先实行产品保修3年。公司产品广泛应用于公安、金融、交通、能源、通信等关键领域，并相继承接三峡水电、APEC峰会、上海世博会、广州亚运会、陕西世界园艺博览会、9.3大阅兵、世界互联网大会、G20杭州峰会、英国伦敦地铁、里约奥运会、秘鲁LAN航空公司、波兰智能交通、阿曼LuLu购物商场等重大工程项目的安保业务。这些都是大华股份多年来积攒的光辉业绩。

大华股份作为国家级高新技术企业，2008年5月成功在A股上市。公司拥有国家级博士后科研工作站、国家认定企业技术中心，相继与ADI、TI、ALTERA等建立了联合实验室。现已承接3项国家火炬计划项目，2项国家高技术产业化重大专项，1项国家科技重大专项课题，4项电子信息产业发展基金项目。拥有及获得受理专利985项，其中拥有授权发明专利89项。2006—2010年连续5年被列入国家规划布局内重点软件企业；连续12年荣获中国安防十大品牌；连续9年入选*A&S*"全球安防50强"，其中2016年位列全球第四；2016年IHS机构权威报告全球安防视频监控市场占有率位列第二；大华还是中国平安城市建设推荐品牌和中国安防最具影响力的品牌之一。

大华股份一直秉承"诚信、敬业、责任、创新、合作"的企业精神，铭记"让社会更安全，让生活更智能"的使命，以"客户为中心"，不断提升产品和服务性价比，为客户创造更多价值，并为共同构建安全、便捷、稳定、轻松的高品质生活而不懈努力。

1.2 傅利泉的传奇故事

董事长傅利泉出生于1967年，浙江大学EMBA，曾任杭州通达电子设备厂技术科科长，是大华股份的主要创始人。傅利泉在2005年被中国安防协会聘任为"中国安全防范产品行业协会专家委员会专家"，2006年被浙江省安全技术防范行业协会聘任为"浙江省安全技术防范行业专家",还曾先后被评为优秀社会主义事业建设者和浙江省安全技术防范行业科研及标准化工作先进个人。傅利泉本身十分热爱钻研技术,是一位成功的"产品经理",也许正是因为有如此热衷于技术的领导人,大华股份才能不断通过自主创新提高自己的核心竞争力,在安防领域站稳脚跟。

傅利泉来自一个普通的农民家庭,没有显赫的家庭背景和靠山。20世纪80年代初,傅利泉看到城市人的生活,心里就产生了一个梦想:一定要跨跃龙门,到城市里生活。两次高考的落榜依然没有磨灭他考上大学的信念,第三次终于考入了所想的浙江树人大学,攻读无线电专业。傅利泉1989年从学校毕业参加工作,被分配到一家国有企业——杭州通达电子设备厂,后来就任技术科长,主要负责技术维修,因此必须要经常到外面处理一些技术问题。正是这段经历增加了傅利泉对产品的了解,让他看到了产品对于公司的重要性,意识到产品是连接公司和客户的一条生命线,必须悉心维护。

傅利泉有一次和厂长去长春客车厂维修机器,到了中午,站长邀请他们吃午饭,傅利泉却留了下来把所有的机器检修了一遍。站长回来后,看到被维修过的机器,顿时对傅利泉刮目相看,觉得他这个人值得信赖。也许是同样的原因,傅利泉得到了许多像那位站长这样的客户的信任,为他后来的创业之路奠定了坚实的基础。傅利泉回忆说:"那时被分到的企业比较小,才几十个人,无论是企业竞争力、发展的空间等各方面都不行。"于是,傅利泉决定自己出来闯一闯……

2. 企业初创,一无所有遇贵人

傅利泉的第一个合同,来自他在国有企业时的老客户——长春客车厂(当时中国有50%以上的火车车厢都由长春客车厂生产)。傅利泉那时没有厂房,没有技术,没有产品,就是在这样被打上"三无标签"的情况下,长春客车厂给了他一个10万元的订单,以及几万块钱的预付款,这让傅利泉有了创业的资本。

1993年,傅利泉创办了杭州大华电子有限公司,从事通信行业产品的研发。人们常说万事开头难,大华股份成立初期亦是如此。为了研发出先进的技术产品,为了将公司产品打入市场,大家都是废寝忘食没日没夜地工作,晚上累了就在车间铺起包装用的泡沫海绵倒头就睡,饿了就让家人送饭来,前期的工作非常辛苦。但是每个人都充满信心,坚持信念,苦中作乐。傅利泉每天从萧山骑自行车到杭州的公司需要花费四五十分钟,当时他有一个梦想——买一辆电动车。怀揣这个单纯的梦想,几年后他超越了本来的目标,买了一辆桑塔纳,甚至在20多年后的今天坐拥一家营业额上百亿的企业……

3. 转型视频监控,DVR一战成名

傅利泉提到,做调度总机让他挖到了人生的第一桶金。作为一个来自杭州小企业的老板,无论走到哪里,傅利泉总是对人们说:"每个人一定都要有改变现状的梦想、野心,当然,光有梦想、野心是不够的,实现梦想最重要的,就是'认真'两个字。我相信,只要认认真真做好每一天,自然就会有机会,就会得到认可。"在当时,这也许会被很多人认为不过是一句"空话",是随意就可以找到的心灵鸡汤。然而,凭着胆识和气魄,凭着不屈不挠的精神,傅利泉率领大华人以擎天驾海的豪气让"空话"成为了现实。

3.1 洞察市场发展规模,果断转型视频监控

从1993年到1999年,大华股份一直从事研制通信行业的产品,经营电力系统的通讯调度机,并在这个领域做到了最大,年产达2000万元。此时的大华股份却做出了进军视频监控的战略决策。当时,大华股份以外的人并不看好这个决定,作为一家从事调度总机的专业公司,大华在此之前对视频监控领域并不了解,却一意抛弃自己的专长,进入一个新领域的竞争,有着很大的风险,而且技术基础薄弱、市场前景也不能确定。即使在今天看来,大华股份当时的决定也存在一定的风险。而公司上下却对大华股份进军视频监控领域达成了共识。傅利泉回忆说:"当时做调度总机仍然可以赚钱,但是市场非常小,全国年市场额大概只有一个亿左右,市场上有几十家厂商一起来抢这块蛋糕,调度总机的未来市场逐渐趋于饱和。而在视频监控领域却有着广阔的天空,如果要想企业长远的发展,发展视频监控势在必行。"

按照如今的说法，调度总机市场已经属于存量市场，无法再为公司的扩大和提升提供更好帮助，这时找一个增量市场虽然有冒险，但也是势在必行的。

在1999年，电力系统开始进行技术改造、实行无人值守变电站，其中有一个新的要求，就是必须把图像从远程传送到局里做图像监看。大华股份抓住了机会，开发了一套远程图像监控系统，现在这一套系统已经在将近一千个变电站装设。大华股份就是这样初步介入了安防领域。在2000年，长江三峡集团工程项目招标，大华股份有幸中标，从此正式转型开始做视频监控。

3.2 抓住机遇，一击即中

2001年，浙江大华技术股份有限公司正式成立。作为安防领域的新生儿，如何在安防领域扎根成为每个大华人的心结。凭借以前做调度总机积累的经验，傅利泉懂得只有研发出先进的技术产品才能真正踢开安防领域的大门，于是，寻找机会成为眼下最重要的事情。

随着安防行业的发展，视频监控开始在国内银行等重要部门应用与普及。相对其他地方，银行的安保算是比较超前的，2002年，银行的每个网点都有监控措施，但是监控模式很古老、很落后，一个摄像头有相应的磁带对应着，由于磁带内存有限，几乎每隔1—2小时就要更换一个带子，一天下来就会积攒很多，这样很麻烦，带子也容易磨损。善于思考的傅利泉开始琢磨如果把所有的磁带机全部换成嵌入式设备来解决这个难题，那肯定会是一个有前景的市场。当时嵌入式DVR在国内基本没有应用，而且产品本身也存在很多缺陷，这些直接影响到产品的销售与公司的利润。而板卡已经在市场上出现，且占据了不小的市场份额。在这样的竞争态势下，傅利泉却始终坚信嵌入式一定会成为市场主流，但是该如何说服大家成为摆在傅利泉眼前的问题，毕竟这不只关系到自己的利益。傅利泉将大家召集在一起，向他们解释板卡的劣势与嵌入式的发展趋势。"如果我们做板卡，肯定是比嵌入式简单很多。板卡最重要的就是里面的压缩格式，不需要考虑到嵌入式DVR的结构问题、网络协议、操作系统等。虽然板卡目前占据了一定市场份额，但以安防监控设备最重要的性能——稳定性——来说，嵌入式DVR具有很多优势：资料储存空间大、运行稳定、不易被黑客攻击等，这才是未来市场发展最需要的。"最终大家被傅利泉那具有说服力的言辞和决心打动了，一致决定开发后端存储嵌入式DVR。在开发的具体策略上，大华股份未曾犹豫，考虑到当时的嵌入式DVR存在很多问题，整个产品的技术引进没有太大意义，而且企业刚刚起步，各个方面还不成熟，于是大华股份采取另一种开发策略，即核心技术的自我攻关（自主研发）。傅利泉带领大家全身心投入嵌入式录像机的技术研发中，经过8个月的艰苦努力，在2002年，中国首台音视频同步的8路嵌入式硬盘录像机面世，大华股份抓住了数字化的机会，颠覆了松下、索尼等外资品牌以磁带录像占领市场的历史，实现了"弯道超车"，立刻引起市场的轰动。大华股份当年就实现了1千万元的销售额，这也是大华的第一桶金。正是从这个划时代的产品开始，大华以后端存储嵌入式DVR制造商的身份正式进入安防领域。

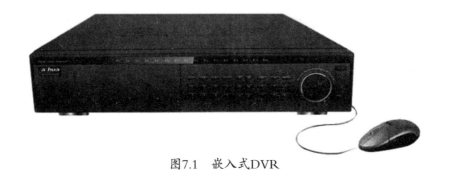

图7.1　嵌入式DVR

图7.2　机芯　　　图7.3　200万像素HDCVI高清模拟枪式摄像机

自推出国内首家多路音视频同步嵌入式DVR开始,大华一路疾行,2003年,更进一步率先推出16路的嵌入式硬盘录像机;2004年,大华首家推出8路D1全实时嵌入式数字硬盘录像机,进一步引领嵌入式数字硬盘录像机行业发展,掀起了一股"嵌入式DVR旋风";2007年,大华股份推出系列化产品,已从单一嵌入式DVR向全系列安防视讯产品过渡。

本着自主创新的理念,大华人不断地钻研产品技术和质量,依靠自主研发,推出了一项又一项先进的产品,为社会和公众提供完善的服务。

4. 一路驰骋,再创佳绩

在安防领域发展的十字路口,大华人并没有彷徨太久。DVR的成功为大华股份积累了更丰富的技术和经验,也为其发展提供了新的机会。2005年,大华股份做出决定,以后端市场为基础切入前端市场,并建立了摄像机产品线。傅利泉表示,当时在国内硬盘录像机市场最多也就两个亿,不可能无限扩大。经过几年的发展之后,会呈现平稳的下降趋势。这就像调度交换机一样,有一个饱和期,刚开始会急速发展,饱和后会开始下降。所以,就要寻求新的增长点,向不同的领域发展。那时摄像机还很神秘,全是国外品牌垄断,芯片也全靠进口。作为摄像机核心技术的图像传感器,在当时有CCD和CMOS两种,因CCD的感光能力在低照度环境下相比CMOS更强,一直大规模地占领市场,索尼公司就是CCD市场的领导者,其所销售的大多数图像传感器都是CCD产品。

随着安防摄像机的商业化应用,客户对摄像机提出了新的要求——具备更宽的动态范围(HDR),即能够在光线变化较大的环境下记录多种色调细节。那么,用户在应用CCD技术时必须面对清晰度、动态范围、温度等各方面的问题,而这些在安防应用中恰恰是至关重要的。这些问题该如何解决呢?大华公司内部有人提出,引进CMOS技术。从2003年开始,CMOS传感器感光能力逐渐赶上CCD,而且CMOS图像传感器的耗能很小,只相当于CCD的十分之一,能为整个大型的安全网络系统节省巨大开支。加之CMOS图像传感器的成本更低,市场价格也更便宜,更容易被客户接受，且容易批量生产，这将降低整个系统的成本，创造的经济效益将远超CCD。综上看来，CMOS更适合安防领域。于是，大华股份率先把COMS技术引入前端的厂商，经过消化、吸收之后，研发了高倍自主机芯，这一举动改变了摄像机技术的世界格局，以及全球前端市场的技术与竞争格局。2006年以来，大华相继推出高速球机、网络摄像机等相关视讯产品，全系列产品与全方位服务勾勒出大华"大安防"的整体框架。

紧接着通过跨国兼并等一系列自主创新措施，大华股份的研发项目不断增多，核心竞争力不断提高，产业规模不断扩大，产值逐年增加，短短几年已过亿元，逐渐稳固了在同行业中的地位。

5. 勇攀高峰，一览众山小

伴随安防行业的快速发展，摄像机的性能和视频解析度不断得以提升，尤其是跨入2010年以后，高清摄像机的兴起使大家更渴望由"看得到"向"看得清"转变。高清数字摄像机是监控摄像机市场强有力的挑战者，出众的视频分辨率、优异的图像质量、多样化的功能特点都非常迎合市场需求，但是相比模拟摄像机的简单易用、稳定可靠，高清数字摄像机在用户体验和使用习惯上处于弱势。模拟摄像机作为最成熟可靠的视频采集设备，深深植根于视频监控的每个细分行业，道路、银行、医院，随处可见到模拟摄像机的身影。所有安防人都熟知它的工作特型、施工方式。在需求、技术不断提升的时代，模拟摄像机也保持快速发展，红外技术、宽动态、低噪度等图像技术也在不断升级，从而保证产品的生命力。模拟摄像机在视频监控领域成为最被广泛认可的产品，但在面对百万级像素的数字摄像机，尤其是高清网络摄像机的竞争时，发展后劲还是略显不足。

摄像机核心技术主要包括光学镜头、图像传感器、图像处理引擎、视频传输技术四个方面。只要光学镜头、图像传感器、图像处理引擎这三个核心技术采用与百万级像素摄像机同等配置，模拟摄像机也能够达到其至超越百万级像素摄像机的应用效果，因此上述三个核心技术并不是制约模拟摄像机实现高清的因素，而恰是视频传输技术成为了模拟摄像机往更高的性能发展的瓶颈。

5.1 洞察先机，技术突破创新

2011年以来，市场上主流的视频监控传输方式包括传统的模拟视频、HD-SDI和网络。传统的模拟视频发展到960H的极限，难以突破；HD-SDI和网络方式各有优缺点。网络毫无疑问地成为高清传输的业界首选。但是，网络传输在当时刚刚起步，在实际应用中，网络延时、图像卡顿、丢帧现象往往难以解决，此外，网络接口协议的兼容性UPNP等技术也有待安防厂商改善。以太网传输技术也存在100米网线传输限制，方案施工部署时，需要增加路由器、交换机等节点设备来解决传输问题，而当时模拟设备在市场依然占主流。如何既保持原有的模拟视频同轴电缆的优势，又能够传输百万像素的高清视频成为这一技术领域的空白。在与客户沟通时，大华人深刻体会到视频监控对于同轴电缆传输的方式的依赖性。HD-SDI技术固然可以使用同轴电缆，但是存在传输距离短、抗干扰性能差的不足，过高的系统成本也导致产品无法普及。

大华人看到了市场机会，谋定而后动，要做的是对模拟视频同轴电缆传输是否可以实现高清进行技术论证。大华股份开始寻找合作伙伴，2011年年底，大华股份与浙江大学一起合作，利用浙江大学的通讯实验室，解决对信道分析的问题，判断同轴电缆是否可以实现更远的传输高清图像，最终确定模拟视频同轴电缆传输也可以实现高清。于是，大华股份决定主导开发HDCVI技术，公司技术人员夜以继日地进行技术攻关。

2012年，大华股份凭借行业积累和创新研发实力，推出基于同轴电缆传输百万像素级高清视频监控的HDCVI模拟传输技术，超越500米的传输极限，突破传统模拟摄像机的传输瓶颈，让高清模拟摄像机也可以实现高清视频。此项技术成为国内安防行业第一个国际标准，随后纳入中国国家标准，为安防监控领域带来突破式创新，带动整个安防行业实现了质的飞跃。HDCVI是大华股份具备完全自主知识产权的传输技术，其推出标志着中国安防企业在全球范围内占据技术领先优势，为中国安防走向全球化奠定基础。

在视频监控行业向高清监控转型时,大华股份正是通过自主创新提升核心产品的竞争力,才能在激烈的竞争市场占得先机。

5.2 研发HDCVI产品,加速新技术普及

HDCVI技术作为一种安防性的新生事物,其优异的性能和表现虽然通过实践效果打动客户,但HDCVI技术的普及同样需要取决于产业深度和覆盖面,只有做到像模拟摄像机一样的配套设备完整性,才能加快新技术的推广。大华股份想出了自己的方法,利用自己研发实例、产业覆盖的优势,在研发HDCVI传输技术同时,不遗余力研发采用该技术的摄像机和DVR等终端产品,其产品形态涵盖了主流的监控设备需求,形成新一轮的产品架构升级换代。在2012年年底北京举行的安博会上,大华股份200万像素HDCVI高清模拟枪式摄像机突出重围,斩获"创新产品特等奖"殊荣,令业界刮目相看。2014年,大华股份200万像素高清同轴摄像机DH-HAC-HFW2200E在由德国权威杂志 *Protector* 主办的"最佳监控摄像机"评选中,凭借优异的图像质量和HDCVI同轴高清技术的独创性与先进性,通过专业评审打分和读者选票后,从全球众多知名品牌摄像机中脱颖而出,荣获"最佳监控摄像机称号",这反映出以德国为代表的国际市场对大华HDCVI同轴高清产品充满信心。2016年3月,国际视频监控权威组织HDcctv联盟发布了基于大华HDCVI同轴高清技术的AT 2.0标准,全面定义了新高清,再次为HDCVI同轴高清技术在全球的应用打下了重要基础。2016年,大华股份在海外有1 000多万支HDCVI摄像头的销售业绩,其通过研制HDCVI产品实现了高清视频监控的普及。

6. 顺势而为,转型解决方案提供商

创业容易守业难。随着视频监控产品与其他安防产品、智能电子产品和行业应用平台的融合不断加深,视频监控工程规模不断扩大,项目复杂程度不断提升,客户对解决方案的需求与日俱增。没有一种模式可以一直沿用,在不同的阶段就要采用不同的模式,否则就会阻碍企业的发展,对于大华股份来说亦是如此。在当时,大华股份作为行业内领先的视频产品供应商,产业规模的快速增长和知名度的迅速

提高也同样使公司面临另一个重要的问题，那就是如何将这样的发展保持下去，巩固自己在安防领域的双寡头之一的地位。想要长久不衰，就必须要转型。大华股份顺势而为，由产品供应商向整体解决方案提供商转变，但坚持自主创新是根本，走出属于自己的转型之路。

为了成功转型，大华股份做了很多努力。从2013年起，公司大力提高研发投入，针对各行业的经营特点及安防要点的不同，设立多个行业线，按行业不同建立了八大事业部，包括公安、金融、智能楼宇、能源、交通、司法监狱、文教卫等方向，分别针对各自行业的集成需求设计解决方案（如图7.4），积极拥抱行业安防解决方案。各事业部根据各行各业所处环境以及面临的安全问题的差异，总结归纳前后项目的联系与异同，积累可借鉴案例，更好地建立学习效应，快速提升公司的业务能力。

公安	金融	智能楼宇	能源	交通	司法监狱	文教卫
平安城市	银行	办公楼宇	油气	高速公路	公安监管	教育
智能交通	保险	商业楼宇	化工	城市轨道交通	监狱	医院
		智能停车场	钢铁有色	民航港航	检察院	文博
			煤炭	交通运输	法院	
			电力	铁路		

图7.4 大华股份八大行业布局解决方案

转型过程中，公司逐步打通内部管理、营销渠道等方面，实现了以解决方案为导向的业务发展模式，针对客户痛点，不断推出符合客户切身需求的解决方案。逐渐建立涵盖前端、后端、传输与控制、平台软件、智能交通、门禁与报警运营和民用等全系列的产品线，推出了融合视频采集、传输存储、平台控制、分析应用为一体的行业解决方案。大华股份2014年完成内部调整并获得了一定成效，2015年第二季度净利润增长率转负为正。

结语

回顾大华股份的发展路程，我们可以看到大华一直发扬"社会的安全，我们的责任"的精神，坚持进行自主创新，提高自己的核心竞争力，顺应市场发展规律，坚持为社会公众提供高端的产品和一流的服务，转型解决方案提供商，走出了一条属于自己的康庄大道。随着转型的逐渐完善，2015年，大华股份营业收入顺利实现了百亿目标，硕果累累。傅利泉说，这只是大华股份"万里长征的第一步"，下一个目标是实现千亿。傅利泉看着自己脚下站着的土地，当初自己在这里种水稻的时候都没敢想过现在的大华能够成为年收入百亿的公司，但是公司在这些年积累的经验和公司里的团队给了他继续做梦的勇气。就算千亿这个目标在外人看来有多么不切实际，就算这个行业未来的竞争会变得更加激烈，就算遇到难以预料的困难，傅利泉都有信心带领公司完成目标。

查看更多有关大华股份的图表资料，请扫描右侧二维码。

启发思考题

1. 为什么大华起初从调度总机向视频监控行业转型？

2. 结合文章中的第三、四和五三部分内容，分析大华股份在做创新决策的过程中，是基于哪些考虑因素？总结在决策和创新过程中有什么共同点？

3. 大华股份在加速HDCVI技术推广的过程中，走出了一条属于自己的新道路，请阐述是怎么做的？

4. 作为在安防领域双寡头之一的产品供应商，大华为什么转型解决方案商？在转型过程中是如何实施的？

5. 根据案例，总结大华的自主创新成功之道。

第 8 章 开放式创新

阿里众包
价值共创的时代

众包是企业通过网络平台将任务分包给众多分散的个体，集中大众智慧以完成既定任务的新型商业模式。阿里众包是阿里巴巴集团面向社会推出的企业和兼职人员无缝对接的人力资源共享平台。本案例重点描述了阿里众包成立的背景、发展历程、运作流程、发展中遇到的困惑及未来发展方向。阿里众包以阿里淘系大数据为支撑，打破传统外包的时间、地域瓶颈，通过众包平台发布任务、大众接包完成的模式实现价值共创，为共享经济时代的商业模式发展指引方向。[①]

关键字：阿里众包，价值共创，生态平台

---

① 本案例由浙江工商大学伍蓓教授、李雨霏研究生撰写，阿里巴巴众包事业部郑东阳、施兴舟、陶飞龙提供案例素材。由于企业保密的要求，在本案例中对有关名称、数据等做了必要的掩饰性处理。本案例仅供讨论，并无意暗示或说明某种管理行为是否有效。本案例由国家自然基金面上项目（71472169）和浙江省软件科学研究计划重点项目（2017C25009）资助。

1. 阿里众包的源起

随着互联网、移动互联网的普及及社交软件的融合，传统企业与社会、顾客共享资源并进行大规模合作的模式已经成为全新的社会生产模式，并运用于传统实体经济、服务业、咨询业等众多产业的互联网化转型。[①]网络时代背景下，众包模糊和扩大了组织的边界，跨越时间和地理制约整合企业内外资源，降低成本并提高效率，加速组织结构的扁平化。众包强调资源共享和大众智慧，通过互联网平台，围绕企业主体发布任务，集合大众智慧，就未知领域进行知识识别、创造、转化等动态创新过程。在"互联网+"时代，自由职业和在线工作成为大众的一种工作方式，技能和时间盈余造就新的就业模式，阿里众包将闲置的人员有效地整合、与企业任务精准地匹配，逐步形成一个新型的面向社会的人力资源整合平台。

2. 阿里众包的雏形：云客服和大众评审

阿里众包的诞生同云客服、大众评审业务的发展息息相关。云客服是淘宝官方重要的客服渠道，在云端提供客户服务，业务内容涵盖买家、卖家服务，占整个淘宝网客服服务量的2/3左右。阿里巴巴招募社会上熟悉网购且乐意助人的人加入云客服，利用网络将这些人的零散时间汇聚在一起，经过培训后上岗，为所有用户提供24小时在线服务。

2012年12月18日，淘宝大众评审机制设立，最初主要以吸收淘宝会员参与规则评议为主，会员以投票的方式裁定规则是否合理，裁定结果将作为规则设定的重要参照。半年后，大众评审开始参与纠纷判定，31名大众评审组成的"陪审团"以投票的

---

① 赵坤，郭东强.众创式创新：源起、归因解析与认知性框架[J].科学学研究，2016，34（7）：1086—1095。

方式对纠纷进行判定,率先获得过半票数(16票)的一方"胜诉"。截至2016年3月31日,大众评审处理的纠纷判定已经超过367万件,投票数超过1.5亿次,注册人数超过了173万,实际参与人数超过了93万。受理的业务包含了规则评审、交易纠纷判定、山寨品牌清理、不合理评价判定、滥发申诉判定在内的平台各项治理相关的业务。

"云客服"、大众评审的高效特点,吸引了大批集团业务。第一个找到"云客服"的业务是"拍立淘"。随着移动互联网的发展,用户的搜索内容发生很大的变化,从传统的文字搜索、语音搜索到后来的图片搜索。"拍立淘"早期采用外包方式运作,但效率较低,100万个数据需要10个外包处理一个星期。这个速度远跟不上模型训练的速度,所以"拍立淘"希望由云客服来帮助完成,这也恰好使得云客服这部分人员的能力得以释放。从"拍立淘"业务完成的效果看,第一是任务完成效率提升,之前处理完100万条数据需要一个星期,现在在"云客服"上只要几个小时就完成;第二任务完成准确率较高,"云客服"处理数据信息的准确度高于传统外包。"云客服"、大众评审的成功让阿里巴巴集团意识到大众服务将会成为未来的大趋势。

基于"云客服"、大众评审团项目的成功,集团社会化运营中心负责人尝试构建一个新平台,通过该平台组织一部分人代替传统外包,对接有闲置技能和空闲时间的年轻白领、大学生与碎片化的业务需求方。阿里众包希望这个平台成为大学生预创业平台,使得大学生在创业之前能够利用业余时间通过线上工作的方式提前了解用户并学习各种职业技能,逐渐形成阿里众包的早期雏形。

3. 阿里众包的发展历程

阿里众包早期是公司的一个职能部门,隶属集团客户体验事业群的社会化运营中心。阿里众包项目组于2015年8月正式成立,是B2C的兼职平台,B端发布任务,C端领取完成,主要服务于电商生态中需要社会化人员帮助的业务。2016年1月,阿里众包IOS版App上线。截至2016年,阿里众包平台拥有1500万众包粉丝,共计参与207 321 626次判定。

整体来看，阿里众包发展阶段可分为纯众包、众包+兼职和专业领域三阶段（如图8.1所示）。第一个阶段为初始纯众包阶段，满足一些大公司和公司内部的任务。第二阶段面向中小型客户，针对不同企业的特殊需求提供免费的定制化服务。依靠阿里巴巴大数据，平台24小时为企业招募提供精准人员匹配。通过这个平台，热爱兼职的人们只要拥有合适的时间和技能，就可以找到安全而又有趣的闲时工作，轻松赚钱；而有着雇佣需求的企业也可以快速寻觅到他们所需要的人才，并高效高质完成任务。第三个阶段将进入专业领域，平台将不仅为企业寻求匹配任务的人才，而且为企业培育专业人才（如设计师、编辑、大数据分析师），成为国内领先的人力资源平台。

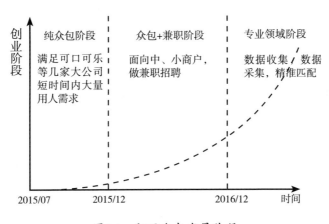

图8.1　阿里众包发展阶段

截至目前，阿里众包已和淘宝、天猫和高德等集团内品牌，以及海尔、觅食、迪士尼等集团外品牌，研发出150多个合作项目。阿里众包还为上万中小企业提供免费平台，2016年全年累计发布兼职任务231 550个。2016年，累计有1 500万人成为阿里众包的注册用户，用户遍布全国32个省市自治区，北到黑龙江，南到香港特别行政区，东到江苏，西到新疆。众包"小二们"在2016年共参与了207 321 626次判定，判定次数相当于北京故宫累计13年的接待人次。2016年共有1 886 102人在阿里众包上获得酬劳。

4. 阿里众包的运作管理

4.1 阿里众包的愿景

阿里众包将传统的线下企业（用人单位）、用户、代理商、任务的实施过程全部融入互联网平台，用移动互联网的创新模式更新迭代传统雇佣模式，效率更高、成本更低。阿里众包以阿里淘大数据为支撑，拥有非常详尽的标签化用户及商家信息，其将大众闲置的劳动力和时间加以整合输出，经过精准的匹配可高效完成众包任务，使用户的技能置换到更高的价值。阿里众包致力于打造人力资源共享第一平台，其使命是让闲置的时间成为价值，让一群靠谱的人做一件靠谱的事。

4.2 阿里众包的组织架构

阿里众包划分为产品/研发和运营两大模块，产品/研发主要负责产品的设计、规划、上线及平台的前端和后端维护；运营模块主要负责业务运营、用户运营和对外宣传，如图8.2所示。

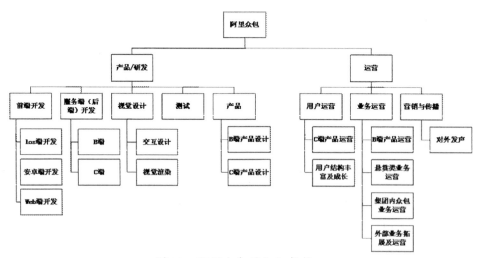

图8.2　阿里众包的组织架构

（资料来源：阿里巴巴内部资料，经作者整理。）

4.3 阿里众包的运作流程

阿里众包B端商家涉及众包业务、兼职业务和悬赏业务，主要包括道路和店铺信息采集、验收、监察；文本、图片内容的判定，算法校验；产品体验、试用；景区和业务推广等内容。阿里众包根据应用场景将任务细分成线下推广、问卷调研、验收采集、跑腿打包、现场促销、礼仪/模特、服务员、翻译/编辑、客服、传单派发、美工/创意、校园代理、现场协助、公益、实习生、家教老师等多种类型。

阿里众包C端用户主要由学生、白领、企事业单位、闲置人员（如全职妈妈）等身份的群体组成，其中50%以上是学生群体组成，这部分人员的主要特征是具有固定的闲置时间。目前，阿里众包采用千人千面的定制来做任务推广，向C端用户推送经过匹配筛选后的任务，提高用户在众包平台上的体验。

B端商家首先根据自身需要在平台上选择任务发布的类型，对任务内容进行完善，设定发布任务的名称、完成时间、所需人数、完成地点及任务的描述。然后，对任务薪资数、结算日期以及报名条件（性别、年龄等）进行设置。最后，向用户说明反馈内容（如文本、图片、语音），以验证任务的完成情况。

B端商家在平台上提交的任务，阿里众包平台认证后发布，C端用户根据阿里众包App提供选择框和搜索框寻找自己感兴趣的任务，或者接受官方推送感兴趣的任务。C端用户经过报名、培训后由商家考核，通过考核并完成工作后，商家发薪。C端用户在付薪过程中遇到问题可以通过众包平台进行申诉。具体操作流程如图8.3所示。

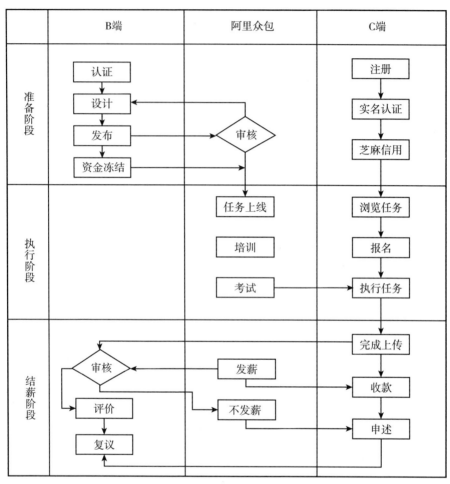

图8.3 阿里众包流程图

（资料来源：阿里巴巴内部资料，经作者整理。）

4.4 阿里众包的价值共创

众包是企业通过网络平台将任务分包给互联网上众多分散的个体，以集中大众智慧完成既定任务的新模式[②]，是企业、众包平台、众包参与者相互协作、共同创造

[②] Howe J. The Rise of Crowdsourcing[J]. *Wired Magazine*, 2006,14 (6) :1–5.

的过程。

阿里众包平台由发包方、接包方组成，发包方主要负责发布任务、制定任务规则、检验任务；接包方则利用自己的闲暇时间去执行任务，并不断学习知识技能提升自己业务水平。两者通过平台上的参与、交流、共同解决问题等互动方式，共同完成众包任务，共同创造价值，其价值共创过程如图8.4所示。

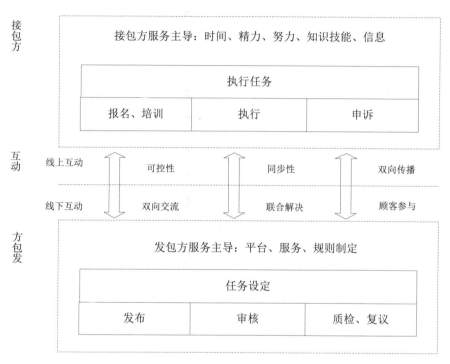

图8.4 阿里众包的价值共创模型

5. 典型的众包任务

阿里众包平台上的任务多种多样，使得闲置资源得以充分利用。越来越多的人开始关注阿里众包，他们既可以在平台上完成任务，也可以作为发布任务一方，集思广益解决生活、工作中遇到的问题。

2016年天猫"双十一"，众包"小二"历时一个月，足迹遍布100多个城市，验收5万家门店，高效完成"双十一"门店验收工作，助力"双十一"狂欢盛宴。众包

《创新管理：赢得持续竞争优势》案例集

"小二"在逛街时，来到自己领取的某一品牌门店，验收合作海报是否张贴、扫码可否成功，LBS签到、拍照上传后，就能拿到相应的奖励，扫码过程中还能优先获得商家折扣券。整个任务的接受、完成和验证，都非常高效和迅捷。

阿里众包发布的人工打标任务展现了大众创造模式的运作优势。用户通过阿里众包平台，逐一审核来自淘宝的商品图片是否符合品牌和logo的规则和要求，帮助淘宝规范平台的商品图片上传制度。传统外包完成10万任务量需要一周左右的时间，而731名众包"小二"在103分钟内轻松完成10万任务量的判定。

阿里众包还推出引人注目的产品体验任务——全球征集姨妈师。在这个众包任务中，用户按照培训的洗涤方法，使用海尔官方提供的咕咚手持洗衣机，为自己或身边的闺蜜/女神清洗床单上的污渍，并上传图文到阿里众包平台，发布体验效果。该任务发布后仅1小时，就发出60台咕咚机，收到41条产品报告，支付宝服务窗中推送图文信息的送达人数达到35.6万人，共计有1 899人体验产品并撰写了产品报告。"海尔姨妈师"任务上线后，新浪微博阅读量为592万。众包的用户体验促进了商家与消费者的高频互动，推动了企业的产品研发与市场调研，提升了产品的知名度。

因此，众包平台有效地解决了劳动力效率低、任务覆盖地域广等问题，充分利用人们的闲置时间创造价值。网易财经通过数据对比，直接展现了阿里众包创造的力量和优势（如表8.1所示）。

表8.1 传统外包与阿里众包对比图（10万任务数量）

	传统人力外包	阿里众包	优势
完成时间	10 080分钟（7天*24小时*60分钟）	103分钟	耗时短
完成效率	9个/分钟	960个/分钟	能力高
完成质量	有效率95%	有效率95%	能力高
单位成本	45元/小时/人	14元/小时/人（成本下降69%）	成本低

6. 阿里众包的未来构想

从阿里众包的发展历程来看，众包的优势在于整合大众资源，快速完成企业任务，但大众也成为其发展中的瓶颈。一是合作伙伴之间缺乏信任感。虽然传统外包模式运营成本高，但各个行业在过去几十年的发展中形成了非常固定的雇佣关系，合作伙伴之间的信任度较高。阿里众包成立初期，平台上大部分业务是来自集团内部，如何赢得集团外商家的信任成为了一个难题。团队不断地探索开放式平台，例如一些外包业务仍由原有的外包承接商来接包，但任务则依靠众包平台上的用户帮助完成，使其外包成本更低、效率更高。众包平台如何打破传统雇佣模式，获得企业信赖，将自己的任务交由平台和大众高效地完成并建立长久的信任关系，还需要一个漫长的积累过程。二是阿里众包的任务多种多样，接受任务的人群也各式各样，存在一定的风险，可控性较低。传统的外包模式是可以追责的，在众包平台上却很难追究责任，商家的成本明显降低，但风险也随之增大。众包平台上发布的任务能否按时完成具有不确定性。当违约情况出现时，往往会对B端发需求企业的形象和利益造成严重的损害。因此，阿里众包下一步要做的是树立行业规范和标准，尽可能降低风险，减少不信任感。

阿里众包的未来发展将定位于生态构建和精准匹配。目前，平台的业务较为垂直化，自身搭建平台并运营平台中的业务。阿里众包会逐步开放平台，搭建一个类似天猫的平台，一端对接需求方，另一端对接用户，引入更多的角色，如服务商、代理商等，建立一套完善的自运营生态体系。阿里众包不仅要解决信息不对称的问题，通过模型筛选，精准匹配，而且要为企业的人才需求提供弹性的解决方案，为企业提供高端的服务匹配能力，建立企业人力资源的大数据库。

2017年9月8日，在阿里18周年年会上，阿里巴巴董事局主席马云提出：阿里巴巴的发展早已超越了一个电商平台，阿里巴巴将成为一个特色鲜明的、冉冉升起的网络经济体。2017年，阿里巴巴的发展战略是"全球化、农村战略、大数据和云计算"三大领域，众包平台将聚焦数据采集和数据分析，加强用户和平台互动，提高任务精准率，实现数据共享、开放、互联，达到价值共创。

《创新管理：赢得持续竞争优势》案例集

启发思考题

1. 众包的时代背景是什么？
2. 阿里众包的特征和运作模式是什么？
3. 阿里众包的运行机制是什么？有什么阻碍和困难？
4. 众包平台的价值共创如何实现的？需要什么样的环境和支撑条件？

HOPE开放创新平台

平台引爆颠覆性创新

海尔开放创新平台（Haier Open Partnership Ecosystem，HOPE），于2013年10月正式上线，是中国最大的开放式创新平台，也是亚洲最大的资源配置平台。HOPE平台自上线以来，已经形成200万家全球资源网络，超过10万家资源注册，每月可交互超过500个创意，成功孵化各类硬件创新项目220多个。本案例围绕海尔开放创新中心创建HOPE 1.0，到对其迭代升级为HOPE 2.0，并致力于打造并联交互创新生态圈的发展历程，揭示了在创新越来越趋于完全开放化的移动互联时代，创新企业通过实施平台战略来创造价值的新方式。[①]

关键字：开放式创新，海尔，HOPE，平台战略，创新生态圈

[①] 由本案例由河北工业大学经济管理学院蒋石梅、吕平、闻娜、安佳喜以及清华大学经济管理学院陈劲共同撰写，作者拥有著作权中的署名权、修改权、改编权。未经允许，本案例的所有部分都不能以任何方式与手段擅自复制或传播。本案授权中国管理案例共享中心使用，中国管理案例共享中心享有复制权、修改权、发表权、发行权、信息网络传播权、改编权、汇编权和翻译权。由于企业保密的要求，本案例对有关名称、数据等做了必要的掩饰性处理。本案例仅供讨论，并无意暗示或说明某种管理行为是否有效。

第8章 开放式创新

引言

2015年5月8日,由海尔HOPE开放创新平台等承办的以"大众创新,万众创业;人人创客,引爆引领"为主题的海尔开放创新周,在青岛海尔大学拉开帷幕;来自全球上百家科技创新企业、技术转移机构、投资孵化平台、创客团队及数百名科技创新领域的菁英,在这场创新饕餮盛会中,秉承开放、合作、分享、共赢的理念,各抒己见,共同探索新时代下的开放式创新之路。[1]次日,海尔基于HOPE平台发起了一场全球范围内的高端技术创新对话——"颠覆性创新项目对接会",来自中国、美国、以色列、澳大利亚等多个国家和地区的数十家创新技术公司积极参与,并现场达成二十多个合作意向的创新项目。[2]

海尔家电产业集团副总裁、超前研发总经理王晔致辞道:"海尔的创新模式区别于传统模式,海尔开放创新的基本理念是'世界就是我们的研发中心',其本质是全球用户、创客和创新资源的零距离交互,持续创新。在海尔HOPE开放创新平台上,用户、资源方、攸关方可实现全流程价值的最大化分享,所以希望全球一流资源能参与到海尔的开放创新中来。"[3]

埃森哲卓越绩效研究院研究员邱博士表示:"HOPE平台最大的价值在于开放性,让所有的企业都有可能接入合作,从传统的一对一合作双赢变成开放创新的

---

[1] HOPE开放创新平台. HOPE-全球菁英汇聚海尔开放创新周,HOPE平台开放价值获多方点赞. http://hope.haier.com/article/index/detail/id/294549.html, 2015年5月16日.

[2] HOPE开放创新平台. HOPE-海尔开放创新周落幕,20多个创新项目达成合作意向. http://hope.haier.com/article/index/detail/id/294607.html, 2015年5月16日.

[3] HOPE开放创新平台. HOPE-全球菁英汇聚海尔开放创新周,HOPE平台开放价值获多方点赞. http://hope.haier.com/article/index/detail/id/294549.html, 2015年5月16日.

多方共赢。在中国企业开放创新的实践中，平台化运营和生态系统的建立是非常重要的。"④

看到开放创新周活动的圆满落幕，感受到集团和其他知名企业对HOPE平台的认同，海尔开放创新中心的腾东晖部长面带笑容，对未来HOPE平台的发展充满信心。但是，实际上HOPE平台的创建却不是一帆风顺的，而是充满了曲折⋯⋯

1. 背景

1.1 海尔及其集团战略

创建于1984年的海尔集团，从单一生产冰箱起步，拓展到家电、通信、IT数码产品、家居、物流、金融、房地产、生物制药等领域，成为全球领先的美好生活解决方案提供商：据消费市场权威调查机构欧睿国际（Euromonitor）的数据，2014年海尔品牌全球零售量份额为10.2%，连续6年蝉联全球大型家电第一品牌。⑤

海尔集团以7年为一个战略发展阶段，历经名牌战略、多元化战略、国际化战略、全球化品牌战略，直到今天的网络化战略。网络化战略的提出是为了顺应互联网时代的发展潮流，实现企业由封闭组织向开放平台的转型，以达到"企业无边界，管理无领导，供应链无尺度"的管理目标，如图8.5所示。目前，海尔正从制造产品转型为制造创客的平台，青岛海尔和海尔电器两大平台上聚合了海量创客及创业小微，他们在开放的平台上利用海尔的生态圈资源实现创新成长，聚集了大量的用户资源。⑥

互联网时代的到来颠覆了传统的经济发展模式，为企业带来新的挑战和机遇。海尔将坚持网络化的发展战略，开拓创新，通过持续推进人单合一双赢模式，对内

---

④ HOPE开放创新平台. HOPE-全球菁英汇聚海尔开放创新周，HOPE平台开放价值获多方点赞. http://hope.haier.com/article/index/detail/id/294549.html,2015年5月16日.

⑤ 海尔官方网站. 关于海尔-海尔集团. http://www.haier.net/cn/about_haier/,2015年5月16日.

⑥ 海尔官方网站. 关于海尔-海尔集团. Haier, http://www.haier.net/cn/about_haier/,2015年5月16日.

打造用户需求驱动的投资驱动创业平台,对外构筑并联的开放创新生态体系,创造互联网时代的世界级品牌。

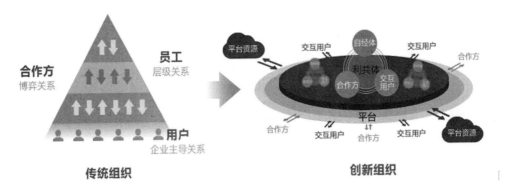

图8.5 海尔组织结构的变革⑦

1.2 海尔开放创新中心——HOPE平台

海尔开放创新中心成立于2009年,成立初衷是为集团内部服务,在全球范围内寻找创新资源,响应内部技术需求,攻克技术难题,最终完善集团持续创新的生态系统。该部门于2013年开发并运营的HOPE平台,是一个连接用户需求和创新资源的开放创新平台,是海尔和全球伙伴交互创新的社区,致力于打造全球资源并联交互的生态圈。海尔希望通过开放创新实现需求与资源在平台上的自交互,创新项目的快速转化和孵化;通过利益分享机制,实现平台上所有资源和用户利益最大化。

与其说海尔HOPE开放创新平台是一种机制转型和颠覆创新,不如说是相关各方基于共同的市场目标通过这个平台结成风险共担、超利共享的"利益共同体"。现在HOPE平台已经吸引了包括斯坦福、陶氏、3M、MIT、中国国际技术转移中心、弗莱恩霍夫协会、全球创新网等众多创新创业类组织的加入,已有200万家全球一流资源网络,超过10万家资源方注册,每月可交互产生超过500个创意,累计成功孵化各

---

⑦ 海尔官方网站. 关于海尔-海尔集团,Haier, http://www.haier.net/cn/about_haier/,2015年5月16日.

类硬件创新项目超过220个。⑧

2. HOPE 1.0诞生

2.1 初步探索开放式创新

随着互联网时代的来临,创新的更迭在不断加速,企业仅仅依靠内部创新显然跟不上时代的步伐。2009年9月,海尔集团在内部成立四大中心:超前中心、用户中心、市场中心和资源中心。其中,"资源中心"就是海尔开放创新中心,该团队自成立以来就承担了为集团事业部寻找创新资源的重任。

"当时,我们都认准一个目标——创造出用户需要的产品,而我们实现该目标的途径是为集团各个产业部寻找他们需要的技术资源。为了满足业务需求,我们渴望招募更多的有留学经验或者能熟练掌握一门外语的员工,这样当我们与各个国家的资源方进行业务洽谈时,就会顺利得多。"海尔开放创新中心腾部长回忆当时的情景:"刚刚接触业务时,由于经验不是很丰富,我们不断地碰壁,但随着我们业务量的增加,举办活动次数的增加,我们'寻源'业务的流程越来越规范,经验也越来越丰富,创新资源方也越来越多样化和差异化,同时我们寻源团队的战斗力也越来越强,开放式创新已经成为我们文化基因。"

2.2 打造线下实力团队,为HOPE上线助力

开放式创新是新世纪的新概念,在国外也没有太成熟的经验可言。但是,就目前而言,开放式创新平台做得好的企业通常拥有巨大的资源储备,比如宝洁把未来五年的技术需求,开放给所有企业,包括竞争对手,让外部的资源帮助宝洁寻找创新的法宝,为宝洁的研发、推广和营销输送生命力,贡献智慧。所以,在海尔HOPE平台还没有正式上线之前,主创团队已经清楚地认识到这一点:假如没有足够的技术资源支持线上需求,平台迟早会随着竞争的激烈而显现示弱局面。故此,

---

⑧ 海尔官方网站. 关于海尔-海尔集团. Haier, http://www.haier.net/cn/about_haier/, 2015年5月16日.

海尔开放创新中心全力打造了一支线下寻源团队,并联合海尔原有的渠道团队,希望在世界范围内打造一张创新资源汇聚网络,为HOPE平台正式上线积蓄足够的能量。

2.3 千呼万唤始出来

互联网时代的平台商业模式可谓已经到了一种泛滥的发展阶段,各种各样的网站每天都活跃在我们的电脑上,填充着我们的碎片时间。同样,海尔开放创新中心的业务增加量已经无法通过线下运行模式去满足,由此,HOPE平台的主创团队决定做线上的寻源。之后又通过部门内部征集"HOPE"平台名称、举办网站技术招标大会等一系列的准备工作,资源池和寻源网络已经初具规模,HOPE平台的网络运营和维护也达到初步要求。2013年6月14日,HOPE 1.0开始进行内测;2013年10月21日正式上线。

HOPE 1.0在期盼中上线了,它用简单明晰的"需求发布""方案收集""方案评估""创意提交"的四大模块构成了网页布局。在"需求发布"板块,海尔和用户都可以发布自己的技术需求,当需求被相关"技术提供方"发现后,技术提供方会将相关技术指标发布到"方案收集"板块,并依靠"方案评估"模块进行专业评估,判断技术方案的可行性和可靠性。同时,有良好技术解决方案或者富有创意的用户可以在平台上发布自己的idea(想法),以此来获得更多有意向合作的专属"小伙伴"。

2.4 携手先行者,借力腾飞

"起点晚,但是可以起点高",这句话用在HOPE身上再合适不过了。为了扩大寻源,打通全球的寻源网络,HOPE平台于2013年年底又携手Ninesigma进行深度合作。Ninesigma是一家为全球范围内的企业提供开放式创新服务的企业,号称拥有200万的创新资源方。海尔开放创新中心在NineSigma的NineSights网站上,建立技术与需求的发布专栏,从而大大提高了资源的获取效率。在这次合作中,海尔开放创新中心不仅仅获得了Ninesigma200万技术资源方,而且从Ninesigma那里学到了更多关于平台运行的相关内容。同时,通过对比全球范围内不同形式的开放创新平台的组织架构和运行模式，HOPE平台主创团队希望顺应开放式创新发展的趋势以满足集团内部的需求，于是不断地发现HOPE 1.0存在的不足，并不断对其组织架构和运行模式进行调整，为后来的HOPE 2.0上线埋下了伏笔。

2.5 小试牛刀，惊艳四方[⑨]

"怎样才能让菠菜保鲜7天"这一痛点的解决是HOPE平台的一个经典案例。

如何让菠菜保鲜变得容易？这个问题困扰着上班族赵娜（化名）很久了。赵娜说道："我从事景观设计工作，平日太忙了，因此我一般都是周末大批量采购食物，作为下一周的食物供应，所以对于果蔬保鲜这个问题我一直头疼。""被某一方面的问题困扰久了，在寻找解决办法的过程中不自然地就成了半个专家。我知道11家企业的果蔬保鲜冰箱采用的是水离子保湿技术，但它们似乎都不能解决菠菜长久保鲜的需求，毕竟菠菜要求高湿低温的环境。我向大学同学孙升（化名）提出这个技术问题，他在海尔超前家电研发中心工作，因此我想知道是否有新的技术可以解决我这个需求。"

听到同学赵娜提出的菠菜保鲜问题后，孙升又进一步了解到，很多人都存在有这方面需求。孙升说："这些日常生活中的用户痛点就是技术创新的驱动力。我在例会上跟同事们反馈了这个保鲜需求，并对保鲜技术的现状进行了分析。同时，我也将这个需求发布到海尔的开放创新平台上，三天的时间里就已经有三家拥有相关技术的企业跟我们联系了。"

HOPE平台的资源对接负责人许云翔介绍道："我们是在2013年10月收到了海尔冰箱研发部门的保鲜技术需求。收到需求后，首先通过我们平台的标签匹配技术，系统检测有没有符合这个技术需求的方案。在系统自动匹配的五家技术资源方里，我们分析评估后选了三家，反馈给了冰箱研发部门。"

接下来，开放创新平台组织了一次技术评估会，邀请了五位专家以及冰箱研发部门的同事，通过技术评估确定接下来谁可以继续合作。方案评估是海尔开放创新

[⑨] HOPE开放创新平台. HOPE-全球菁英汇聚海尔开放创新周，HOPE平台开放价值获多方点赞. http://hope.haier.com/article/index/detail/id/294549.html,2015年5月16日.

平台线下服务的重要环节，平台会针对每一个技术项目组织专家团队进行评估，以确保能够选取最好的方案。

2014年2月，两家资源方和冰箱研发部门达成了合作协议。海尔开放创新平台接下来安排了线下服务团队跟进技术的研发过程，并且组织中期的研发评估和审核。2014年10月，干湿分离技术研发成功。这项技术达到了目前行业内食物保鲜的最高水平。在2015年3月的上海家博会上，海尔搭载干湿分储功能的"智能冰箱"与大家见面，并获得一致好评和称赞。[⑩]

HOPE 1.0尽管存在种种不足，但是在它的催化下，海尔的技术创新还是取得了不错的成果，类似的颠覆性创新成果还有天樽空调、无尾技术等，这些都给主创团队和员工打了一剂强心针。因为HOPE平台模式被证明是有实际效用的！

3. HOPE升级2.0

HOPE开放创新平台经历了近半年的发展，已经开始步入正轨，不再是"依附"其他平台发布技术需求的"看客"了，而是自己搭建需求与方案"联姻"的平台，让高冷的技术宅也步入柔情似水的"交互"殿堂。

3.1 做技术匹配的"月老"

海尔开放创新中心范延伟经理讲道："在与NineSigma合作过程中，我们更多地是在平台上发布需求，而不能进行资源的导入，使得很多技术游离海尔之外，更重要的是，很多技术方案不能转化成现实产品，极大地浪费了资源，所以我们要改变这种现状。"

在核心团队统一思想后，海尔开放创新中心的成员们开始了紧锣密鼓的"升级"筹备，并于2014年6月20日上线HOPE 2.0。与HOPE 1.0时期的"集市化模式"不同，HOPE 2.0向搭桥牵线的"婚介配对模式"转变，进一步提高了创意的转化率。

HOPE 2.0增加了开放式创新的雷达——"科技资讯"板块，进一步增加平台的

---

⑩ 网易数码. 揭露它背后的奥妙，AWE体验海尔干湿分储冰箱. http://hea.163.com/15/0312/08/AKGA96QJ001628C1.html,2015年5月16日.

交互功能。这种模式既能及时发布客户的技术需求，吸引技术方案解答，并由平台搭线双方洽谈，又能让每位用户通过平台了解最新行业动态并进行交互，更好地"黏住"用户。

3.2 优化平台功能，重拳直击用户"痛点"

2014年11月30日推出的"社区"板块是HOPE 2.0的最大亮点之一。社区中包含了新鲜空间、氧气乐活、衣衫傍水、健康养生等模块，相对应的是海尔U+智慧平台中的洗护生态圈、用水生态圈、空气生态圈、健康生态圈等。针对用户提问的疑问，海尔的研发相关部门会进行专题讲解，直击用户的"痛点"，并提供最优质的解决方案。这样的沟通最大限度地加强了用户的参与度，也为海尔研发人员寻找技术创新灵感提供了通道。尤其是社区中的"小组"专区，更为技术控提供了畅所欲言的空间。这里的小组分为"公开小组"和"私密小组"两种形式，用户可以通过不同的方式进行分别注册，这样就可以为不同需求的用户提供更为合适的交流选择了。

例如，天樽空调在研发时要满足用户使用微信操控的需求，海尔开放创新平台和空调产品线合力寻找合适的技术资源，海尔开放创新中心运营总监黄橙说道："当时为空调研发部门找了十几家海内外的研发机构，并且根据技术评估和技术考核选取最好的合作方。只要是用户提出的需求或者我们了解到用户的需求，我们就要尽最大的努力去满足它。"

3.3 多、快、好、省赢赞誉

HOPE2.0通过细致的平台完善和突破性的匹配方式，如图8.6所示，极大地促进了技术的转化效率，在保证海尔内部创新的同时，也收获了业内的一致好评。

多

用户多。HOPE平台现已有超过10万家资源方在平台注册，包括知名企业、初创企业、权威研发机构、高校、业界专家、工程师、普通用户、极客等。通过在平台上发布需求和最新技术，使得广大注册用户一扫平日的"隔阂"，以平等、公开的心态和方式进行交流，随时准备擦出下一个颠覆性技术或解决方案的火花。

第 8 章　开放式创新

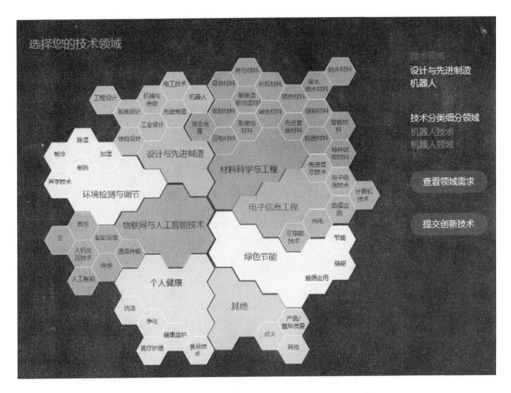

图 8.6　HOPE 开放创新平台技术展示图[11]

资源多。HOPE 平台上线以来，已有 200 万家全球一流资源网络，已公开发布 1 100 多项创新[12]，每月可交互产生超过 500 个创意，已累计成功孵化各类硬件创新项目超过 220 个。同时，相关技术资讯、业内观点、专家意见等先进思潮，在 HOPE 平台比比皆是，为用户提供了大量的最新技术资源信息。

快

需求展示快。在依托互联网的平台式创新需求聚集站，全球范围的注册用户都

---

[11] HOPE 开放创新平台. 2014 海尔集团实现资源募集"平台化". http://hope.haier.com/zone/zymj#002,2015 年 5 月 16 日.

[12] HOPE 开放创新平台. 2014 海尔集团实现资源募集"平台化". http://hope.haier.com/zone/zymj,2015 年 5 月 16 日.

可以第一时间发布他们的需求，进而寻找合适的资源提供方。

资源更新快。平台运营团队根据爬虫系统筛选出的信息，将最新的技术资源、行业资源、专家资源、用户资源等创新要素都及时地展示在平台上，让每一位用户都能通过平台成为家电行业的开放式创新前哨兵，掌握最新的行业动态。

资源匹配快。范经理微笑着向我们解释："目前国际知名的开放创新平台Ninesigma的技术方案匹配周期为12周，而我们HOPE平台借助大数据智能匹配系统，能够保证在6周内完成对用户需求的技术方案匹配。"

好

用户优质。HOPE平台的用户多为相关行业内的技术达人、创客、工程师，他们提供有发展潜力的需求和方案，大多领先普通用户五年左右。

资源优质。HOPE平台以全球白色家电行业的龙头老大——海尔集团作为强大的技术资源支撑，由全球五大研发中心作为高起点，又通过与很多不同领域的专家、研究机构、知名企业等深度合作，保证了技术资源的质量，并最大限度地加快创新产业化的速度。

转化优质。HOPE平台基于模式识别的匹配模型，有效提高了用户需求与技术方案的匹配精度，不但可以利用用户参与交互的特征来区分用户，而且能够根据用户的需求，将资源库中的技术方案快速匹配到需求上，如果现有库中信息量不够，系统将自动启动爬虫系统，通过网络匹配相关信息。

省

寻源成本低。依托互联网寻找资源，不但节省海尔内部创新的研发成本，也为在平台上寻找技术资源的用户大大降低了寻源成本。

对接成本低。通过HOPE平台，技术需求发和技术提供方可以直接在线交流，相互有兴趣后再由HOPE匹配进行深度接触，大大提高了匹配成功率，也降低了接洽成本。

3.4 颠覆性产品接连不断，应接不暇

HOPE为家电行业带来众多的颠覆性产品，让你无法预料下一刻它会给你的生

活带来哪些颠覆性的改变。

2014年6月,海尔生活创意社区中一名叫"爱上鱼儿"的用户抱怨夏天在厨房做饭老是汗流浃背,很多网友都表示同感并加入了讨论;海尔内部的研发工程师在得知后,开始研发最新的制冷烟机技术:首先,他们在HOPE平台上发布技术需求,经过系统自动匹配技术,HOPE平台线下专家团队精准评估分析出"谁是我们最合适的合作伙伴",最终在2014年10月,海尔智冷油烟机研发成功。该项颠覆性产品,能够解决众多用户夏天做饭时厨房酷热的抱怨问题,可以让喜欢烹饪美食的消费者,在炎炎夏日的厨房中也享受到"空调保护"的烹饪体验。

HOPE平台在不到两年的时间里,孵化出很多上述类似的技术,有些技术已经孵化成产品,批量生产,走进人们的生活,而有些技术还在进一步研发中,就在刚刚结束的海尔开放创新周活动的"项目对接会"中,现场就达成了二十多个合作意向的颠覆性创新项目。相信在不久的将来,其中一些创意类产品会走进你的生活,为你带来更多的生活享受。像大家熟知的天樽空调、海尔匀冷冰箱、海尔水晶洗衣机、智能硬件、海尔星盒、首创消除一氧化碳的NOCO技术的卡萨帝传奇热水器等"神奇"产品和技术有可能明天就活跃在你的身边,为你的生活带来"无所不能"的惊喜。

究其本质,HOPE平台就是通过用户与资源合作方之间的交互,将全球的创新资源进行优化配置,让它们找准"自己的位置",创造最大的价值,也分享给利益相关方最大的价值。

4. HOPE平台打造生态圈

HOPE平台经过前两代的升级发展,在资源获取和资源对接上都取得了巨大成就,也在不断的积累中扩充了自身的资源池。但是,目前其距离HOPE平台主创团队的目标还有很大的差距。

HOPE主要创始人之一范经理说:"HOPE平台不单是海尔的开放创新平台,同时也是社会的开放创新平台,HOPE旨在打造的是创新生态圈,平台上所有的用户都能够通过平台获益才是平台的目的。"那么问题来了,范经理所说的生态圈究竟是什么呢?

4.1 用户、资源、创意三位一体,协同发展

目前,HOPE平台更多地是在社区(用户黏连)和技术(资源)方面进行开拓壮大,虽然在"人为"驱动下,可以促进创意的快速转化,但还是耗费了较大成本。

范经理这样描述HOPE(图8.7):"在平台上通过社区、技术、创意这三个模块,将HOPE平台各业务流有机对接起来,通过三者的有机力量产生内部驱动力,促使平台能够有效运行。在海尔内部,HOPE平台能够连接创意交互、创意验证、生产制造等各节点资源,为事业部的创新和产品转化提供驱动力;在海尔外部,能够快速接收用户需求,吸纳全球一流资源,加快产品转化速度。三个模块互为犄角,支持HOPE平台快速发展。"

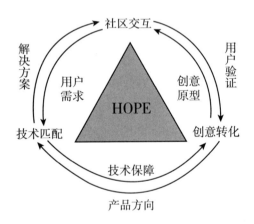

图8.7 海尔HOPE平台三大模块[13]

4.2 构建核心能力,加速生态圈内循环

HOPE主创团队知道,无论线下渠道队伍如何强大,都很难满足互联网时代的创新速度,必须加强线上能力。而且,随着用户个性化要求越来越普遍,满足小群体用户需求将是未来制造业的趋势,所以,用户的参与性就显得格外重要了。而维持

---

[13] HOPE开放创新平台. HOPE-创意可轻松实现?海尔开放创新平台或许能做到. http://hope.haier.com/Article/index/detail?id=293288,2015年5月16日.

这样一个生态圈的运转，光靠"人为"推动显然不切实际，需要核心的动力在有形的机制下产生内动力，促使生态圈高效运转。

"我们的HOPE平台在生态圈模型的构想下，构建出了五大核心能力，并想通过这五大核心能力的建设，快速吸引用户和资源的聚集，促使平台能力能够得以快速提升"，范经理边说边画出五大核心能力的框架图，并解释了五大核心能力的具体内容（图8.8）。

能力1：掌握最新行业技术动态。HOPE平台除了使用大数据爬虫系统之外，还在其平台运营团队里组建了一个经验丰富的分析师团队，他们把接收到的最新技术信息进行系统分析，并第一时间做出完整的技术报告资讯，为研发决策提供第一手资料。

图8.8　HOPE平台五大核心能力[14]

能力2：建立专业交互圈子。HOPE平台上，在家庭生活相关的各类技术领域，都受到几十乃至上百个专家的技术支持，他们在线与用户和资源方交互。通过这种方式，打造出一个个的细分技术圈子，每一个圈子都有解决一类技术问题的专家，上千个这样的圈子存在于HOPE平台，成为海尔创新的重要因素。

能力3：持续产出各类颠覆性创意。海尔现在推行用户付薪政策和人人创客机制，只要用户或者资源方参与交互，都能够获得产品收益的分享。大批的风险投资将进入海尔孵化体系中，助力推进创意的快速产生与转化。

---

[14] HOPE开放创新平台. HOPE开放创新平台-海尔持续引爆创新的源动力. http://hope.haier.com/Article/index/detail?id=293872,2015年5月16日.

能力4：快速精准匹配全流程资源。HOPE平台的后台建设有强大的搜索匹配引擎，能够快速将后台的资源库、方案库、需求库、创意库进行配对，据说匹配精准度达到了70%。不但能够站内匹配，HOPE平台在全球各地分布了数百台爬虫服务器，随时关注互联网动态，抓取最新的技术信息，并分析入库，为精准的匹配提供数据来源。

能力5：创意转化全流程支持。从创意的提出、交互、孵化，到产业化、营销等全产业链条上，国内没有哪家公司能够比海尔做得更全面，再加上近期海尔成立的六大孵化基金，基本上涵盖了创意转化的每一个环节。从一个创意开始，到通过HOPE平台申请资金的支持，再到产品上市销售的各个渠道，海尔开放创新系统都能够提供全方位的支持。

当生态圈有序地不断循环时，海尔就可以脱身让其自由发展了，HOPE团队就是一个提供场所的"管理员"。用"较少精力"的投入，维持着平台的运转，促进整个社会创新创业的发展，响应"大众创业""万众创新"的号召。

5. HOPE平台的完善与发展

尽管HOPE平台根据时代要求和海尔的现实状况，制定了长远的战略规划，并在最近几年有条不紊地执行着，在业内取得了很大的成就，如上述的星厨冰箱、智冷油烟机等颠覆性创新，但是随着互联网的快速发展，平台化的开放创新不仅在国外引起高度重视，在国内也掀起一股浪潮，比如，利用互联网思维做手机的"小米社区"，将技术与需求实现对接的各种"淘科技"……随着竞争者的增多，神州大地上正在预演着新一轮的"瓜分狂潮"。所以，HOPE平台需要不断完善自己，并且要加快步伐，才坐稳中国、亚洲乃至世界开放式创新的头一把交椅。

5.1 完善平台机制，提升综合竞争力

HOPE平台从筹备到上线，再到HOPE 2.0，虽说经历了将近6个年头，但从规模到整体机制的完善程度上来讲还处于上升阶段，若要实现最终的生态圈阶段还有很长的路要走。

(1)人员配备方面：增补相关职位人员，完善整个平台人员配置。

(2)用户类别方面：对用户进行区分，便于分类运营管理，提高运营效率。

(3)渠道开发方面：依托海尔原有渠道资源，拓展线下资源寻求范围，并在思想上重视线下寻源渠道。

(4)强化培训方面：强化员工创新思维，加强对整个平台的认知，构建HOPE整体思维圈。

(5)加强宣传方面：充分利用新媒体、自媒体等形式进行平台宣传，扩大平台知名度。

5.2 "拿来主义"先行，"以我为主"用之

在开放式创新这块领域内，国内外有着在某一方面很成功的个体案例，这些开放创新平台的运营是值得借鉴的，对于HOPE的构建和完善有着重大意义。比如，ZARA模式的渠道建设，将线上和线下的有机配合做到经济合理；飞利浦的开放创新网站，既注重通过线上召集关注领域的创新资源，更注重线下合作项目的执行；"创新定制工场"的Local Motors，让用户根据自己的特点去定制专属化汽车；扮演"天使基金"的壳牌开放平台，集中权威研发机构和高校，联合开发超前性技术……如果将这些先进的模式"移植"到HOPE平台的建设中，再加上HOPE平台的自由模式和天然优势，就可以使HOPE平台成长为一个具有众多长处的独特平台，让创新资源"自由穿梭"在各行各业中，通过平台的创意转化，实现资源的"配对"，给人们带来更多的"惊喜"。

5.3 紧随时代脚步，灵活"观"世界

在激烈的全球竞争中，互联网经济带来更"强劲"的不确定性、多样性、复杂性和模糊性，用户需求的个性化定制、大数据、互联网思维等每天充斥在人们的脑海，这种"触网"的经济模式对于传统企业的发展是一种挑战，也是一种机遇，抓住它才不会"马失前蹄"。

由此，海尔制定了网络化战略，这不但是海尔与时俱进的表现，也是海尔灵活性发展能力的体现。同时，海尔开放创新中心顺应时代的发展需要，响应集团的战

略决策，从建立HOPE开放创新平台到一次次不断的迭代升级，都在为完善并联交互的创新生态圈而努力。

结语

现在的HOPE 2.0已经有"取之不尽"的技术需求和技术方案，构成了巨大的资源池，展现出一派繁荣景象。但未来的并联交互创新生态圈又会展现怎样的"庐山真面目"呢？当然，未来的HOPE 3.0、HOPE 4.0还会与大家"见面"，但它是否能将每一位HOPE平台的用户都带入一个"技术资源博览会"呢？它提供的仅仅是"资源宝库"，还是一个让人们实现创新和创业梦想的"舞台"？怎样做才能快速将好的创意转化为产品呢？如何实现用户个性化定制服务的需求？怎样让更多的创新资源自动优化配置？这些都是HOPE平台的运营团队思考的问题。未来，让我们一起期待创造更多奇迹的HOPE！

启发思考题

1. 海尔开放创新中心为什么要建立HOPE网站？请描述HOPE 1.0的主要特点。

2. 描述HOPE 1.0到HOPE 2.0的升级过程，思考平台战略是如何创造价值的。分析平台战略的重要决策点有哪些。总结平台战略的管理核心。

3. HOPE开放创新平台在构建并联交互创新生态圈的过程中扮演着怎样的角色？

4. 在互联网时代，海尔通过建立HOPE开放创新平台来整合资源的过程，对其他企业的发展有何启示和借鉴意义？

附录　HOPE开放创新平台上线的成功案例

1. 产学研结合的作品：海尔星盒

2014年12月11日"海尔星盒"正式发布。它是空气智能控制领域的突破性产品，也是国内首款空气智控器，更是海尔开放式创新研发理念的又一个典范。

海尔星盒是中央空调系统的"智能温控器"。就产品本身来看，星盒具有用于信息显示和触摸操作的屏幕，可以直接控制每个房间的温度和风速；还具备智能家居产品的一个重要特点：通过Wi-Fi连接到网络，与智能手机上的专门的App进行适配，从而实现远程温度控制。除产品本身之外，海尔星盒还开放了API和SDK，不但允许海尔系列产品接入，而且使得任何智能硬件、产品和开发者都可以接入这个产品。星盒还能够收集这些硬件设备的所有软硬件信息，并根据这些信息自动记录并学习你的生活曲线。

这款产品的创意来自海尔中央空调旗下的创客小微。海尔星盒的创客小微以海尔原有的空调、净化器等硬件技术研发人员为主，他们在与用户的互动中切实了解用户使用家电产品的痛点。2014年2月，海尔星盒的产品概念正式形成。2013年11月，海尔空调研发部门开始对海尔星盒所需要的技术进行拆解细分，主要有以下几种技术：自学习可成长、预设场景温度随天气地理位置变化、简单人感、空气品质管理以及人体健康指标、准确人感体征与身份识别等。有了这些细分的技术需求，团队再去寻找相应的技术研发资源。

海尔超前家电研发中心工程师说道："其中比较难的一个技术就是自学习算法，我们通过海尔开放创新平台进行技术寻找，需求发布后，一个星期左右有三家研发机构跟我们联系，经过技术评估，最终由国内某大学的科研机构跟我们达成了合作。"

我们再来仔细看一下HOPE平台是如何促成这项合作的：首先，在收到"自学习算法"这样的技术需求后，平台会基于大数据技术和标签的自动匹配，系统地检测平台上有哪些相关的技术资源。拥有"自学习算法"的技术资源很少，约有五家资源方符合需求。之后，平台会通过线下专家团队的评估，确保资源的精准对接，同时启动平台的技术资源数据库，搜寻最为合适的合作伙伴。

2014年5月，海尔与大学正式达成研发合作。当项目进入研发期间，为确保相关技术能够顺利研发，海尔开放创新平台组织了多次技术评审。2014年9月，合作大学的"自学习算法"研发成功，海尔超前家电的空调研发团队根据星盒的外观等其他技术参数，将其落地应用到新品上。

海尔星盒是海尔内部创业的产品，是海尔长久积累的产品研发能力、制造能力与海尔产品线的配合。实际上，海尔现在和未来的产品都将基于这样一种开放合作的模式，无论是创意的产生，还是技术的研发，海尔都在打造一个开放式创新的生态圈。

2. 互联网思维十足的产品：空气魔方

2014年9月19日，海尔在北京五棵松发布了全球首款可以模块化组合的智能空气产品——"空气魔方"，该产品实现了加湿、除湿、净化、香薰等多个模块的自由组合，为每个家庭带来了可定制的专属"空气圈"。

海尔空气魔方是一款运用互联网思维开发的全新空气设备，除了自身的功能性诉求外，它还是一个可组合、可延伸的空气平台，其通过4大模块8种组合的创新定制思路，针对室内室外空气环境变化带来的雾霾、甲醛、过敏、细菌、异味、干燥、噪音、霉菌等问题提出了八大呼吸主张——无毒呼吸、无菌呼吸、恒温呼吸、静音呼吸、无雾呼吸、清新呼吸、可视呼吸、智能呼吸，用户可根据自身需要购买特定模块并自由组装。从技术研发的角度来看，空气海尔魔方拥有62项专利，其中22项发明专利，创空气设备之最。

海尔空气魔方最大的不同，就在于它不是企业基于自身能力在实验室里规划和研发出来的产品，而是基于海尔开放创新平台组成的来自8个国家的内外部专家和学者团队128人，历时6个月与全球超过980万不同类型用户交互意见，利用大数据分析，最终筛出81万粉丝最关注的122个具体的产品痛点需求，有针对性地合作出来的产品。因此，空气魔方也可以说是海尔在新型用户交互概念、玩转大数据并转化成创新产品的一次成功尝试，是开放式创新的新成员！

海尔空气魔方还是海尔首次试水众筹的产品（见图8.9），可以说是海尔互联网转型思维的典型产品。2014年10月29日10点，海尔空气魔方众筹项目在京东全面启动，截止到众筹项目结束时，共获得7563名支持者，并成功突破1100万筹资大关。

图8.9 海尔空气魔方众筹成功

3. 开放平台与大数据：空气盒子和空气盒子二代

2014年美国CES展上，海尔"空气盒子"首次亮相（见图8.10）。空气盒子是国内首款个人健康空气管理智能硬件，它不仅能够检测室内空气质量，而且可以将家中的空调、空气净化器等多款家电进行互联。空气盒子将智能家居与健康的生活理念集合在一起，用科技改变生活，提升我们的生活品质。回顾空气盒子的开发过程，可以说，它是海尔开放式创新的早期代表作。

图8.10 海尔空气盒子

2012年2月,采用无线传输技术、可以实现语音留言的小玩偶创意产生。2012年下半年,经过海尔内部几位工程师等人的讨论,可以将小玩偶做成家庭空气净化的产品,他们随即开始了原理图的绘制和技术的拆解等。

2013年6月,空气圈小微团队开始组建,在进行了MRD、PRD的分析后,决定将其做成一款具有互联网特质产品,并开发相应的App,以及相应的手势操作、语音以及显示屏等,且命名为"空气小A"。

2013年8月,空气小微对于空气小A研发中的电路设计、模具制造、传感器、App等所需要的技术研发资源,开始了寻找过程,经过海尔开放创新平台数据库的推荐,其中电路设计部分最终选择了杭州的一家公司。2013年10月初,各种技术资源到位后,研发开始进行。2013年10月底,第一版样机完成。2013年12月,进行产品的迭代,对手机App端进行优化设计;并进行了气体实验,对于空气中的温度、湿度、PM2.5等进行检验实验。

2014年1月8日,空气盒子亮相2014CES展,之后对其PBC元器件、模具定型,并且对App、颜色等细节进行了为期2个月的产品化优化。2014年3月,空气盒子正式上市,开始预售。

作为海尔"智慧空气生态圈"的重要智能硬件终端之一,空气盒子正在通过不断与用户交互实现产品快速迭代,API也全面开放,通过高精准度传感器检测回收的大数据还可用于绘制中国空气地图,覆盖重要的公共室内场所,如商场、学校、幼儿园、影院、酒店、机场等,为用户提供精准实时的环境监测和预报。

4. 用户与工程师的互动创意产品:一次性滤油网

2014年3月,海尔采用新型材料纳米氧化铝的一次性滤油网(见图8.11)技术研发成功,解决了油烟机难清洗的问题:用户只需要定期更换滤油网就可避免油烟机难清洗的麻烦,而且一次性滤油网的成本也很低。这个产品就是海尔用户和工程师互动产生的创意产品。

图8.11　海尔一次性滤油网

2013年11月，由于用户抱怨油烟机难清洗，海尔厨电研发部门工程师邀请了用户和工程师对这个问题共同进行讨论，最终发现了一个很有效的解决办法，就是可以生产一次性的滤油网，每次清洁时只要换上新的就可以了，而且只要控制滤油网的成本，大家也都愿意接受这个方案。

对于产品创意的产生，一位工程师说："以前我会与用户多交流，现在我每天都会登陆海尔开放创新平台的社区，去看普通用户对于厨电方面的新需求，并及时跟进和他们交互。这样一方面可以获取用户生活中的痛点问题，另一方面，和用户及工程师及时讨论利于发现切实可行的解决办法。"

2013年12月，有了一次性滤油网的创意想法后，团队先进行创意的技术化，希望采用新型的材料生产一次性滤油网。2014年1月，团队通过海尔开放创新平台发布了"一次性滤油网"的技术研发需求，一周后有10家技术公司表示可以合作。2014年1月，经过线下专家团队的评估，海尔最终与北京亚都环保科技公司达成技术研发合作。

2014年3月，一次性滤油网技术研发成功。

5. 技术创业就这么从容：空调研发团队

2014年5月，一位在国外家电行业从事13年研发的工程师包先生带领自己的空调研发团队，以新注册公司的身份，正式和海尔达成了研发合作，入驻了海尔空调研发实验室开始工作。这次难得的人才合作就是通过HOPE平台促成的。

2013年12月，空调研发部门工程师在海尔开放创新平台上发布了"新空调研发"的人才需求计划。需求发布一个月左右，一位在国外家电行业从事13年研发的工程师包先生来电咨询，随后进行了电话会议。2014年1月，包先生确定和海尔达成了研发合作。

工程师包先生说道："我是通过海尔开放创新平台获知了新空调研发的人才需求，经谈判后，现在已经成为海尔集团的技术供应商，并且是以新注册公司的身份在海尔空调研发实验室里进行工作。"

海尔开放创新平台的技术资源和解决方案很多，同时还有最前沿的科技资讯，从事技术研发的人员都应该定期来看，会有很大的收获。同时，技术创业者还可以在开放创新平台上将自己的核心技术展示出来，增加企业技术或者产品的曝光量，也可以为大企业研发新的相关技术等。

6. 开放式创新促进产品迭代升级：天樽空调

2013年11月26日，天樽空调单日网上交易量突破1 228套，创下空调线上销售史单价最高、销售最快、销量最大的多重纪录。在用户互动的创意下，天樽空调迭代升级，2014年9月天樽空调二代产品成功上市（图8.12）。

图8.12　海尔天樽空调

在外观上，天樽空调突破性的环形无叶出风口设计打破了空调传统造型，圆润柔美，给人很深的视觉印象，其多彩无限变化的情景光环，配合不同模式的变化，更为顾客呈现出一个五彩斑斓的世界。

在送风舒适度方面，海尔天樽空调空气射流的送风方式颠覆了传统空调"在房间内混合冷热空气制冷"的原理，实现了"在空调内进行冷热混合，吹出混合好的凉爽气流"，让吹出的风由冷风变成了凉风，终结了人们长期以来困扰的"空调病"，使顾客可以轻松享受到最舒适的送风体验。

在海尔开放创新平台与空调事业部的协同下，有超过67万的用户参与了天樽空调的前期研发互动。海尔开放创新平台通过自己的研发资源数据库，邀请了全球多家顶尖的研发团队参与创新，多次进行试验调整，其开发模式实现了用户价值的最大化和资源利益的最大化，甚至在整体空气质量健康方案的交互过程中，又激发出更多的创意构想，开发出"空气智慧控制终端"——空气盒子，搭配全系列空调产品，成为市场上最贴近消费者使用习惯与需求的智能化产品。

天樽空调在迭代升级中，用户提出可否实现摆风的功能。能够实现摆风的技术资源非常难找，行业内很少，幸好海尔的开放创新平台可以对接全球的研发资源。2014年年初，研发团队在海尔开放创新平台上发布了与流体技术相关的需求，随后对接到了Dyntech、ESI、中科院、航天所等多家国内外研发机构，听取各家的技术建议，最终得以顺利实现摆风的功能。2014年9月，天樽二代成功上市，并且继续和用户交互，不断地进行产品优化。

第三篇

创新的组织与文化视角

第9章 创新的组织形式

韩都衣舍的组织创新
以"产品小组"为核心的单品全程运营体系

自2006年创立以来，韩都衣舍（集团）创造了一个服装电商界的神话：交易额从2008年的300万元到2015年的20亿元，从一个淘宝小型卖家成为中国互联网快时尚第一品牌、中国最大的互联网时尚品牌孵化平台、国家电子商务示范企业。韩都衣舍独创的以"产品小组"为核心的单品全程运营体系（IOSSP），是其近年来异军突起的关键。本案例以韩都衣舍为研究对象，介绍了该公司中产品小组的产生背景、运行机制和管理方式，同时也探讨了其目前面临的潜在风险。韩都衣舍的"小组制"组织创新不仅为公司自身业务的飞速发展奠定了基础，而且为其他互联网企业带来了关于变革时代组织创新的新思考。[①]

关键字： 小组制，单品全程运营体系，组织创新，互联网组织，品牌生态系统

---

① 本案例由浙江大学管理学院郑刚，雷明田子、陈箫、梅景瑶共同撰写。作者拥有著作权中的署名权、修改权和改编权。未经允许，本案例的所有部分都不能以任何方式与手段擅自复制或传播。本案例仅供讨论，并无意暗示或说明某种管理行为是否有效。

第9章 创新的组织形式

引言

A：你知道吗，尼班诗有童装啦！

B：啊！叫啥？

A：Honeypig，正在招人呢！怎么样，去试试？

B：转部门？不好吧……

A：有啥不好的，不想当选款师的制作不是好运营！新品牌，多有挑战性！

B：行，去试试。都有什么岗位？

A：我截图给你哈。

B：怎么联系啊？

A：就在12楼NB事业部哦，可以联系"山葫芦"，他的QQ号是……

这是韩都衣舍公司内部的一则招聘广告，内容模拟微信对话框内两个卡通人物之间的对话，海报名为"需要志同道合的你，一起创造企业"。这则看似寻常的招聘海报，却折射出了公司内部的管理状态。韩都衣舍的总体资源有限，团队间的竞争和淘汰因此也相当激烈，人人力争上游。与很多公司侧重外部劳动力市场不同的是，韩都衣舍非常看重内部劳动力市场，鼓励员工在不同部门、不同岗位之间相对自由、轻松地流动。

2015年11月11日下午，韩都衣舍创始人、CEO赵迎光在接受采访时说道："今年我们最看重的就是子品牌占比有希望超过50%，目前在40%左右。子品牌每提高1个点，对公司都有很大的战略意义。"截至11日下午3点，韩都衣舍旗下品牌娜娜日记已经达到了销售目标的107%，Honeypig达到目标任务的127%，迪葵纳达到了98%，"AMH、米妮·哈鲁完成既定目标也没有问题，素缕有压力但不是特别大，下午3点前也完成了70%"，赵迎光对韩都衣舍"双十一"的目标很有信心。

《创新管理：赢得持续竞争优势》案例集

2015年"双十一"，韩都衣舍以全天交易额2.84亿元（仅天猫平台，不含京东、唯品会等其他平台），勇夺互联网服饰品牌冠军，备货售罄率高达75%（行业平均水平50%）。韩都衣舍女装旗舰店，单店排名位列全国女装亚军，男装和女装都位列互联网品牌第一，与小米、华为、海尔、耐克等同列天猫全品类20强。定位于"快时尚"的韩都衣舍，除了有千万粉丝，还有明星股东。李冰冰、黄晓明、任泉分别持有韩都衣舍0.5438%、0.5438%和0.3955%的股份。2015年9月22日，韩都衣舍进行D轮融资，以每股12.8975元，募集7365753股，合计9500万元。募集完成后，公司估值24.95亿元。

这家淘宝店2008年刚创立韩都衣舍品牌时只有300万年交易额，到2015年交易额突破15.7亿元，7年时间猛增500多倍，其中2015年净利润3 320.17万元。截至2015年12月，韩都衣舍有58个业务部门，员工超过2600人。通过内部孵化、合资合作及代运营等方式，韩都衣舍品牌集群达到28个，包含女装品牌HSTYLE、男装品牌AMH、童装品牌米妮·哈鲁、妈妈装品牌迪葵纳、文艺女装品牌素缕、箱包品牌猫猫包袋等知名互联网品牌。其中包括韩风系、欧美系、东方系等主流风格，覆盖女装、男装、童装、户外、箱包等全品类。公司每年开发3万款产品，超过Zara每年开发22000款的历史记录，已经是全球第一。

韩都衣舍的快速崛起，可谓是我国互联网和电子商务发展过程中的一个重要样本。在激烈的服装电商市场，韩都衣舍近年来的成功秘籍是什么？韩都衣舍究竟是如何从一家海外代购淘宝店，在竞争激烈的电商圈中突出重围，创造电商界神话的呢？

1. 背景介绍

赵迎光个子不算高，身材微胖，40岁刚出头，头发就已经白了五分之一。他原本在国有企业做中韩贸易，主要的工作是韩语翻译。2001年到2007年，他把所有业余时间都用在了开网店上，卖过化妆品，卖过奶粉，甚至还卖过汽车用品，小打小闹，不成气候。到2007年，他手下也只有五六个兵，月净利润不过一万多元。

他曾经多次想辞职创业，但因为自己没有找到独特的商业模式，加上家人反对，就一直憋着。他不是那种偏激的人，喜欢把所有事情都想清楚了再干。

韩国衣恋公司是在1998年由赵迎光所在的公司引入中国的，该公司做的就是类似盛田昭夫所倡导的阿米巴模式①，旗下有几百个品牌。2007年，赵迎光的一个朋友、衣恋生产部部长辞职去了一家名为约瑟夫的电商公司，他邀请赵迎光去他的新公司玩。结果当赵迎光看到这家公司的仓库每天的发货量有两万多件的时候，他惊呆了。赵迎光说："2007年的时候，一个服装类电商一天能发一百个包裹就很了不起了，但它能发一两万，我当时就晕了。"当天晚上，赵迎光马上约了这个公司的老板吃饭讨教。这位当年38岁的老板告诉了赵迎光三句话："一，一定要做自己的品牌；二，要从休闲女装开始做；三，款式更新一定要快，性价比一定要高。"这三句话点醒了梦中人。原来，自己多年来之所以做不大，是因为一直只是在做渠道，而没有自己的品牌。

2007年9月，赵迎光决定借鉴约瑟夫公司的经验，要做"线上版衣恋"。10月，公司尚未成立，他就注册了自己的男装品牌；12月又注册了童装品牌，2008年3月，他正式辞职创业。

创业初期，韩都衣舍什么都缺：缺资金，启动资金不到18万；缺经验，从赵迎光到员工没有一个做过服装；缺资源，济南没有服装产业，连一个正式的服装设计师都请不到。唯一的办法就是做韩国服装代购。赵迎光到山东工艺美院等学校先后招了40名学生，其中一半是学服装设计的，一半是学韩语的。每人基本工资从800到1000。"我告诉他们，我们不是做代购的，我们是做服装品牌的。但我们现在没能力做品牌，一年后我们做品牌。这一年中间，你要学会下订单，要考虑好一年之后如何自己做品牌。"

具体的做法就是，从韩国服装类网站找到3000个品牌，然后筛出1000个来，每个学生负责25个，每天从25个品牌里选8款商品放到淘宝网上去卖，卖出去之后就到

---

① 阿米巴经营模式是将整个公司分割成许多个被称为"阿米巴"的小型组织，每个小型组织都作为一个独立的利润中心，按照小企业、小商店的方式进行独立经营。

韩国网站下订单。这件事虽然看起来简单，但至少需要买手学会挑选那8款商品，还要翻译商品介绍、处理相关图片等。"活儿全是他们自己干，我从一开始就是做服务的"，赵迎光说。

为客户代购的单价非常高，一般可以加价100%卖。韩都衣舍每天销售两三百款韩国服装，流量一下子就爆发了，在2008年年底交易额做到了300万元。事实上，韩都衣舍那一年充当的无疑是一个中间集合商的角色，业务内容也无非是筛选、优化。但通过代购，韩都衣舍赚到了第一桶金，更重要的是还培养了团队。

2. 从代购到自创品牌转型

2008年前，韩都衣舍还只是一家韩国服饰代购淘宝店，凭借着对韩国潮流的把握，生意不错，交易额常年盘踞代购卖家前三名。但创始人赵迎光已经觉察到了很多淘宝店主都会遇到的一些代购硬伤：一是周期太长，从消费者下单到到货需要15—20天；二是不能退换货；三是因为信息不对称，经常容易出现断色、断码的情况；四是性价比很差，进货价是国外的零售价。缺点如此明显，消费者为什么还要买？看中的显然是服装的款式。

随着市场竞争的加剧，韩都衣舍战略转型刻不容缓。而此时，淘宝网正好推出淘宝商城（现天猫），想要打造B2C业务板块，需要大批品牌入驻，但当时线下品牌对线上渠道还有很多顾虑，淘宝网只好主要在淘宝集市上寻找卖家入驻商城。此时正在谋求转型的赵迎光与淘宝商城一拍即合：做品牌，把产品、定价、客服的权力握在手里。

韩都衣舍于2009年正式进入淘宝商城，从代购开始转型做品牌。2009年下半年，随着淘宝商城线上的成功运营，很多持观望态度的线下成熟品牌开始逐渐入驻淘宝商城，如绫致服饰、太平鸟等。面对市场的这种变化，赵迎光敏感地意识到此前的淘宝网是"淘便宜"的天下，许多卖家依赖爆款，不那么看重质量，但是线下品牌这些"正规军"带着品牌红利而来，淘宝网将从"淘便宜"转型到"淘品质"。不出所料，线下成熟品牌们一出手就夺走大批销量，导致相当数量以批发市场廉价低质产品为主营业务的淘宝卖家开始退出舞台。

赵迎光一方面庆幸韩都衣舍先一步开始了向品牌的转型，但另一方面也意识到韩都衣舍面临着更大的挑战——与品牌商的全面竞争。面对传统品牌商，韩都衣舍在产品设计感、营销手法、资金实力等方面都难以"硬碰硬"，唯一可以突出的优势就是速度。一般传统线下品牌的上新周期都比较长（以速度闻名的Zara平均更新时间是两周），而赵迎光要求韩都衣舍上新以"天"为单位。2009年，韩都衣舍的交易额成功做到了1200万元。但面对越来越快速变化和竞争激烈的市场环境，要如何形成自己的核心竞争力？韩都衣舍开始设计并运行以产品小组制为核心的"单品全流程运营体系"。

3. 组织创新：以产品小组为核心的单品全流程运营体系

"公司"的历史不过几百年时间，大部分公司是一种类金字塔式的职能型结构。这种结构之下，领导要做正确的事，员工要把事情做正确；领导强调的是决策力、战略力，员工强调的是执行力；上传下达的是中间管理层。在金字塔的管理结构里，随着组织越来越大，基层神经末梢的活力会慢慢消失，组织越来越庞大、越来越慢，最后可能会像一只恐龙：领导层很聪明，但是头特别小，整个身子非常大。

在传统的服装行业里，几乎所有公司都是采用科层制的组织结构，基本上分成四大模块：一是研发部门，负责做产品的开发设计；二是销售部门，负责销售策略的制定和渠道的管理等；三是采购部门，负责各种资源的配置，包括工厂管理等；四是服务部门。四个板块各司其职，有点流水线的意思。即使他们后来做电商，也是分为设计师团队、做视觉的团队、销售推广团队等，分成各种不同的部门，包括现在的代销采用的也是这种模式。这种情况下，一件事情如果做好了，分不清楚到底是谁的功劳，如果做不好，分不清楚到底是谁的责任。好是大家的功劳，差是大家的责任。

在创业初期，赵迎光和其他四个合伙人就搭建什么样的组织模式曾经历了艰难的选择。当时他们面临着两种选择：第一种是传统服装企业的串联模式，从服装设计到采购，再到生产和销售；第二种就是并联模式，也就是借鉴之前韩国衣恋公司的模式，采用包产到户的方式，让每个品牌、每个款式都是一个相对独立并列的小组。每个小组由3人组成，包含产品设计开发、页面制作、库存采购管理3个核心岗位，三人中资历和能力强的兼任组长。并列模式的特点，就是把公司变成平台（就像联排插座），让经营人员分组变成各个小电器（共同使用联排插座电源）。五位合伙人针对这两种组织模式日夜讨论，数日后还是没有达成统一意见，最后赵迎光说，那就同时启用两个模式，并行三个月，等三个月后再做决定。于是办公区被分成南、北两大区域，南区采用第一种模式运行生产，北区采用第二种模式开始作业。

运行的三个月中，发生了有趣的现象：每天晚上下班，南区的员工基本到点就走光了，而北区则是灯火通明，很多时候甚至是被物业赶着离开办公区下班的。三个月下来，北区业绩超过了南区！

赵迎光说自己是服装行业的外行，但是事实胜于雄辩，最后他们尊重了实验结论，全力在韩都衣舍推行自主经营体模式。截止到2016年7月，韩都衣舍已经有近300个小组，产品小组的成员800多人，每年可上线3万款以上的服装。

韩都衣舍小组制结构的具体实施方式是：将产品设计开发人员、页面制作人员、库存采购管理人员三个人组成一个小组。产品设计开发相当于传统企业的产品研发，在这里包括面料、款式、颜色、尺码等的选择。页面制作就是传统企业的市场和产品管理，主要是产品定位、定价、产品特色、卖点提炼、页面视觉设计、市场活动策划等，跟公司核心服务层的客服、摄影部门进行沟通协作。库存采购管理等同于传统企业的供应链管理，包括打样、下订单、签合同、协调生产、库存管理等，负责给公司核心服务层的供应链、仓储物流下订单。

根据产品小组的结构，韩都衣舍后来提出了以产品小组为核心的单品全程运营体系（Integrated Operating System for Single Product，简称IOSSP），如图9.1所示。公司平台为所有的小组提供共性的IT平台支持、物流仓储服务、样品摄影服务、客服和供应链服务。韩都衣舍的小组制借鉴了阿米巴经营模式,并根据其特点进行了发展创新。

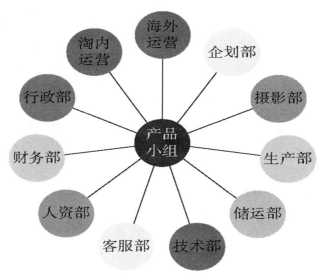

图9.1　产品小组为核心的单品全程运营体系

产品小组里面的设计开发人员最初并不完全等同于传统意义上的设计师,韩都衣舍的大部分品牌采用的都是"买手制",因而这样的小组也被称为买手小组。服装的买手制当初是由超市最先提出的,起先由于超市在经营服装的时候对进货没有经验,所以请有经验的人购货,这种有经验的人就被称为"买手"。在淘宝网上,韩版女装的代购卖家众多,同样款式、同样图片的服装价格从几十块到几百块不等,这让买家无法辨别优劣。而一旦买家在一个淘宝店家有了不错的购物体验,他便会经常来光顾。但问题是,这个淘宝卖家的产品更新不够快,不能满足买家的购买需求,这就导致买家不得不再去"冒险",尝试其他卖家的产品和服务。

韩都衣舍的买手制模式中每个买手小组的作用是:负责跟踪诸多韩国品牌的产品动态,从中选出他们认为款式不错的产品,然后进行样衣采购、试销,之后再根据试销情况在中国找工厂量产。买手制并非韩都衣舍首创,国际服装界如ZARA、H&M等都在用买手制运作,赵迎光引入买手制的初衷是因为销售团队太薄弱,为了控制风险,只好将压力转移到产品部门。这种无心插柳之举却孕育了韩都衣舍的核心商业模式。

赵迎光这样说道:"在济南这个产业资源不丰富的地方做时尚品牌,'买手制'可能是服装网商一开始唯一的选择。我从来不认为只有设计师品牌的市场是一个好的市场,'快时尚品牌'也是市场的主流需要。但到一定发展阶段,必须要有设计能力,借鉴市场上的款式,加上再设计能力,至少要有30%以上的变化和创意。能够改好、再设计,再结合原创设计,就可以具备很强的竞争力。"虽然不同于传统意义上的"抄袭",但买手制本身有很多需要考虑的东西:哪些可以改?怎么改?如何避免侵权问题?

4. 产品小组的责、权、利统一

韩都衣舍的小组制集"研发、销售、采购"于一体,这样便在最小的业务单元上实现了责、权、利的统一。

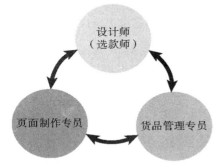

小组的责、权、利
责任:
　确定销售任务指标(销售额,毛利率,库存周转)
权利:
　(1)确定款式
　(2)确定尺码以及库存深度
　(3)确定基准销售价格
　(4)确定参加哪些活动
　(5)确定打折节奏和深度
利益:
　业绩提成公式:销售额*毛利率*提成系数

图9.2　产品小组的构成及运行规则

第一是小组的责任。根据公司总体的交易额目标,企划部会跟每个产品小组谈各自组的目标。比如公司今年要同比增长50%,完成10亿的交易额,由200个小组完成,理论上每个小组就需要完成500万元的目标,如果一个小组去年完成的是300万元,小组也是同比增长50%的话,就需要完成450万元,此外还需考虑小组本身计划今年完成多少。如果小组说400万元,即同比增长30%,只要这个幅度在公司能够接受的范围内,那么企划部就会跟小组约定,今年要完成400万元,这就是小组的责任。责任不仅包括交易额，还有对毛利率、库存周转率的要求。如果小组的毛利率或库存周转率太低，小组也可能拿不到奖金。小组把自己的资金配额用好，在符合公司利益的前提下尽可能产生约定额度的销售，是小组的责任。

第二是小组的权力。每个小组都有充分的自主运营权，最主要的体现就是资金额度的自由支配。以前这个额度是与小组的销量直接挂钩的，卖得越多，额度越大。比如，本月的资金额度是上个月交易额的70%。若上个月卖了500万元，500万元的70%是350万元，那么这个月该小组可以用350万元再去下新的订单。但在有了一定量的历史数据之后，现在韩都衣舍采取的方法是根据历史销售的情况来投资。比如去年做300万元，今年就敢给400万元。同时，小组对开发的款式、尺码、数量、价格、是否参加促销活动、打折深度等，都拥有自主决定权。

第三是小组的利益。韩都衣舍的奖励机制同样非常简单明确：

奖励额度=（交易额-费用）×毛利率×提成系数×库存周转系数

各个系数的决定方式不同，比如提成系数，是按照交易额来分段的，随着交易额的提高，对应的提成系数就会低一些；库存周转率是比照所有小组的平均库存周转率进行激励，不刻意去强调库存周转率应该做到多少。每个小组基本当日就能够算出来今天自己赚了多少钱，这样小组就有了巨大的创业成就感。同时，小组内的提成分配由组长全权决定，公司不会介入整个分配。

韩都衣舍在组织设计中，极大地激发了小组的竞争意识，小组之间的竞争激烈，但韩都衣舍并没有实行淘汰机制。小组的新陈代谢是自然实现的，即"产品小组更新自动化"。比如一个品牌有20个小组，每天早上10点钟就会公布昨天交易额的前20名。这个机制的设计让每个小组都受到一个强刺激：第一名很兴奋，拿了第一了，然后他就会想要维持第一的排名；第二名想我只要一努力就可能超越第一名，也很兴奋，一天到晚琢磨怎么超越第一名；倒数第一名会想努力一点，超过一名是一名，不能老是垫底。每个小组都为了名次靠前一步而努力，虽然没有加班制度，但都会自己主动加班，整个公司的工作状态是非常积极的。

做得好的小组会形成示范效应，于是就会有组员想独立出来单干，而做得差的小组中的有些组员就会跟过去，这样一来小组之间就形成了自由组合。小组分裂后可以相互之间再自由组合，也能加入新员工组建新的团队，是一种充分自由的竞争。为了防止不必要的组织裂变，韩都衣舍又规定，离开的组员要向原来的小组贡献培养费，即走的人在新的小组拿到奖金后要将10%交给老组长，时间是一年。

小组制至少有三个优点：一是动销比高、库存周转快，相比于传统公司到季末才开始分析卖不动的产品，研究怎么打折促销，韩都衣舍的小组负责人动作非常快，比如说一件衣服80元卖不掉就卖60元，60元卖不掉就卖40元，40元卖不掉就卖20元，只要卖不动、卖得慢就采取措施，加快周转；二是业务员的主观能动性非常强，对于韩都衣舍产品部门的业务员，公司从来不考勤，但是他们会自己主动加班；三是自主经营体责权利清晰，因此员工流失率很低。

小组多了怎么办？有人给韩都衣舍打比方，说初级版的韩都衣舍模式是"强盗"模式，小组自己随便到市场上抢，抢到了就分。后来韩都衣舍有组织有纪律了，就开始逐渐向正规军发展。每3—5个小组变成一个大组，每3—5个大组变成一个产品部，每个产品部都覆盖全品类。部门和部门之间会有竞争，但在部门内部是互相搭配的，跨部门就不搭了。部门也是一个竞争体。内部很多好的知识、经验，在大组和部门内部交流还是比较充分的，大部门里面经常开小会、开讲座，分享之后，很多有价值的信息大家就都知道了。

类似的机制还有很多，韩都衣舍凭借这种独创的小组结构和运营管理机制，对设计、生产、销售、库存等环节全程进行数据化跟踪，实现了针对每一款商品的精细化运营。截至2016年7月，韩都衣舍共有约300个产品小组，旗下品牌达到了28个，线上店铺保持每天上新的速度，全年的上新可以达到30 000款。各个小组是公司的发动机，独立核算，独立经营。"款式更新够快，顾客就会经常来看看。"赵迎光追求"速度"的优势体现得越来越明显，形成了口碑，在吸引了很多新客户的同时，也同样增强了对老客户的黏性。

传统品牌的每一款都铺货上万件，这就像拳击手打出的一记重拳，力量虽大，可一旦落空，风险极大；而电商少批量、多批次的销售则更像咏春拳的贴身短打，一旦击中便数拳跟进，一击不中就立刻改变套路。韩都衣舍把在传统服装企业一件衣服生产所需要的包括打版、裁剪、缝制、后整等工序，进行模块化的切分，一个工厂只负责一个工序，一件服装的生产由多个工厂共同完成。通过切分供应链，把订单进一步微分，在确保效率更高、速度更快、品质更好的基础上，获得了更短的资金周转周期、更少的库存和更小的风险。这个方法之前已经在山东做过试验：打版由韩都衣舍负责，裁剪和后整由诸城一家供应商承接，缝制也交由当地服装厂完成。这次尝试一共生产服装400多款，每个款分大中小号，两个颜色，单款只有40件左右，一共1.6万件，达到了预期目标。

韩都衣舍的产品从设计接受到上线销售平均只需要20天，每天上线新品约100种，一年的新款能超过3万种。这样一来，"双十一"要销售的羽绒服，在测试完需求、确定完款式之后，马上就可以下单，而预售10天后就可以发货。"柔性供应链"的建设也成为了"款多量小快跑"的生产保障。公开转让说明书显示，韩都衣舍的前五大供应商分别来自威海纺织集团进出口有限责任公司、滨州华彩服饰有限公司、东莞市诚威服饰有限公司等代工厂。韩都衣舍的"柔性供应链"在2015年"双十一"当日彰显出其能力：多品牌、上千个款式在开场10个小时之内售罄，实现当天即时追单。订单处理速度可以实现1.5万件/分钟的信息系统，展现了强大的数据驱动能力和系统协同能力：开场5分钟发出第一个包裹、当天发送50万个包裹、2000个爆款当日即时追单。

但值得注意的是，"柔性供应链"同样存在很多问题，主要集中在布料选择和生产工艺上，这导致韩都衣舍在一些市场抽检中也曾经不幸中枪。在快速追单的过程中，责任心差的代工厂对布料的品质控制有时会出现疏漏，导致纤维含量、色牢度等品质出现不少瑕疵；在快速生产时，工艺有时候也会出现瑕疵，比如忘记缝制标签、忘记标注纤维含量等，而这些也都是质检部门严查的指标。韩都衣舍在发展的过程中对这些问题是高度重视的，既要防范布料供应商，又要防范工厂风险，因为不做好质量把控，就会遭遇退货、差评，这是每一家网商都不希望的。为此，韩都一方面跟市场歪风作斗争，一方面建设自己的防火墙，对供应商建立5A评级体系。2008年至今，与韩都衣舍合作过的供应商累计超过1000家，而截止到2016年7月，与韩都衣舍稳定合作的只有60余家核心供应商，这些供应商都是在合作中被不断优化、筛选出来的，他们90%以上的业务是针对韩都衣舍的，因为他们对韩都衣舍发展模式很认可，并对韩都衣舍的未来充满信心，所以他们会专门针对韩都衣舍的订单，斥资几十万元购买拉布机、热粘合机等专业设备，进行车间新建或改造。韩都衣舍还自己规划布料，对采购布料实行自主质检和机构质检相结合，从上游做好控制。目前看，质量问题虽然仍有挑战，但是韩都衣舍已经开启了全面品控之旅，市场反馈不错。

在网购突进的背后，韩都衣舍也面临着退换货问题。韩都衣舍的平均退换货率保持在10%以下，属于行业内较低的，在"双十一"期间，由于"激情"购买、过度消费、退换货险等原因，整个行业退换货率都偏高，但韩都衣舍的这一指标依然低于行业平均水平5个百分点。但是这仍然给经营带来不小的影响，虽然造成的库存比线下店少非常多，但对于追求快速库存周转的韩都衣舍来说，也是一个需要高度重视的问题。

受到阿里巴巴公司武侠文化的影响，许多淘品牌公司都有各自独特的企业文化，比如花名文化。那韩都衣舍独特的小组制结构和管理模式衍生出来的企业文化是怎样的呢？

韩都衣舍的员工普遍非常年轻，彼此间的交流频繁，大多数时间都在各个透明落地玻璃的会议室里开着小会。"我们的使命是'成就有梦想的团队'"，韩都衣舍负责传媒工作的副总胡近东介绍说，"公司实行的是'本草文化'，我们相信万物有灵，万物自由，万物生长，每个人都是有灵性的生命，有自己重要的价值。"韩都衣舍公司的会议室都是用名山命名的，而从管理层到一线员工，韩都衣舍每位成员都用《本草纲目》中一味中草药作为自己的"花名"。中草药比一般食物要有灵性，在中国的中医药文化里，每一味中药都有独特的药效，一个药方里面有多种药，混合在一起才能治病，就像不同的员工要合作才能最好地发挥自己的价值一样。赵迎光的"花名"是"百两金"，这是一味解毒消炎的中药，而"百两金"寓意消弭矛盾、解决问题。另一方面，中医治病根据病情的不同，药方有多种变化，这和"互联网+"时代企业面临的问题也很像，"互联网+"时代外部变化快、迭代速度快，公司内部也需要相应变化，不断学习和迭代组合。

组织机制与企业文化之间是双生互动的。组织机制设计需要思虑周全，方方面面都要兼顾。在合理的机制之下，文化得以快速生长，这种企业文化即员工在心理上达成的共识。在韩都衣舍，小组制既是机制，也是文化。

5.服务体系：大平台+小前端

由于小组之间的关系既有合作又有竞争，这便使员工感受来自市场的压力，促成小组间的良性竞争。但赵迎光认为，从部门制切换到小组制，效率曲线是一个由高到低，再由低到高的过程。在部门制下，由部长做出决策，员工负责执行，在专一业务上，其效率和创新能力一定是比小组制高的。怎么解决由此导致的效率与公平可能不兼顾、资源有限、组织学习创新能力不足等问题呢？

韩都衣舍在自己的管理运营体系中，倡导"服务型管理"，组建了为小组服务的公共服务部门。举例来说，韩都衣舍是首先有了小组，在小组自己干的过程中产生了很多的需求，于是就设立了公共部门。这些公共部门都是由于小组需求倒逼产生的，所有的公共部门都是围绕小组来进行服务。如果小组不需要，这个部门也可能就不存在了。小组可以使用公司内部的资源，如果认为公司内部资源成本过高、效率过低，小组也有权力选择外部资源，公司不限制，所以公司内部资源的效率一定得高于外部效率。

利用小组制的优势，韩都衣舍做到了将大的共性与小的个性结合：所有非标准化的环节、需要体现创意的环节，例如产品的选款、页面的制作、打折促销等，全部是由小组自己来做；所有标准化的环节、可获得规模经济的环节，例如客服、市场推广、物流、摄影等，都交由公司公共部门来做；再加上人力资源、财务、行政部门等，就完成了韩都衣舍组织架构的三级管理。简而言之，所有非标准化都由小组来做，所有标准化都由企业来做，让成熟品牌自立门户。

韩都衣舍是"大平台+小前端",将整个公司变成一个平台,给前端的小自主经营体赋能,让他们去跟消费者沟通。这种服务体系,在韩都衣舍的品牌孵化中起到了至关重要的作用。韩都衣舍的小组制有两套并行不悖的逻辑:一是自下而上的人人创新,二是自上而下的中央控制。

首先,韩都衣舍按照规模和成长性划分,集团总经理办公室下面设立了两个组:品牌规划组与运营管理组。品牌规划组的定位在于帮助品牌走完"从无到有"的过程,这包括前期的市场调研、商标注册、知识产权保护等,从0到1000万元,这个阶段的品牌都由该组来协助解决各种各样的问题。运营管理组的功能则在于"从小到大",过了1000万元以后,便主要由该组提供支持。当品牌小的时候,由品牌规划组提供帮助,总经理办公室也会定期为小品牌的负责人召开掌门大会;当品牌大到一定规模之后,就为其举办成人礼,让其独立出去,不再占用总部职能。

2014年年底,韩都衣舍成立了以小品牌负责人为主要成员的"掌门大会",掌门大会每个月至少召开一次例会,成熟品牌只能作为观察员参加,主要关注小品牌成长中所需要的帮助,各位掌门可以在会上提出各种诉求,平时有问题也可以向担任大会秘书长的总经办主任随时反映。迪葵纳品牌负责人李涛认为:"将所有子品牌的负责人组成一个团队,集思广益,由于大家都在同一个体量上,经常会遇到相似的问题,讨论出来的解决方案对大家都有适用性,能够帮到大家。"此外,韩都衣舍每周举办的经理会也会优先让小品牌发言,同时限制大品牌的发言时间。2015年年会,除了举办品牌的成人礼,韩都衣舍格外强调品牌创始人的核心作用,给每位创始人制作了单独的海报。在赵迎光看来,韩都衣舍的核心是经营人,而不是经营事,如果要做50个品牌,那就要成就50个品牌运营团队。

赵迎光说:"选品牌就是选灵魂人物,只要那个能代表这个品牌灵魂的人存在,这个品牌就能做起来。每个品牌都有定位,其实定位就意味着一个品牌原则上只能服务一类人,而灵魂人物指的就是他有能力让这一类人变成粉丝,我们管它叫'人格化营销',线下品牌不太强调这点,但线上品牌未来的发展趋势是越来越重视品牌人格化,粉丝即顾客。"

其次，按照功能和合伙人的注意力划分，韩都衣舍分成产品系和营销系，产品系由刘军光负责，营销系由赵迎光负责。赵迎光谈道："其实我们每个子品牌都是由这两个部门组成的，每个子品牌的标配是15人，10个人做产品，5个人做营销，即产品团队加营销团队，因为光有产品没有用的，对于子品牌的孵化，营销能力很关键，你怎么提炼卖点，怎么做产品规划的企划，这是需要一套能力的。而在子品牌的分工方面，也主要是由我们两个人负责，他分几个我分几个，其他合伙人不直接管理子品牌。"

最后，韩都衣舍设立了企划部，提供专业的支持。韩都衣舍的企划部有近100人，相对其2600人的员工总数，这一比例是很大的。企划部主要负责制订详细的企划案，以此来把握品牌和品类的产品结构和销售节奏，为品牌规划组和运营管理组提供专业建议。在某种意义上，企划部相当于韩都衣舍的发改委与数据中心，根据历史数据，参考年度的波峰、波谷节奏，制定出目标，然后分解到各个小组。每个小组在月度、季度、年度，都有细分的考核指标。毫不夸张地说，企划部的有效控制对于整个供应链的协调工作是非常关键的，否则每年由小组制策动的数万款产品下单将会有很大的风险。

6. 愿景：互联网时尚品牌孵化与运营生态系统

韩都衣舍采用的小组制吸引了越来越多人的注意，甚至为许多企业的组织变革指明了一个方向。但是韩都衣舍的单品全程运营体系不仅仅在于小组制和为小组制提供服务的公共部门，还在于韩都衣舍品牌孵化能力和品类管理的能力。从大的管理架构上来说，韩都衣舍每三个人标配组成一个小组，三到五个小组组成一个大组，三到五个大组组成一个部，部之上则是品牌。而由于各个品牌的规模不同，旗下的架构也不完全一样，例如HSTYLE女装品牌有四个大部，但AMH只有一个大部。在横向协同方面，小组之上还有主管、经理，负责协调组与组之间的关系。

在"互联网+"的背景下，对于未来的发展，韩衣都舍称将在以互联网技术为核心的新商业基础设施上，致力于时尚品牌的创意、设计、孵化与运营；同时，构建以"商业智能+大数据应用"为核心,打造以创意、智造、金融投资为要点,以营销、智能储运、专业客服、互联网传媒、商业智能、柔性供应链等为要素的时尚品牌孵化与运营的生态系统。到2015年,韩都衣舍品牌如图9.3所示。

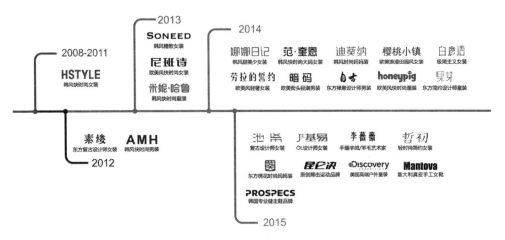

图9.3 韩都衣舍品牌孵化时间表

这既是顺势而为,在某种程度上,又像是事后总结出来的战略。在2014年已经上线的16个品牌中,2个是外部得来,其他的都是内部孵化,包括在2011年收购的设计师品牌素缕,其旗下也孵化出自古、果芽两个品牌,风格与素缕基本一致,分别指向男装和童装。

区别于天猫、京东等基础电商平台,韩都衣舍正在试图搭建的是一个"中平台",是一个行业级、专业性垂直电商服务平台。赵迎光谈道:"无论是靠自己孵化子品牌,还是靠从外部引进,效率都还是比较低,通过开放这个平台让大家玩,就可以通过数据发现好的增量。这件事淘宝、天猫不能投,它们不能既当裁判员又当运动员,但我们可以。因为我们本身就是运动员,我们还是教练,教练可以投运动员,培养出好的运动员去参加比赛,但裁判只能做裁判的事。"此事现在已经提上了日程,韩都衣舍的IT部门和供应链部门已经在为此做准备,赵迎光希望这套系统在2017年左右能够上线。

2016年4月29日，韩都衣舍向股份转让系统提交公开转让说明书，申请挂牌新三板，上市愿望十分迫切。韩都衣舍称，未来三年，公司将以上市为契机，增强自身实力，提升行业地位，同时在外部积极寻求与自身优势互补或具有重要资源意义的企业，进行投资、收购或者兼并。

虽然对未来规划很美好，但韩都衣舍也面临不小压力。潮流难以把握，"韩流"怎能永久？而同样定位于快时尚的ZARA、H&M、优衣库等品牌也纷纷进入中国市场，并开设线上渠道；原本专注于线下的森马、美邦，也同样看上了电商渠道。韩都衣舍也在其公开转让说明书中承认，未来将会面临宏观经济低迷、市场竞争加剧、消费者偏好转移、原材料价格波动及人力成本提高等风险。

竞争如此激烈，韩都衣舍该如何通过资本市场提升自己？更重要的是，韩都衣舍在新三板的表现将直接影响后续淘宝商家的资本运作。韩都衣舍在互联网时尚品牌孵化与运营生态系统的实现道路上，能否最终成功呢？一方面，这个计划中的"中平台"和目前的组织结构是一种怎样的关系尚不清楚；另一方面，随着规模的扩大，韩都衣舍的小组能无限扩张吗？当小组达到一定数量，"小前端"的量变必然会引发整个组织机构的"质变"，此时原有的"大平台"就有失控的风险。同时，韩都衣舍还面临着产品的质量问题和退货问题，为了实现产品高质量、高效率和低退换货率，他们应该怎么改进？韩都衣舍在新一轮的变革中又会进行什么样的组织创新呢？让我们拭目以待。

查看有关韩都衣舍的更多图表资料，请扫描右侧二维码。

启发思考题

1. 韩都衣舍为什么要搞小组制？其小组制结构有什么特点，在其他行业具备可复制性吗？

2. 韩都衣舍的现有小组制结构可能存在什么风险和问题？相比其他组织结构可能会有什么劣势？你认为韩都衣舍应该如何应对？

3. 你觉得韩都衣舍在互联网时尚品牌孵化与运营生态系统的实现道路上，还需要注意些什么？

4. "互联网+"时代的组织创新有哪些特征？你觉得韩都衣舍组织创新的成功有哪些可以借鉴的地方？当前还有哪些新型组织创新形式值得传统企业参考借鉴？

第10章 创新系统

海尔触"网"转型
企业创新生态系统建设

"没有成功的企业，只有时代的企业"，企业只有跟上时代的步伐才能生存下来。海尔集团创立于1984年，是全球大型家电第一品牌，目前已从传统家电产品制造企业转型为开放的创业平台。在互联网时代，全球的资源和信息快速整合及交流，触"网"转型成为所有企业变革的必经之路。本案例描述了海尔触"网"转型的发展历程，以及以HOPE平台为核心的企业技术创新生态系统的建设。海尔的触"网"转型不仅为企业自身业务的快速发展奠定了基础，也为其他传统企业带来了关于互联网时代构建企业创新开放模式的新思路。[①]

关键字：触"网"转型 海尔 技术创新生态系统 HOPE平台

---

① 本案例由清华大学经济管理学院陈劲老师、河北工业大学经济管理学院蒋石梅老师和刘宏老师以及李笑春、石会、吕平同学共同撰写。作者拥有著作权中的署名权、修改权和改编权。未经允许，本案例的所有部分都不能以任何方式与手段擅自复制或传播。本案例授权中国管理案例共享中心使用，中国管理案例共享中心享有复制权、修改权、发表权、发行权、信息网络传播权、改编权、汇编权和翻译权。本案例仅供讨论，并无意暗示或说明某种管理行为是否有效。

第10章 创新系统

引言

面对新的挑战,我们剩下唯一没有被时代抛弃的武器是永远的两创精神:永远创业,永远创新。

海尔的选择是,从一个封闭的科层制组织转型为一个开放的创业平台,从一个有围墙的花园变为万千物种自演进生态系统。

——《破一微尘出大千经卷——致创客的一封信》,2014年11月25日,海尔集团CEO张瑞敏

海尔,一个国人耳熟能详的企业,一个代表着中国走出国门、走向世界的企业,一个被国际所认可和称赞的企业,一个连续七年蝉联全球第一的大型家电企业,如今已成为标杆,成为商界中的风向标。张瑞敏——"海尔之父",海尔集团CEO,被亲切地尊称为"张首席"。在他的带领下,海尔人在消费者个性化需求不断增长、竞争格局瞬息万变、制造业倍受互联网浪潮冲击的环境下,完成了一场声势浩大的互联网转型和以HOPE(Haier Open Partnership Ecosystem)平台为核心的企业技术创新生态系统建设,使得海尔在强手如云的世界之林屹立不倒并日益壮大。

2015年4月21日,在由国家科技部、北京市人民政府联合主办的"2015中国(北京)跨国技术转移大会"上,海尔家电产业集团副总裁兼超前研发总经理王晔在开幕式中发表了《颠覆式创新实践,引领创新驱动发展的"新常态"》主题演讲,引发强烈反响。中国国际技术转移中心相关负责人对HOPE平台予以了赞赏和肯定:"海尔在开放式创新领域走得比较超前,而且已经有了实践成果,搭建起一个不同于传统制造企业以及新型硬件企业的开放创新平台HOPE,让全球优势资源直面用

户，围绕用户需求创造更多的创新产品。HOPE平台的开放性和包容性，将会为更多的技术持有者、创客、创意团队及用户带来更多颠覆性的价值，其未来之路令人充满期待。"

此次活动中，海尔开放创新平台（HOPE平台）与中国国际技术转移中心签署战略合作协议，发现和搜集好的资源，实现需求与技术方案精准匹配并提供所需相关服务。此次合作将有助于HOPE平台在全球范围内发展更多的合作伙伴。

1. 卡萨帝NOCO热水器诞生记

作为HOPE平台所孕育的硕果之一，海尔的卡萨帝传奇热水器在2014年中国消费电子产业高峰论坛上获得"年度十大创新产品奖"，因为其攻克了燃气热水器行业多年的难题，首创可消除一氧化碳的NOCO(无一氧化碳)技术，为消费者的安全提供多一层保障。如此"神器"究竟是如何产生的呢？

HOPE平台项目团队负责人王经理回忆：

2010年10月份左右，卡萨帝论坛一用户提问："CO防护措施做得再好也会有隐患，不产生岂不是更好？"正是这个用户的需求激发了海尔超前家电热水器研发部门的思考，开始了对"极致安全"的探索。

有了想法以后，海尔超前研发中心立马组建精英创客团队，由曾参与潜水艇内仓空气净化技术的资深研究员冯工程师、曾任职于中国"洁净室及相关受控环境"标准化技术委员会的丹麦工学博士曹博士、曾主导过上百个创新项目研发的台湾资深专家钟总工程师等人组成，开始进行燃气热水器的NOCO的研究，尝试将航天空气净化技术运用到燃气热水器上来，用催化氧化的办法彻底消除CO。

大致研究方向确定后，海尔热水器研发部门的工程师在HOPE平台上发布了创客项目，在全球范围内征集相关的研发企业。技术需求发布后，经过HOPE平台的自动筛选，最终有16家全球强大的资源公司符合这次技术研发的需求。这次资源筛选前后才不到一个月的时间，相比传统的技术资源对接，所占用的时间成本要小很多。

说到这里，王经理的嘴角上扬，洋溢着笑容，又接着说道：

然后，海尔开放创新平台的组织专家团队对这16家技术资源进行评估，最终B公司和Z公司与海尔达成了技术合作。创客团队与研发企业组建了联合研发实验室，并成功研制出了NOCO的技术。

但是，经过了3 000小时的反复试验，CO排放量始终高于200PPM，因此初始方案以失败告终。又过了一个月，为了真正实现CO的催化，创客团队中的曹博士，根据燃气热水器的燃烧环境，将神舟七号载人飞船上的航天技术进一步突破，再经历了1 600个小时的测试后，最终成功将该技术运用到燃气热水器中，实现CO的零排放。

接下来的任务就是开始进行卡萨帝燃气热水器的工业设计，然后首台样机下线，再对百台工业样机进行可靠性试验，最后是极客测评等。没有问题一切就绪，终于，2014年的9月份，NOCO热水器在北京举行了新品发布会，成功面世。

通过王经理栩栩如生的描述，NOCO燃气热水器从创意到商业化的过程像一部影片展示在眼前。若是将此项任务放到海尔转型前，或许是一项根本不可能完成的任务；又或许是一项连创意也无法产生的任务。因为在触网之前，创意的来源是有限的，若是没有用户的参与，又哪有这样一个新奇而又实用的想法？人才的供给是有限的，若是没有一个开放的创新创业文化，又何来一个汇集多方精英的创客团队？资源的配置是有限的，若是没有开放创新平台配置全球资源，又怎能在如此短的时间内寻找到匹配的合作方？NOCO热水器的成功开发不仅是一个产品的诞生，而且代表着一个创新的产品/技术开发模式的诞生，更是海尔通过从封闭系统向开放系统的转化，从而形成与用户互动共赢的生态系统的写照。

2. 拉开帷幕

在1995年到2001的互联网泡沫时期，多家企业的发展遭遇了寒潮，新浪"教父"王志东认为"2000年是中国互联网泡沫从顶峰到破灭的一年"，此刻互联网从众人鼓掌的对象成为众人抨击的对象。虽然张首席将这一切都看在眼里，但是他坚信一枝凌寒独开的梅花比群芳争艳的景象更迷人。

于是在这个互联网的寒冬，张瑞敏在2000年12月发表的文章《新经济之我见》中提出："打一比方，将因特网比作高速公路网，企业就像汽车。谁的车子好、技术高，谁就会跑得更快"，并向所有海尔高管表示"不触网就死"。从1998年始，海尔便专注于国际化战略，大规模建立海外市场、营销公司和研发中心，为在全球范围配置资源打下基础；实行"市场链"SST[①]负债机制，开始信息化改革，以市场链为纽带，以订单信息流为中心，带动物流和资金流的运动；开创"人人成为SBU[②]"的管理模式，让每个人都成为一个盈利的单位，这是实现"人单合一"的前提。从那时起，海尔的转型重生思想已孕育在摇篮中。

3. 扬帆起航

在"人人成为SBU"的基础上，2005年9月，张瑞敏首次提出了"人单合一"的管理模式。在"扭秧歌"式的不断试错摸索后，海尔成功进入了"人单合一"2.0阶段，将员工应该为用户创造的价值、面对的用户资源"合"在一起，体现了在为用户创造价值的同时彰显自身价值的"双赢"原则。张瑞敏指出："'单'表面上是订单，本质是顾客资源，表面是把员工和订单连在一起，但订单的本质是顾客，包括顾客的需求、顾客的价值。"

"人单合一"的模式究竟是怎样的呢？

第一，顾客价值是该模式的驱动力。海尔认为只有无限地缩短与顾客的接触距离，才能真正地识别顾客需求。海尔将为顾客所创造的价值作为评判员工绩效的主要标准，一切的收益都来源于顾客，让用户来付薪。"我的用户我创造，我的增值我分享。"这是一种新颖的经营成果分享机制，是一种比虚拟股权、股票期权等更为直接和有效的驱动模式。

第二，让每一位员工充分发挥自己的潜能，成为生意的主人，成为一个可以掌

---

① SST即"索酬""索赔"和"跳闸"。

② SBU即业务战略单元（Strategic Business Unit）。

握和承担盈亏的CEO。例如，过去员工出差，企业都有报销标准，出差回来之后直接报销。现在员工出差的所有费用都要进入自己的报表中，如果最后的收入小于费用，这个亏损就由自己负责。如此一来，员工就会节省不必要的费用与时间，将之用在可以提高收益的地方。每个员工都这样做，便等同于海尔本身将总效率与效用最大化。

海尔为了将员工的创新活力发挥到淋漓尽致，本着以人为中心的思想，强力打造了一个信息化与平台化的海尔支撑体系，将信息技术植入管理流程，将原来的信息孤岛变为一个开放的信息系统。③员工与顾客进行充分互动，及时发现并满足顾客需求，使得为顾客创造的价值最大化，从而收益最大化。不仅如此，企业也可通过信息系统及时掌握员工的动态，包括绩效及发生的问题，从而提供资源、专业服务等帮助员工完成任务达到目标。

2007年4月26日，张瑞敏提出"用1000天实现流程系统创新，完成2000到2500个流程的构建"，即海尔的"1000天流程再造"。对于流程再造的"阵痛"，张瑞敏早有预料，但是"让流程而不是领导来管理企业"的坚定信念使他忍"痛"坚持继续再造，继续深化"市场链"管理法，逐步实现"零库存、零营运资本和（与用户）零距离"。

时光如白驹过隙，流程再造已接近尾声。2009年，海尔就已经率先开始为如今的平台化开放式创新布局，成立了"资源中心"，该中心自成立以来就承担了为海尔的员工们寻找创新资源的重任。

为了推进"人单合一"管理范式，为了让员工真正做到与用户零距离，2010年海尔又全球首推"自主经营体"。自主经营体共分为三类：顶端为一线经营体，主要包括研发、生产、市场三类经营体，他们直接面向前端市场，创造用户需求和价值；中间为平台经营体，主要包括财务、战略、企业文化、人力资源、供应链等，是一些职能部门所构成的平台；底端才是战略经营体，是包括以张瑞敏为首的海尔

---

③ 曹仰峰.海尔转型：人人都是CEO［M］.中信出版社.2014, 8.

高层决策者，他们的使命是满足一线经营体的需求，引领海尔发展。

自主经营体是海尔商业生态网络中最为核心的要素，是最基本的创业创新单元，是以创造并满足顾客需求为目标，以相互承诺的契约关系为纽带，以共创价值并共享价值为导向的组织。这些经营体之所以能够自主地运转，是因为他们被给予了用人权、分配权和决策权。如果说创新是海尔的灵魂，那么海尔所承载的"每个人都是自己的CEO"的创业和开放式创新的文化便是其企业创新生态系统的灵魂。

"人单合一"流程再造和自主经营体的不断演进，都是在激励着海尔员工使其价值取向与用户需求相匹配，培养员工们无限接触用户、收益来自用户的意识，更为海尔颠覆传统组织结构埋下伏笔。

4. 乘风破浪

海尔互联网转型的前奏已完成，2012年，触网转型的乐章正式演奏。互联网转型的关键在于实现从企业到平台、从顾客到用户的转变，打造一个"自创业、自组织、自驱动的并联生态圈"，这是一个质变过程。互联网的目的，就是实现企业的去中心化和去封闭空间化。对此，张瑞敏谈道："一定要认真干，别人肯定会说三道四。河水可能会经过千山万壑，但最终一定会奔向大海。互联网的大潮一定会成功，我们只有跟上它奋勇前进。"

2012年，海尔正式提出了网络化战略，并以该战略为指引和支撑，实施了一项战略性举措——推出小微模式，将自主经营体的概念落地。小微是一种"在册—在线创业"模式："在册"指和海尔具有劳动合同关系的员工，"在线"是指通过契约合同与海尔合作的伙伴。小微将大公司发展成为相互交错的多个小公司，是海尔的员工与海尔的合作伙伴共同创业的平台。

原来的员工是听上级指挥的，现在要为用户创造价值，所以他必须变成创业者。这些创客组成小微创业企业，其中的提案人与决策方，便是创客自行选拔出的"小微主"。小微成员和小微主间可以互选，如果小微主做了一段时间被小微成员认为不称职，可以被淘汰。但就是这种如履薄冰的态度会使得每一位小微主尽心竭力并顾全大局,为全体成员的利益着想而非以一己之私为先。海尔原区域事业部负责人即领导层便是现在的"平台主",他们的核心任务是与区域平台下的小微主对接,服务于各小微的日常运营,在资源上给予各小微保障与支撑。

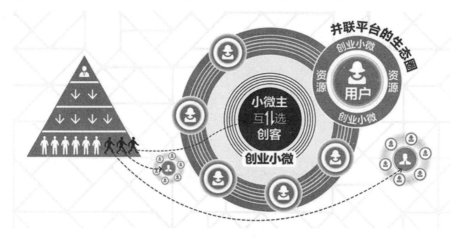

图10.1　小微模式概念图

"放则乱,不放则死",张瑞敏意识到"正三角"层级制的弊端,组织变革迫在眉睫。海尔集团通过近七年的探索,成为全球第一家采用"倒三角"组织结构的大型跨国公司,也就是张瑞敏在实施了为人所熟知的"砸冰箱"后推出的"砸组织"举措。此举真正落实了"管理无领导,组织无边界",实现了"企业平台化,员工创客化"。张瑞敏说道:"现在海尔只存在三种人——平台主、小微主和创客。""倒三角"不仅大大缩短了资源信息的传递时间,而且使得员工能够成为生意的主人,更让海尔"每个人都是自己的CEO"的文化开花结果。

然而,在转型期间,必定会有"正三角"的遗风存留,显现出小微平台"挂空挡"。很多小微及小微主仍然习惯于听从上级的命令和标准行事,实难做到以用户需求为导向,有员工就曾抱怨:"领导不下命令,我怎么知道干什么,又怎么知道如何干呢?"而有些平台主也会习惯性地发号施令,不能完全放权授权,而且这并非个例的现象。

为了解决小微平台的"挂空挡"困境，海尔需要让小微们感受到一种来自顾客的强制力与驱动力，需要开放人力资源体系，用客户价值创造来代替刻板苛刻的KPI考核。海尔过去运用宽带薪酬制度④，但现在开始用二维点阵。在二维点阵中，有一个横轴和一个纵轴：横轴是企业价值，包括销售收入、利润、市场份额等传统指标；关键在纵轴，纵轴依据梅特卡夫定律，有网络的节点和联网的用户两个变量。海尔将所有员工都变成网络的一个节点，节点接到市场上的用户，谁连接的用户最多，谁就可以获得更大的成就。张瑞敏说："这个纵轴就是生态圈的自演进，检验你是不是互联网时代的企业。"

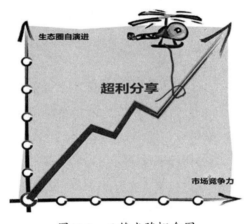

图10.2 二维点阵概念图

（资料来源：张瑞敏.三个是什么.中国企业家网，http://www.iceo.com.cn/renwu2013/133/2014/0122/274567_7.shtml。）

在连接的用户数量之下，质量尤重，让用户来点赞，从而形成用户倒逼员工的机制。从用户需求出发，在组织内部由下而上形成倒逼资源，从倒逼企业内部经营体到外部供应商制定全流程的协同承诺，制定预算、预案，以保证目标的完成。过去，研发人员只在实验室里搞研究，企划人员只负责卖产品，产品最终的盈亏情况由企业来承担；而现在，如果产品销售不好，责任由研发人员和企划人员共同承

---

④ 宽带薪酬制度：在组织内用少数跨度较大的工资范围来代替原有数量较多的工资级别的跨度范围。

担,损失就算在他们头上,这就是用市场和用户把所有人倒逼起来。前端员工要积极与用户进行交流,在充分了解用户需求的基础上,将需求传递给海尔后端的设计研发人员,形成"倒逼研究",由领导驱动转变为用户驱动。因为只有与用户实现零距离接触,才能了解到顾客更真实的需求,生产出更完美的产品,创造出更优质的服务。

5. 终达彼岸

时间回到2015中国(北京)跨国技术转移大会,王总在欣慰的背后,又想到了海尔建设的基于HOPE平台的技术创新系统的初衷和历程。

一个家电企业的使命是不断地实现技术创新,满足用户的各种个性化、碎片化需求,因此海尔时刻为建设一个技术创新生态系统奋斗着。HOPE平台是海尔技术创新系统的载体和发动机,有了它,一项项颠覆性产品和技术才能够出现在用户面前。而一个稳定且有活力的组织是进行技术创新系统建设的基石,小微做到了。

2009年建立的资源中心,已能够在海尔内部为员工们提供资源,但若要满足员工所有的技术需求,将可获取资源的途径限制在集团内部是远远不够的,需要通过整合全球的一流资源,共创共赢,全球的资源就像是海水中的各类生物,为海洋系统增添了无穷的活力。

王总回忆着之前的情景:"当时,我们都认准一个目标——创造出用户需要的产品,而我们实现该目标的途径是为集团各个产业线寻找他们需要的技术资源。为了满足业务需求,我们渴望招募更多的有留学经验或者能熟练掌握一门外语的员工,这样当我们与各个国家的资源方进行业务对接及各项技术验证时,就会顺利得多。"

海尔持续不断地探索开放创新之路,在全球大量寻觅合作伙伴,成功搭建了如今的开放创新平台HOPE。它是海尔和全球伙伴交互创新的社区,其目的是打造全球资源并联交互的生态圈,是一个开放式创新虚网平台。[⑤]平台通过与用户的交互,筛

---

⑤ 蒋石梅,陈劲.HOPE开放创新平台引爆颠覆性创新.中国工商管理案例库,2015,8.

选出具备用户价值的创意。平台上有"创新需求""技术方案""科技资讯""社区"等四大板块。这些需求和方案会形成一个数据库，平台会基于大数据和标签自动匹配技术将其自动匹配，同时还会经由线下专家团队进行技术分析和评估。[6]资源发布方可以随时与用户、该需求的相关方进行交互，共同完善方案，与海尔一起完成产品化，实现市场价值。作为平台创始人之一的范经理这样描述HOPE："在HOPE平台上通过社区、技术、创意这三个模块，将各业务流有机对接起来，通过三者的有机力量产生内部驱动力，促使平台能够有效运行。在海尔内部，能够链接创意交互、创意验证、生产制造等各节点资源，为事业部的创新和产品转化提供驱动力；对于外部，能够快速接收用户需求，吸纳全球一流资源，加快产品转化速度。三个模块互为犄角，支持HOPE平台快速发展。"其对接运行模式见图10.3。

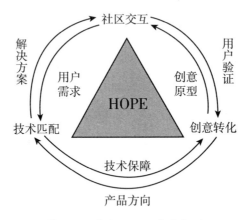

图10.3 海尔HOPE平台板块

（资料来源：HOPE-创意可轻松实现？海尔开放创新平台或许能做到.HOPE开放创新平台。）

HOPE平台不仅向用户和资源开放，而且向不同领域的第三方企业开放，致力于整合全球最优秀的资源，与其说海尔HOPE开放创新平台是一种机制转型和颠覆创新，不如说是相关各方基于共同的市场目标通过这个平台结成风险共担，超利共享

---

[6] 海尔HOPE开放创新平台官网：http//：hope.haier.com。

的"利益共同体"如图9.4所示。⑦目前HOPE平台已吸引包括MIT、斯坦福、弗莱恩霍夫协会等众多创新创业公司及团队加入进来,另外,平台注册资源超过30万,通过其连接超过280万资源,每年产出创意超过13 000,每年成功孵化的创新项目数超过200个。海尔超前创新平台开放式创新总监滕东晖感慨:"海尔过去是海,现在是云。云即使是小云,却也能接轨万方,也就是开放。因此这项创新开放平台,过去是海尔内部使用的技术媒合平台,2014年进一步扩大,开放给全球企业或个人,他们可在此平台上找到需要的技术与资源。""世界就是我的研发部",这正是对HOPE平台最好的诠释,对海尔开放式创新最好的阐述。

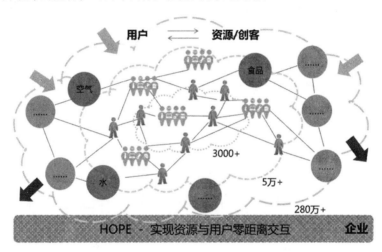

图10.4 海尔HOPE平台概念图

6. 技术创新生态系统盛景

海尔在网络化战略和开放文化的指引下,完善了管理模式,重整了组织架构,使得海尔平稳运营且加速发展,为其基于HOPE平台的技术创新提供了强有力的坚固支撑。如今,此系统充分发挥其作用,研发及生产人员利用HOPE平台的强大优势,激发来源于用户的创意,再联通国内外资源,寻找全球范围的合作伙伴,组建成一

---

⑦ 蒋石梅,陈劲. HOPE开放创新平台引爆颠覆性创新.中国工商管理案例库,2015,8.

支支创客精英团队，进行产品和技术的创新，从而实现创意到成品的商业转化。正如陈劲在《创新管理：赢得持续竞争优势》中提出的"创新=发明+开发+商业化"。

王健是一个典型的"工科男"，2014年3月，他带领着4个"80后"组成了"智胜冰箱小微"，从互联网的海量交互信息了解用户需求后，将创意连接到互联工厂，使研发人员、创客、供应商、市场团队等全程参与进来，通过HOPE平台汇集全球的设计和技术，推出了匀冷和超静音冰箱，产品售出200多万台，销售额超40亿。

类似事例不胜枚举。迄今，在HOPE平台的协助下，海尔集团已支持内部创业人员成立200余家小微公司，有77%的小微年销售额过亿。创业项目涉及家电、智能可穿戴设备等产品类别，以及物流、商务、文化等服务领域。在海尔创业平台，已经诞生470个项目，汇聚1 328家风险投资机构，吸引4 000多家生态资源，孵化和孕育着2 000多家创客小微公司。此外，越来越多的社会人士也选择海尔平台进行创业，海尔创建的生态系统已为全社会提供超过100万个就业机会。

海尔在一步步摸索之中使其技术创新体系越来越成熟，将一幅欣欣向荣的创业画面展现于众人眼前，形成一个前所未有并令人为之惊叹的盛景。在这个技术创新生态系统下已孕育出累累硕果，其中包括磁制冷技术、固态制冷技术、储能热水器、NOCO燃气热水器、星厨冰箱（干湿分离）在内的多项破坏性技术和产品。这里以固态制冷技术为例，揭开包括从创意来源、研发设计、技术合作方选择等整个价值链实现过程的神秘面纱，感悟技术创新生态系统HOPE的魅力所在。

7. 固态制冷技术

海尔通过交互平台了解到很多用户都在抱怨酒柜的红酒存储问题。红酒对存储环境要求非常高，影响红酒口感的因素除了温度、湿度、光照之外，还有震动等也会造成红酒发生化学反应，影响口感。现有的酒柜有噪声、振动幅度大，而且不节能。为解决这些问题，海尔对酒柜展开了研发。

要解决酒柜的噪声问题，压缩机是关键。这种制冷技术涉及新型的材料、结构的研发，开发难度大、周期长，必须要有多年的研发经验和大量的资金、人力投入，因此最好的方式是联合开发。HOPE平台便起到了对接的作用。以往只依靠海尔自身之力研发时，会使得技术成功开发的期限无限拖延或者干脆以失败告终，但是HOPE平台将资源与信息进行对接，匹配出最佳合作方，不仅填补了技术上空缺，而且缩短开发时间并减少经费支出，从而加速技术面世进程。

负责此项技术开发的王博士谈道："在寻找合作方时，海尔并不旨在对其进行收购，因为收购会使他们失去了自身的创新资源、长不大。我们实施开放式创新，希望他们愿意自己成长，他们需要什么，我们给予什么，如果他们做得不够，我们再去完善，帮他们把周边的圈子建立起来。本着互利共赢的原则，通过以海尔为主体搭建的创新平台，汇集各方力量，共同创新。"

经HOPE平台匹配后，大家发现美国的一些科技研发创新中心正在研究这个问题，美国一些名校也恰好有这样的研究成果。美国的科技创新中心和海尔美国研发中心对接后，联合了美国的P公司开发核心技术。但是美国只能给基本的设计参考，如果想要做得更好，包括成本降低和批量化等，还要利用海尔自身的优势，去寻找新的供应商。因此，海尔又联合了其他约20家合作方进行非核心技术的开发。在各方的共同努力下，固态制冷技术成功面世。

海尔更懂产品，而包括创新中心及大学在内的外部资源则更懂技术，联合开发能够集众家所长、发挥各方优势。海尔的开放式创新打破原有的封闭式研发模式，调动企业内外部资源，高效聚焦用户痛点[8]，其包容性与开放性尽显无余，可参见图10.5。

---

[8] 吕平. 核心企业视角的企业创新生态系统构建机制——基于海尔集团的案例研究.河北工业大学硕士论文.2015，12.

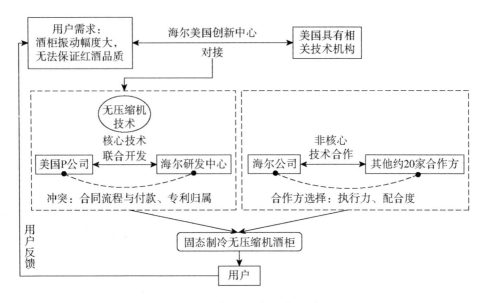

图10.5 固态制冷技术实现过程

（资料来源：吕平.核心企业视角的企业创新生态系统构建机制——基于海尔集团的案例研究.河北工业大学硕士论文.2015，12.）

结语

英国当代诗人西格里夫·萨松言："我心有猛虎，细嗅蔷薇"。海尔正如一只无所畏惧的猛虎，却也能够面面俱到。它通过互联网转型打造了一个以HOPE平台为核心的稳定、开放、动态平衡的技术创新生态系统，并孜孜不倦以达到技术的颠覆性创新。

王总望着窗外的天空，耳边回荡着一句古词："要看银山拍天浪，开窗放入大江来"，他低下头来，若有所思，一个场景浮现在脑海中：2015年5月8日，海尔HOPE平台作为承办方，为在青岛海尔大学的海尔开放创新周精心设置了"开放式创新高峰论坛""开放式创新公开课""颠覆性项目对接会"三大核心版块，共同研讨中国开放创新的新思路和新模式。海尔的创新生态系统已初步形成，并在不断优化和演进之中。无论是过去、现在还是将来，海尔都会义无反顾地前行在创新的路上……

启发思考题

1. 简述海尔互联网转型过程。
2. 描述海尔技术创新生态系统的形成，阐述HOPE在其中的地位和作用。
3. 从三个颠覆性创新产品的成功开发过程中提炼出海尔企业创新生态系统的全息图。
4. 讨论海尔通过互联网转型构建企业创新生态系统的成功案例，对其他企业的启示。

附录一　海尔集团主要荣誉

2015年12月，海尔进入全球品牌TOP100，位列第82名

2015年11月，中国轻工业管理创新大奖揭晓，海尔荣获一等奖

2015年9月，海尔连续14年蝉联中国品牌价值榜首

2015年8月，海尔中央空调行业唯一获评轨道交通"最具创新力企业"

2015年8月，海尔连续14年入选"中国企业500强"，蝉联家电行业第一

2015年4月，海尔荣获第三届中国工业大奖

2015年2月，海尔集团申报的《网络化战略下按单聚散的人力资源管理》成果荣获第二十一届全国企业管理现代化创新成果一等奖

2014年9月，《财富》（中文版）正式发布了2014年"最受赞赏的中国公司"排行榜，阿里巴巴、百度、华为、腾讯、海尔位居"最受赞赏中国公司"榜单前五位，而在电子电器分行业榜单中，海尔、小米科技、联想集团荣膺前三强。

2014年9月，海尔集团获得"2014全球竞争力品牌·中国TOP10"称号

2014年9月，海尔集团入选亚洲品牌500强，列第11位

2014年2月，海尔被国际知名商业媒体《快公司》（*Fast Company*）杂志评选为中国最具创新力的公司。《快公司》认为海尔让每个员工自主经营的举措是具有颠覆性的创新。

2013年10月，海尔集团技术中心在2013年国家认定企业技术中心评价中排名第一

2012年9月，海尔集团荣获"中国家用电器创新奖""2012年度最具影响力家电品牌"

2012年2月，海尔集团获2011年国家科技进步奖

2012年1月，海尔"人单合一"双赢模式获全国企业管理现代化创新成果一等奖第一名

2011年12月，海尔集团荣获2011年度中国十大创新型企业

2011年11月，海尔集团连续十年蝉联国家认定企业技术中心评价排行榜榜首

2011年10月，海尔集团蝉联全球竞争力品牌中国十强排行榜

2011年9月，青岛海尔股份有限公司入选2011亚太地区最佳上市公司50强

2011年9月，海尔连续十年蝉联"中国最具价值品牌"榜首

2011年9月，海尔居"2011中国企业500强"家电行业首位

2011年9月，海尔集团荣获"中国家用电器创新奖""2011年度最具影响力家电品牌"

2011年8月，海尔入选《财富》（中文版）2011"最具创新力的中国公司"榜

2011年8月，海尔荣获"2011品牌中国华谱奖"

2011年7月，海尔荣获首批"国家技术创新示范企业"称号

2011年7月，海尔荣获"2011年中国上市公司最佳投资者关系奖"

2011年7月，海尔荣获"影响世界的全球消费电子领袖品牌"称号

2011年7月，英国销售杂志*Campaign*发布亚太最有价值品牌千强，海尔居中国大陆品牌首位

2011年6月，海尔入选全球最具声誉公司榜

2011年6月，2011中国电子信息百强企业揭晓，海尔名列家电行业第一

附录二 海尔近年白电新产品开发摘录

2014年，为适应消费升级趋势，海尔公司围绕家电向健康智慧互联、节能环保

时尚及个性化升级的趋势，研发成功洗衣机产品的"净水洗""免清洗"技术，冰箱产品的"磁制冷""干湿分储"技术，空调产品的"空气射流""无雾加湿""耦合式防触电供电"技术，厨电产品的"深腔变频抽油烟"技术，燃气热水器产品"无一氧化碳（NOCO安全技术）"等领先技术，推出的卡萨帝云裳洗衣机、海尔免清洗洗衣机，卡萨帝朗度冰箱，帝樽、天樽、天铂空调，具备八种健康空气组合方案的空气魔方，深腔变频抽油烟机，NOCO燃气热水器等差异化高端化产品深受用户喜爱，并在行业内率先推出家电定制，使公司持续占据行业引领地位，保持中国高端家电市场优势。

2014年，在中国消费电子产业高峰论坛上，海尔的卡萨帝传奇热水器获得"年度十大创新产品奖"。

2013年10月，海尔发布卡萨帝法式朗度系列冰箱、卡萨帝博悦系列对开门冰箱、海尔匀冷保湿冰箱等全新平台产品，覆盖从两门/三门/多门/对开门及法式冰箱等多品类，引领行业"空间、绿色、智能、平衡、无霜"的发展趋势。朗度全新法式对开门冰箱在空间设计、智能人机互动、工艺、保鲜技术等方面实现行业突破。

2013年，海尔重点以产品结构升级为切入点，推出3D+系列电热水器、倍+安防系列燃气热水器等新品，燃气热水器收入同比增长30%。凭借出色的设计和产品功能，空气源热泵热水器和M系列燃气热水器于2013年3月同时荣获素有设计行业"奥斯卡"之称的德国iF设计大奖。

2012年，公司推出无尾系列小家电，开创了家电无尾时代。该系列产品是"无线供电技术在家电上的应用"，获得了"家电科技进步奖"一等奖并获得001号证书。公司推出的卡萨帝布伦斯系列冰箱在静音、节能、保鲜、工业设计等方面取得新突破。

2012年上市的水晶系列洗衣机被称为"世界上最安静的洗衣机"，在静音、柔洗、速洗、洗净度、智能操作等多项技术领域实现颠覆性突破。

2013年上市的帝樽柜机空调具备专利人感技术与除甲醛技术，在为用户带来舒适体验的同时，更以高贵典雅的高脚杯造型设计颠覆传统空调外观设计。

2012年德国消费电子博览会（IFA）上，"海尔圣火系列燃气热水器"获得设计创新奖，"海尔一体式空气源热泵"获产品创新奖，表明了海尔热水器作为全球热水解决方案专家对消费者需求的把握与创造能力。

2011年，海尔推出日耗0.19度的四季节能冰箱，是全球首台达到A++++级能效标准的冰箱产品；卡萨帝法式六门冰箱，以其颠覆性的设计与高科技的完美结合，在第二届家电"红顶奖"颁奖盛宴上摘得2010—2011年度冰箱类唯一"红顶奖"。海尔推出全球首创的"芯变频"技术，将防辐射、超静音、超高洗净比三大优势集合一身，为全球消费者提供了多样化的洗衣解决方案。

在2011年度家用电器创新成果评选活动中，海尔一体式热泵热水器获得由中国家电研究院颁发的"工业设计创新奖"；海尔平板分体太阳能热水器家居化集成水箱、节能显示、电力载波技术以及ECO-Smart和热泵组合能源技术，获得由中国家电研究院颁发的"技术创新奖"。

吉利并购沃尔沃

走向国际化的协同创新之路

经济全球化使得全球经济迅猛发展,尤其是中国加入世贸组织之后,越来越多的中国企业开始着眼于全球,进行跨国并购活动。本案例简单回顾了吉利并购沃尔沃的过程,然后基于协同效应与协同创新的理论,从管理协同创新、技术协同创新和文化协同创新三个方面,结合过程中遇到的矛盾冲突,对吉利并购沃尔沃之后的协同创新进行了分析。[1]

关键字:跨国并购,管理协同创新,技术协同创新,文化协同创新

---

[1] 本案例由清华大学经济管理学院陈劲老师、浙江大学管理学院刘景江老师、河北工业大学经济管理学院蒋石梅老师和戚利坤同学共同撰写。作者拥有著作权中的署名权、修改权和改编权。未经允许,本案例的所有部分都不能以任何方式与手段擅自复制或传播。本案例仅供讨论,并无意暗示或说明某种管理行为是否有效。

第10章 创新系统

引言

2010年3月28日,浙江吉利控股集团(以下简称吉利)以18亿美元的价格收购了与奔驰、宝马齐名的瑞典豪华汽车品牌沃尔沃汽车100%的股权。紧接着3月30日下午16时30分在北京举行的"吉利并购沃尔沃轿车公司协议签署媒体见面会"上,"汽车狂人"李书福说:"全球三大名车之一的沃尔沃不是有钱就能买得来的,这不仅是吉利控股集团向前迈出的有重要历史意义的一步,而且也标志着中国和世界汽车工业同时迈入了一个新的历史阶段。"

吉利并购沃尔沃之后,通过重建治理结构、增加一系列投资的举措,不仅让沃尔沃生存了下来,更让沃尔沃重新焕发了生机,"如虎归山"的沃尔沃成为一家真正具有全球化思维的公司。如今7年时间过去了,吉利集团通过公司内部的协同创新,国际资源的不断整合,大幅度提升了自主创新能力,走出了一条以自主品牌造车的新路。再回首并购沃尔沃举步维艰但终获成功的历程,吉利专注造车20年所取得成就的背后原因值得我们深入探究。

1. 并购前的吉利及其创始人

1.1 并购前的吉利

吉利集团1997年才克服种种中国民营企业造车的困境进入汽车行业,此前,中国车企大多走的是合资的路径。合资让中国汽车工业在资金、技术极度匮乏的窘境下得以生存和发展,但同时也让中国汽车工业面临了巨大的无形压迫:当时中国自主品牌汽车在国内的市场占有率仅在30%左右,而日本和韩国品牌在其本国都有着高达90%以上的占有率。

吉利是中国首家获得轿车生产资格的民营企业。从最初的"钣金工时代",一榔头一榔头敲出一辆汽车，到自主创新、自行开发、自己拥有核心知识产权的"三自之路"，吉利本着"造老百姓买得起的好车"的理念，严控成本，生产低端轿车。但也正是这样的起步，让吉利在很长的时间内都无法摆脱廉价低端的形象，即便吉利很努力地解决技术创新等问题，但还是被边缘化，这样的窘境终于让吉利和李书福看到了技术创新和突破的重要性，也为后期吉利走出国门引进先进的技术和管理奠定了基础。2006年，吉利自主研发的中国首款CVVT发动机正式投产，同时启动远景、帝豪825和金刚等项目以丰富产品线。2007年，吉利汽车发出《宁波宣言》，进行战略转型，从生产成本控制型汽车转向技术创新型汽车，展开产品发展战略、企业战略等多方面的战略转型，确定了"总体跟随、局部超越、重点突破、招贤纳士、合纵连横、后来居上"的发展战略，这次战略转型也是吉利为收购沃尔沃所做的准备之一。为了掌握汽车核心技术，又由于内生比较缓慢，吉利控股集团采用了对外并购的方式。

1.2 李书福其人

李书福，1963年出生于浙江省台州市，受环境的影响，他19岁就试水商海，拿着父亲给的120块钱做照相生意，成功掘到了人生的第一桶金。李书福敢闯敢拼，热爱创新和钻研，善于抓住机会并勇往直前。照相生意后，他又做起了生产电冰箱的生意，而且将"北极花"电冰箱一度经营成为国内知名品牌冰箱。但在1992年前后，海南房地产浪潮正热之时，李书福带着数千万元奔赴海南，结果却血本无归。这样的经历让李书福坚定了一个信念："我只能做实业。"后来他又转战摩托车行业，不到一年的时间，他的摩托车销量不仅一直占据国内踏板车龙头地位，还出口到美国、意大利等32个国家。转折发生在1994年，国务院公布了关于鼓励个人购买汽车的政策，头脑敏锐的李书福立马看到了政策背后的未来大趋势，毅然决定"造车"，并于1997年正式进军汽车业。之后，李书福从一个不懂汽车的人，一步步成长为汽车行业的风云人物，更被称为"汽车狂人"。2010年，他带领吉利集团成功收购沃尔沃，轰动国际汽车业。

2. 历经坎坷，修成正果

吉利并购沃尔沃的过程持续了很长时间。恐怕没有人能想到，早在2002年，李书福就曾在一次公司中层干部会议上说："我们要去收购沃尔沃，现在起就应该做准备了！"这话震惊了当时会上的所有人。但是，紧接着的八年里，并购沃尔沃的过程虽然历经坎坷，但最终还是修成了正果。

2.1 风起云涌——站在金融危机的风口上

李书福对于沃尔沃的兴趣不是一时兴起，而是有着自己的判断："未来十年或二十年，通用一定会破产，不是它经营不好，而是全球经济的发展规律决定了美国将成为汽车行业的沙漠。"而且李书福还曾说："之所以要瞄准沃尔沃汽车，因为它在技术创新领域中的巨大贡献和实力，以及对于承担社会责任这方面的理念，非常受人尊重。所以，我觉得把它当成老师，是吉利的荣幸。"并购过程的艰难不言而喻，但吉利也确实收获良多。

为了收购沃尔沃，从2002年开始，吉利做了一系列包括内部、外部、战略、布局等各方面的准备工作。2002年7月，吉利汽车唯一的进出口窗口上海吉利美嘉峰国际贸易有限公司成立，开始进行海外布局；2006年，吉利正式进驻英国锰铜控股，进行国际化尝试；2007年5月，李书福发出《宁波宣言》，开启战略转型，据李书福回忆说："我们这次为什么要战略转型？就是为收购沃尔沃做准备的。"

恰好在这段时间，爆发了全球性的金融危机，而中国作为世界上第一大外汇储备国，在这场危机中被寄予厚望，这也让中国人谈论了多年的"大国崛起"终于遇到了机会。扩大内需，调整产业结构，增强自主创新能力等一系列"强身健骨"之举由此开启，吉利等国内企业也有了展现自己、走出国门的良机。

汹涌而至的金融危机，同样让世界汽车工业处于举步维艰的境地，美国的三大车企——福特、通用、克莱斯勒深陷泥潭，福特CEO阿兰·穆拉利更是在2007年提出"一个福特"战略，大刀阔斧地削减非核心品牌。金融危机的风口和"一个福特"战略的提出,不仅让李书福看到了并购沃尔沃的机会和希望,而且让他更加确信自己对全球汽车业将面临新的重组格局的判断。

2.2 并购过程——披荆斩棘,勇往直前

2007年,李书福看到并购沃尔沃的希望之后,迅速展开了行动,筹备成立V项目(沃尔沃项目)团队。虽然多次尝试联系福特,但收到的回复却只是:对不起,沃尔沃不卖。多方尝试无果可能会让很多人放弃,但李书福依然坚持不懈地寻找各种直接接触福特汽车的机会。

2008年10月10日,福特汽车正式宣布更换CFO,这对于李书福和他的团队来说,无疑是一个契机。2009年1月,底特律车展期间,李书福到达福特总部见到了比尔·福特和阿兰·穆拉利,讲述了自己多年来对沃尔沃的追求及长远规划,终获认可。至此,六年的苦心准备终于有了回报,事情开始朝着吉利和李书福期望的方向发展,他们终于获得了收购沃尔沃的机会。尽管福特没有明确表示会在出售的第一时间通知吉利,"但差不多就是这个意思",李书福回忆说,"我们都准备好了。"

福特方面有了转机,发改委也给了吉利可以出去收购的"路条"。2009年7月,吉利向福特提交第二轮标书,围绕并购的谈判正式开始。但谈判的进行非常艰难,甚至吉利和福特还曾因沃尔沃的报价分歧将谈判中断了一个月。时任吉利集团研发副总裁的赵福全回忆,在谈判僵持得快进行不下去的时候,他刚从国内飞到伦敦就得到消息:"不用来了,谈不下去了"。因为时差关系,那天当地时间凌晨5点左右,赵福全就起床去金融街附近的马路上跑步了。跑着跑着,竟偶遇老板李书福,他已经在那里散步很久了,赵福全觉得老板的压力肯定大到了一定程度才这样。但后来谈判还是紧张而激烈地继续下去,尤其是围绕核心知识产权方面,谈判的进度既要让对方感受到诚意,又需要配合融资等方面。那段时间,吉利内部会议甚至一开就长达12个小时,一直持续到凌晨。直到12月23日,吉利与福特宣布,双方就收购沃尔沃的主要商业条款达成一致。

或许很多人会认为,事情进行到这一步已经功德圆满,但实际上却不是这样!

此时摆在吉利面前的是海外收购都会面临的问题——工会。当时李书福先后拜访了瑞典政府、瑞典五金工会和供应商的代表，还去了沃尔沃在比利时根特的工厂。在与工会成员对话的过程中，突然有人提问："很多人都对沃尔沃感兴趣，你能否用三个字形容吉利控股集团的优势在哪里？""用三个字形容"的提问让李书福措手不及，面对几十双眼睛，他福至心灵，用了自己会说的三个英文词，"I LOVE YOU"，瞬间俘获了不少工会成员的心，工会主席立即明白了李书福并购沃尔沃的初心，马上拿了沃尔沃的厂徽给李书福别上，这次访问效果非常显著，而这次交流也成就了一段三个字的佳话，为后期的管理协同、文化协同提供了便利。

2010年3月28日，在英国伦敦刚签完文件的李书福可谓百感交集，并购沃尔沃整个过程遍布荆棘：从一开始的求购无门，到正式成立项目组，获得比尔·福特和阿兰·穆拉利的认可，再到拿到难得的"路条"，把身家性命都赌上才确定融资结构，再到与工会的见面谈判，吉利终于实现了当初收购沃尔沃的豪言壮语。若用一句话来形容吉利和李书福，"有志者，事竟成，破釜沉舟，百二秦关终属楚；苦心人，天不负，卧薪尝胆，三千越甲可吞吴"便是其真实写照。

2.3 志难挫，鹰击长空万里阔

2010年8月2日上午10点，福特和吉利交割仪式正式完成。对于吉利和李书福来说，这是一个新的开始，也是一片广阔长空。正如李书福当天所说，"我们已经完成了收购沃尔沃的梦想，但这还不是我们的最终计划，这只是一个新起点。"

收购沃尔沃汽车公司100%股权，意味着吉利控股集团拥有了沃尔沃轿车商标使用权、10 963项专利和专用知识产权、10个系列可持续发展的产品及产品平台、两大整车厂约56万辆的生产能力和良好设施、1家发动机公司及3家零部件公司、整车和关键零部件开发独立数据库及3 800名高素质科研人才的研发体系和能力，以及分布于100多个国家的2 325个网点的销售服务网络等。李书福说："我们才走出了第一步，现在如何把沃尔沃发展好才是更重、更长远的任务。"收购了沃尔沃的吉利，犹如一只雄鹰，将翱翔于更为广阔的天空！

3. 扬帆起航新征程

2010年交割仪式的完成意味着吉利开始踏入新的征程，真正进入全球化阶段。构建董事会，稳定管理层，将沃尔沃和吉利进行多方面全方位的协同提上议程。

3.1 管理协同创新——世有伯乐，然后有千里马

如果说沃尔沃是一匹千里马，那吉利便是相马的伯乐。并购沃尔沃时，吉利进入汽车行业仅13年，而沃尔沃已有百年历史和丰富的企业管理理念与经验。并购之后，在管理协同方面，沃尔沃主要向吉利学习成本控制，而吉利需要更多地向沃尔沃学习企业管理等方面的理念，双方互相学习，共同进行管理协同与创新，使得整个集团的管理能力都有所提高。

"放虎归山"

并购成功之后，如何管理沃尔沃、进行管理协同，是吉利面临的首要问题。但现在说管理协同其实有点操之过急，哪怕是两个陌生人之间也要从一点一滴的接触开始才能慢慢熟悉，更遑论两个企业之间了。吉利和沃尔沃最开始进行的更多是包括管理、技术、文化等各个方面的接触和沟通，一定程度上也为后期更全面、更深入地进行管理、技术、文化等的协同奠定了基础。而且，由于金融危机的影响及福特后期对沃尔沃的投入严重不足等问题，并购后的第一阶段，如何让沃尔沃生存下去并为未来打下良好的基础显得更为现实和棘手。此外，沃尔沃是世界著名的豪华车品牌，而吉利则致力于"造老百姓买得起的好车"；沃尔沃身处瑞典，用的也大多是瑞典员工，而吉利却是在中国文化下一步步发展起来的；除了定位和文化等的差异，吉利和沃尔沃内部的管理等也相差甚远，对于人才的任用也是当时的一大难题。

基于多方面的考量，李书福提出"放虎归山"——"吉利是吉利，沃尔沃是沃尔沃"的战略，他本人也只是作为股东通过董事会发挥作用，并在沃尔沃汽车内部成立了一个名为"全球转型项目"的小组，多位沃尔沃汽车管理者参与其中，在李书福提的建议基础上进行详细讨论和规划，以确保能够打开禁锢"老虎"的牢笼，

磨尖"老虎"的爪牙。这也是沃尔沃历史上第一次以独立汽车商的身份为自己的未来规划蓝图。据当时小组成员回忆说,"我们越积极,越能在计划中显示我们如狼似虎的雄心和决心,他就越支持。""李董事长总是鼓励我们说,沃尔沃最大的风险就是不敢冒险,你们需要去冒险,明智地去冒险,要有雄心壮志。"

2010年的那个冬天,沃尔沃团队是在无数个会议和讨论中度过的。在随之而来的春天里,"放虎归山"的战略让沃尔沃的管理能力提高,也让我们感受到"放"也是一种管理,有舍才有得,谁能够说这不是双方的管理协同创新呢?

2011年3月28日,瑞典哥德堡沃尔沃大厅的会议室里,关于沃尔沃未来发展的新战略终于揭开面纱。沃尔沃愿景是"成为全球最具人文精神、进取精神的豪华汽车品牌";目标是"以人为尊";核心价值是"在安全、品质、环保的基础上,简化你的生活";新战略被称为"伞战略",不仅显示了沃尔沃作为独立汽车商的进取精神,继承了沃尔沃安全、品质、环保和以人为本的传统基因,而且是一个分两阶段、长达十年(2010—2020年)的全球性战略,包括产品战略、工厂布局战略、品牌战略、人力资源战略。"一场革命"就此在沃尔沃展开。李书福回忆说:"那时候的沃尔沃很需要斯蒂芬·雅克布(这样的人)。当时选雅克布是对的,他推行的大刀阔斧的改革,对保守的沃尔沃很重要。"

同样在2011年3月,董事会正式确定了对SPA(Scalable Product Architecture,可扩展产品架构)平台的投资。SPA平台是沃尔沃独立之后的第一个独立平台。吉利收购沃尔沃时,沃尔沃拥有9条产品线和3个技术平台,但这三大平台都依赖福特汽车,金融危机之后,沃尔沃研发投入严重不足。而新的SPA平台投资,则着眼于收购之后推出的产品。根据沃尔沃的新发动机和电动化战略,SPA平台将为未来产品提供相应的技术,满足燃油经济性的需要,而且这个平台能够满足轻量化、电气化、动力十足和设计比例要求,不仅降低了成本,而且提高了研发速度和灵活性。沃尔沃整个投资及战略转型的过程一直持续到2012年,出笼的"老虎"爪牙已然锋利。整个过程中,吉利出资,沃尔沃出人,双方互相协同,共同为未来的发展打下了坚实的基础。

《创新管理:赢得持续竞争优势》案例集

沃尔沃内部的管理协同创新

2010年12月9日,在收购沃尔沃之后的第三个董事会上,中国区董事长沈晖做了名为"中国成长计划"的演讲,勾画了中国的宏伟蓝图,董事会通过了沃尔沃的中国战略。作为沃尔沃的第二大本土市场,交割后中国区的安排显得尤为重要。

沃尔沃中国区管理团队成员确定的时候,员工不到100人,后来随着各支持部门相继成立,沃尔沃中国区才雏形初显。为了帮助中国区快速建立起来,CEO斯蒂芬·雅克布的管理团队提出了一个解决方案:match pair,即配对,类似于一对一帮忙,派遣瑞典沃尔沃团队各个职能部门的成员入驻中国区,和对应部门的管理层一起办公,时间两年。当时的沃尔沃中国同一个部门两个副总裁,双方管理人员互相配合,共同管理,快速成长,形成了管理协同创新的新局面。但我们需要明确的是,这个管理协同是发生在沃尔沃内部的,因为无论如何,沃尔沃中国依然是沃尔沃总部进行管理,并不会出现吉利、沃尔沃总部、沃尔沃中国三角管理的情况。但由于吉利并购了沃尔沃,基于这种地理位置的特殊性,中国成了沃尔沃的第二大本土市场且潜力巨大,所以沃尔沃加强了对于中国区的建设。在这个过程中,沃尔沃中国和沃尔沃总部的协同效应成果显著。另外,双方的协同有利于互相了解各自的管理和文化等方面,沃尔沃中国更像是一座沟通的桥梁,对于吉利和沃尔沃之间的协同起到了一定的辅助作用。

2011年3月,除了投资SPA平台,沃尔沃另一个投资方向就是在中国建立工厂。吉利向中国政府申请成立了两个整车工厂和一个发动机工厂,以及上海研发中心,为沃尔沃在中国的发展打下了坚实的基础。

CEO风波——吉利不行?

吉利和沃尔沃之间的协同并不是一帆风顺的。时任沃尔沃CEO的斯蒂芬·雅克布作风强硬,在最初保守的沃尔沃面前,其德国大众背景和大刀阔斧的改革确实让沃尔沃重获新生。但后期,也恰是由于其作风强硬,不太主张与吉利进行协同,导致与董事会沟通不畅。2011年下半年开始,沃尔沃开始显示出利润下滑的迹象。2012年年初,美国市场出现亏损,直接导致董事会上开始出现撤换CEO的声音,成本太高是董事会提出的主要理由之一。除此之外，斯蒂芬·雅克布认为吉利不行，技术太弱，对沃尔沃汽车与吉利汽车合作与协同的问题上态度消极。而李书福则认为协同效应是几乎所有并购项目的目的之一，吉利收购沃尔沃也不例外，他希望通过双方的合作，把沃尔沃的成本降下来；同样，通过与沃尔沃的技术合作，将吉利汽车的技术提升起来，达到共赢。然而斯蒂芬·雅克布却不愿意合作，嘴上说行，却没有实际行动。"吉利和沃尔沃的协同对我来讲是头等大事，对沃尔沃来讲也是头等大事，"李书福说，"整个吉利控股集团的实力强大了，你就在美国市场亏30个亿、50个亿，我觉得问题也不大。"

2012年，瑞典夏季休假月一过，美国市场汇兑损失及上半年利润报亏的半年报刚一出炉，建议撤换CEO的报告便递到了李书福的桌上。10月底，沃尔沃汽车宣布更换沃尔沃公司CEO，汉肯·萨缪尔森替代斯蒂芬·雅克布担任新的CEO。汉斯–奥洛夫·奥尔森也回应说，董事会决定，需要一个新的CEO带领沃尔沃进入一个新时代，同时也表态称，他的首要任务是降低成本并恢复公司的盈利能力，加快中国市场的增长。

至此，吉利和沃尔沃之间的管理协同问题基本上得到了解决，双方迅速制定相关的协同整合策略，沃尔沃向吉利学习低成本运作，吉利向沃尔沃学习合规与先进的管理经验，整个集团的管理能力得到了总体上的提高。后期SPA平台上的产品开发，就让我们真切感受到了沃尔沃对于成本的控制，而合规和公司治理则为吉利的国际化奠定了基础，提供了保障。

当然，双方也开始进行更深层次、更多方面的协同，比如将采购与制造进行协同整合，由同一个团队处理，以进行更好的供应链管理，达到了"全球化思维，本土化行动"，让吉利和沃尔沃的协同达到了共赢的局面。对于吉利和沃尔沃来说，这样的例子还有很多。

3.2 技术协同创新——书痴者文必工，艺痴者技必良

2012年年初，缺乏对后续产品的投资是沃尔沃当时面临的几大难题之一，而对于汽车行业来说，投资不足却是最糟糕的事情。于是，那段时间董事会开始讨论有

《创新管理：赢得持续竞争优势》案例集

关CMA平台投资的问题，然而整个过程却遇到了很多困境与质疑。"我们得全部从零开始，还得让它能够正常开展工作。很多人当时都说这个肯定搞不成的。"而在当时，除了自己投资研发，唯一的可能就是和业内已成型的车体架构公司合作，然而经过多方尝试，却只得到一个结果：此路不通。洽谈的那些制造商虽然很友好，但是一听说合作却立即表示没有兴趣，在他们看来，当时的沃尔沃连能否继续坚持下去都成问题。除此之外，从另一个角度思考，合作并不符合沃尔沃的现实情况和需求，而且与吉利对沃尔沃未来的发展规划相背离。

一段时间的寻觅无果之后，李书福说："大家别再找了，这就是在浪费时间，我们最终还是会一无所获。还不如我们把吉利和沃尔沃联合起来，共同开发，一起继续开发之前的架构。"虽然李书福关于"吉利和沃尔沃共同研发自主技术，未来以低成本生产中型轿车，通过自主研发车体架构，满足我们的需求并且提高产品的竞争力"的提议很有吸引力，但时任CEO的斯蒂芬·雅克布却是极力反对的，他不相信能开发成功，在他看来，新的任务工作量太大，让吉利去完成研发一款符合所有需求的车体架构，还要使其达到高品质的层次这样的任务几乎不可能。上文也曾提到，斯蒂芬·雅克布不看好吉利，在双方的协同问题上态度消极，这次在技术协同方面同样如此，面对这样的质疑，董事会也很有压力。

转机出现在2012年10月底，斯蒂芬·雅克布卸任，汉肯·萨缪尔森担任新的CEO，同时，吉利同意出资建设CMA平台。董事会最终通过了这个决定，吉利和沃尔沃的技术协同才正式拉开了序幕。

2012年12月22日圣诞节前夕，李书福来到哥德堡，见到了接到CMA平台研发任务的方浩瀚，并向他表示"我想做的，就是沃尔沃的高质量+吉利的低成本，希望三年时间能够见到成果。"李书福接着说，"我们做的跟乐高差不多的。一个是给沃尔沃的，另一个是给是吉利的。"方浩瀚也清楚地记得，当时李书福描述的就是一个类似大众集团的MQB的平台，就像是搭乐高，基本的架构是一样的，但是使用的颜色不同，搭出来的乐高就不一样。三年的时间，非常有挑战性。"我很有信心，我会尽力，"方浩瀚说。

2013年2月,方浩瀚担任主任的吉利欧洲研发中心(CEVT)成立。2013年6月7日,包括方浩瀚在内,CEVT的员工有7个人。三年之后的2016年6月10日,CEVT发展成吉利控股集团全资控股的子公司,员工人数也从当初的7个人发展到近2 000人,其中包括一些来自中国的研发人员和一些合同工。

此次技术协同,吉利和沃尔沃通过协同合作自主研发车体架构平台,就像"春种一粒粟,秋收万颗子"——基础技术共同研发,成果共享,不仅能够灵活应用于后期双方各自新产品的研发,降低成本,提高竞争力,而且此次技术协同还有一个意外收获——LYNK&CO这个新品牌。李书福坦言,吉利和沃尔沃有各自的技术,而基于吉利和沃尔沃共同的可扩展平台(CMA)架构,也有了自己的技术,这个技术是吉利和沃尔沃协同的技术,并且此技术的基础上,形成了新的品牌。李书福并不讳言新品牌、吉利和沃尔沃之间的关联,但却也明确表示三者的区别:产品定位不一样,技术标准也不一样。集团总裁安聪慧在发布会上将其总结为这是收购沃尔沃之后实现协同效应的成果。沃尔沃汽车CEO汉肯·塞缪尔森也表示,新品牌的成立是吉利汽车和沃尔沃汽车实现双赢的典范。

说到新品牌的诞生,品牌稀释的问题不得不提。吉利并购沃尔沃,可以说,吉利是赢家,并购也带来一定程度的正向影响,但由于吉利经销商及媒体的错误报道,并购对沃尔沃的品牌也造成了一定程度的负面伤害,但这种影响和伤害是没有办法具体量化的,二者抵消的结果是正向还是负向也不能马上显现出来,需要时间来验证。但从另一个角度来看,并购之后沃尔沃某些车型的销售确实受到了影响,但总体来看,沃尔沃的总销量又是增长的。现在,在同一个CMA平台上,生产沃尔沃和LYNK&CO两个品牌的汽车,虽然其产品定位、技术标准都不一样,但是它们的骨架和心脏是一样的,那么在这种情况下,消费者是否买单,还需要产品上市后进行检验。但无论如何,LYNK&CO新品牌是双方的结合,是吉利和沃尔沃技术协同创新的成果,是李书福收购沃尔沃六年的结晶,在某种程度上也意味着成功。

3.3 文化协同创新——你中有我,我中有你

在商业并购中,有一个著名的"七七定律"——70%的并购没有实现期望的商业

价值，而其中70%失败于并购后的文化整合问题。假如有一把打开并购胜利之门的钥匙，那么这把钥匙只有在文化协同的基础上才能得到。在上文"放虎归山"战略中也提到，吉利和沃尔沃在员工和企业文化方面的差异很大，吉利是创业型文化，沃尔沃则是一家"百年老店"，文化和工作理念的差异也导致了许多工作中的摩擦。

但从另一个角度来看，吉利的愿景是"让世界充满吉利"，核心价值理念是"快乐人生，吉利相伴"，并且多年来专注实业，专注技术创新和人才培养，是中国汽车自主品牌的领军人。沃尔沃致力于打造世界上最安全可靠的汽车，安全、品质、环保和以人为本是其传统基因。仔细思考可以发现，吉利和沃尔沃在技术创新和以人为本方面的认识是一致的，虽然文化不同，但是共同认识的存在无疑会让文化的协同相对顺利。

即便如此，文化的协同也不是一蹴而就的。关于文化的协同，吉利和沃尔沃很早就将其提上了议程，上文也曾提到李书福"I LOVE YOU"造就的一段佳话，以及并购之后，最开始进行的各方面的接触和沟通，都为吉利和沃尔沃文化的协同奠定了基础。虽然过程中也曾出现诸如上述斯蒂芬·雅克布的文化不认同，沟通不顺畅的事件，但这也是任何跨国并购的企业在文化协同过程中都会出现的情况。

李书福曾说："我想每一个企业的情况都不同，每一个历史时期的形势也都不一样，所以我们的经验也不能在日后被完全地拷贝和重复。不过也有一定的规律可循。如果一定要让我说一点经验和教训的话，我觉得价值取向是第一重要的。在我看来，多元文化、跨文化之间的认同和交融，需要有共同的价值追求。就像我们中国人常说的，'酒逢知己千杯少，话不投机半句多'。企业要想并购成功，就需要考虑怎么能够做到相互尊重、相互理解、相互包容。"

吉利和沃尔沃双方为了达到文化的协同乃至创新，确实做出了多方面的努力，"吉利日"、沃尔沃帆船赛及沃尔沃高尔夫球赛等就起到了很好的文化交流与沟通的作用。"吉利日"是一个中国人与沃尔沃工厂的员工及他们的家属一起载歌载舞共同参与的、洋溢着浓郁中国特色的活动，其中包括极具中国特色的舞龙狮、放鞭炮，以及中国工艺品的展览等。沃尔沃帆船赛和沃尔沃高尔夫球赛则为中国人认识沃尔沃推开了一扇门，打开了一扇窗。除此之外，吉利也一直在努力让欧洲认识自己。2011年9月15日，吉利与浙江交响乐团组建浙江（吉利）交响乐团巡演德国、捷克、意大利等欧洲六国，由国际著名指挥家汤沐海任指挥，为期将近20天。音乐没有国界，是人类共同的语言，这次巡演，不仅是吉利一次对外文化交流活动，更是吉利走向欧洲、走向世界的一次有意义的尝试，通过文化交流，可以让世界直接倾听吉利的声音，进一步扩大吉利和沃尔沃两大独立品牌在世界上的影响力和辐射力，甚至可以认为是吉利全球化战略进程中的一部分。

除此之外，文化的协同也体现在很多方面，比如人才的交流。吉利目前的设计师就来自沃尔沃，这使得吉利汽车的颜值立即提升。当然吉利也会帮助沃尔沃更好地了解中国文化和中国消费者。除了上文中提到的大方面的管理和技术协同，吉利和沃尔沃也还有很多更为细化的方面在不断协同，比如吉利对于沃尔沃安全技术和理念的学习，让沃尔沃的基因逐步注入吉利，而不断的管理、文化等方面的沟通也让吉利成本控制的文化注入了沃尔沃。

如今，7年的时间过去了，今天的吉利和沃尔沃通过不断的文化协同，更像是一个大家庭，但是短短的7年也是不足以沉淀出一种新的企业文化的，唯有未来，时间会告诉我们结果。

4. 路漫漫其修远兮

吉利并购沃尔沃的整个过程，无论是前期的准备工作、正式的并购过程，还是并购成功之后的协同整合之路，都遍生荆棘，但是"摸着石头过河"的吉利却完成了中国汽车业迄今为止最大规模的海外汽车收购案，走向了国际化而且获得了巨大的成功，堪称其他企业和企业家学习的范例。

作为中国第一家汽车民营企业，吉利通过不断的努力实现了从零到现在的全球化企业的成长。长路漫漫，何其修远，但"路遥知马力"，如今的吉利让我们刮目相待，未来的吉利我们拭目以待。

《创新管理：赢得持续竞争优势》案例集

启发思考题

1. 简述吉利并购沃尔沃的背景和动机。

2. 吉利并购沃尔沃之后进行了哪些方面的管理协同，其管理协同创新体现在哪里？

3. 吉利并购沃尔沃之后的技术协同遇到了哪些困难和机会，二者技术协同创新的成果是什么？你怎么评价？

4. 吉利和沃尔沃采取了哪些措施进行文化协同，二者达到文化协同创新了吗？

5. 吉利并购沃尔沃的过程以及后期的协同创新过程对你有什么启示？对于中国其他企业和企业家有哪些可借鉴之处？

附录一　浙江吉利控股集团组织结构图

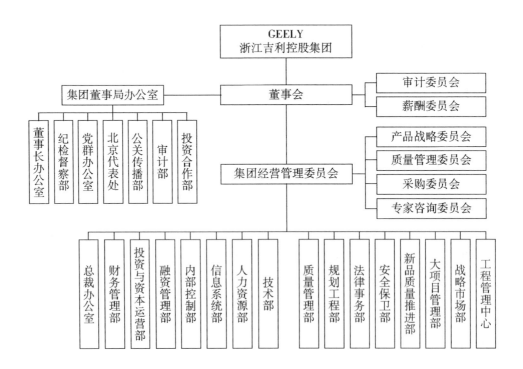

附录二　浙江吉利控股集团产业架构图

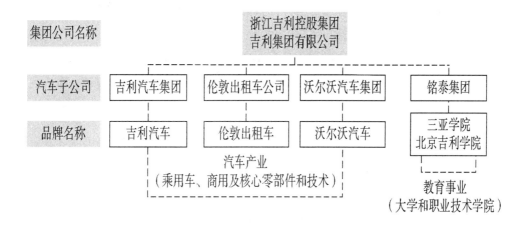

附录三　浙江吉利控股集团企业文化

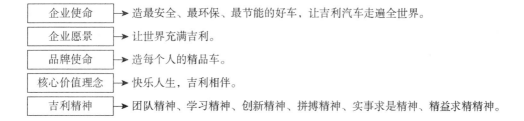

附录四　吉利大事件

2015年12月	吉利明星产品不断涌现，细分市场地位不断提升。吉利博瑞于2015年4月上市以来，销量一直攀升，单月销量突破5 500辆，全年累积销售32 570辆，位居中国品牌B级轿车第一；新帝豪单月销量突破25 000，全年累计销售206 226辆，稳居自主品牌轿车销量冠军；新远景月均销量突破万辆，全年销售突破120 000辆，同比增长218%，与新帝豪形成A级市场的"双雄"。
2015年12月	12月17日，李书福董事长作为汽车界唯一代表，出席第二届世界互

2015年12月	联网大会，并发表演讲。
	12月23日，C-NCAP"五星安全"再添吉利汽车新成员，吉利博瑞创造历史最高分。
2015年11月	吉利汽车产品质量可靠性快步提升，位居自主品牌第一。
2015年11月	11月18日，吉利汽车发布"蓝色吉利行动"新能源战略，帝豪EV正式上市。
2015年10月	10月27日，1.8TD发动机成功入围"中国心"2015年度十佳发动机，再次彰显吉利汽车核心技术的提升。
2015年9月	吉利汽车与国家游泳队建立战略合作伙伴关系，博瑞成为世界冠军荣誉座驾，孙杨成为吉利品牌形象大使。
2015年9月	吉利博瑞荣获"2016中国年度车"大奖，塑造中国品牌全新形象。
2015年7月	7月3日，吉利宣布向冰岛碳循环国际公司投资4 550万美元，研发并推广100%甲醇燃料汽车在中国、冰岛和世界其他地区的使用。
2015年6月	6月23日，贵阳首批100台吉利海景甲醇出租车投入运营。
2015年5月	吉利英国、白俄投资项目受到国家领导人高度关注。3月26日，吉利控股集团伦敦出租车工厂扩建仪式在英国考文垂举行，英国首相大卫·卡梅伦亲临仪式并讲话；10月21日，国家主席习近平与威廉王子一起，在李书福董事长陪同下参观了吉利伦敦出租车公司推出的全新一代伦敦出租车TX5；5月11日，"中国—白俄罗斯地方经贸合作论坛"和"中白工业园入园仪式"在白俄罗斯明斯克举行，国家主席习近平、白俄罗斯总统卢卡森科共同出席，集团总裁安聪慧应邀出席，吉利白俄项目被视为中白两国合作样板，被誉为"丝绸之路经济带"的明星工程。
2014年12月	2014年，吉利多款改款车型上市，三款车型月销过万，实现重大突破。吉利坚持"质量一把手工程"实施，持续关注用户满意度提升，成效显著。吉利汽车逐步进入国际会议官方用车行列。吉利持

	续开展各项公益活动,推进社会责任建设,获得多项殊荣。
2014年12月	2014年12月15日,吉利具有划时代意义的首款中高级轿车——吉利博瑞全球发布。
2014年10月	2014年10月22日,吉利1.3T涡轮增压发动机成功入围"中国心"年度十佳发动机。
2014年5月	吉利连续三年进入世界500强,社会地位稳步提高。
2014年4月	4月18日,吉利发布新时期的品牌战略,明确了全新品牌使命和品牌价值定位,吉利品牌建设进入新阶段。
2014年4月	4月1日,国家主席习近平携夫人彭丽媛在比利时国王菲利普及王后玛蒂尔德的陪同下,访问沃尔沃比利时根特工厂,共同为沃尔沃根特工厂所生产的第550万辆车(沃尔沃汽车献给中国市场的第30万辆汽车)揭幕。
2014年1月	2014年1月,吉利启动合规体系建设项目,为企业稳健发展奠定基础。
2013年11月	2013年11月21—22日,"2013汽车制造中国峰会暨中国信誉大奖颁奖典礼"在广州举行,吉利控股集团荣获首届"中国信誉大奖",集团总裁安聪慧出席颁奖典礼并领奖。
2013年9月	9月13日,由吉利汽车和沃尔沃汽车联合建立的吉利集团欧洲研发中心启动试运营,吉利控股集团总裁安聪慧、沃尔沃汽车车身及装饰工程副总裁He Lena Bergstrom Pilo、吉利集团首席顾问Carl-Peter Forster、吉利集团欧洲研发中心CEO方浩瀚等出席启动仪式并为研发中心揭牌。
2013年7月	7月8日,《财富》杂志发布了"2013年财富世界500强"榜单,吉利控股集团以总营业收入245.5亿美元连续两年入选。
2013年5月	5月4日,第十七届"中国青年五四奖章"获得者、集团路桥基地员工吕义聪应邀参加"实现中国梦、青春勇担当"主题团日活动,并

	受到了习近平总书记的亲切接见。
2013年2月	2月20日,吉利控股集团宣布在瑞典哥德堡设立欧洲研发中心,整合旗下沃尔沃汽车和吉利汽车的优势资源,打造新一代中级车模块化架构及相关部件,以满足沃尔沃汽车和吉利汽车未来的市场需求。
2013年2月	2月1日,吉利控股集团通过下属子公司——吉利英国集团有限公司按零现金、零债务模式以1 104万英镑收购英国锰铜控股的业务与核心资产,包括英国锰铜的厂房、设备、不动产、全部无形资产(包括知识产权、商标、商誉等),以及锰铜与吉利在中国设立的合资工厂中48%的股份和库存车辆。
2012年7月	7月9日,2012年《财富》世界500强企业排行榜发布,吉利控股集团以营业收入233.557亿美元(约1 500亿元人民币)首次进入世界500强,成为唯一入围的中国民营汽车企业。
2012年3月	吉利控股集团总裁、CEO安聪慧先生和沃尔沃汽车公司总裁、CEO雅各布先生代表双方签字,就沃尔沃向吉利转让技术达成协议。
2011年1月	1月25日,"沃尔沃汽车集团中国区总部挂牌仪式"在上海嘉定区举行,沃尔沃汽车集团中国区技术中心也在上海嘉定宣布成立。
2010年8月	吉利集团董事长李书福、福特首席财务官路易斯·布斯等出席在英国伦敦举行的交割签约仪式,吉利完成对福特汽车公司旗下沃尔沃轿车公司的全部股权收购。
2010年3月	3月28日,吉利收购沃尔沃轿车公司最终股权收购协议在哥德堡签署,获得沃尔沃轿车公司100%的股权以及相关资产(包括知识产权)。
2010年1月	"吉利战略转型的技术体系创新工程建设"项目荣获中国科技进步二等奖(一等奖空缺)。
2009年7月	7月28日,"吉利帝豪品牌发布暨EC7系车型下线仪式"在集团宁波基地举行。

2009年4月	4月15日，国家工业和信息化部在北京召开"吉利汽车发展经验座谈会"，这是改革开放以来国家部委第一次对一个企业专门召开发展经验座谈会。
2009年3月	吉利成功收购全球第二大自动变速器公司——澳大利亚DSI。
2008年12月	12月27日，时任中共中央政治局常委、国务院总理温家宝就新华社《国内动态清样》第4583期刊登的《吉利汽车逆市上扬对汽车工业的启示》一文作出重要批示；12月28日，时任中共中央政治局常委、国务院副总理李克强，国务院副总理张德江就温总理的重要批示分别向中宣部、工业和信息化部做出批示。新华社、中央电视台、中央人民广播电台及《人民日报》《经济日报》《科技日报》等中央主流媒体对吉利进行了持续的全方位宣传报道，树立起良好的社会形象。
2008年7月	7月28日，吉利控股集团被认定为国家首批"创新型企业"。
2008年4月	4月21日，吉利CVVT发动机-JL4G18获得国内首台（套）产品证书。
2008年1月	1月13日，吉利全球独创的BMCS技术亮相2008北美国际车展，获得"发明创造实践特别贡献大奖"。
2007年11月	11月6日，吉利全球征集新车标正式发布。
2007年10月	10月5日，集团经营管理委员会专题会议讨论并明确了吉利的愿景、使命、战略目标等核心内容。
2007年5月	吉利向业界宣布进入战略转型期，成为中国第一家宣布进入战略转型的汽车企业。
2007年4月	4月14日，吉利集团受中国汽车工程学会委托投资建立的浙江汽车工程学院在杭州正式开学。
2007年1月	1月23日，乌克兰SKD项目开始正式启动，首批300套KD件已出运，实现吉利汽车海外生产零的突破。
2006年10月	10月24日，吉利集团董事长李书福在英国伦敦皇家花园酒店代表吉

	利汽车控股有限公司在香港上市的公司、上海华普,与英国锰铜控股公司(MBH)正式签署合资生产名牌出租车的协议,打破了以往中外合资的惯常做法,开启了中外合资造车的新一页。时任全国政协主席贾庆林和英国上院领袖兼枢密院院长阿莫斯女男爵出席了签字仪式。
2006年10月	2006年经汽车行业评审鉴定,吉利自主开发的JL4J18型汽油机升功率57KW,油耗250g/kw·h以下,处"国际先进、中国领先"水平。
2006年9月	9月23日,吉利自主开发的Z系列的自动变速器及产业化项目被评为2006年度中国汽车行业技术进步成果一等奖,填补了中国汽车行业自动变速器产业化空白。
2006年8月	吉利控股集团被认定为"国家汽车整车出口基地企业"。
2006年1月	1月11日,吉利控股集团被认定为首批"国家级企业技术中心"。
2005年11月	11月1日,吉利商标"GEELY及图形"获中国驰名商标称号。
2005年9月	吉利汽车亮相第六十一届德国法兰克福车展,实现了近百年来中国汽车自主品牌参加世界顶级车展历史性突破。
2005年5月	吉利在香港成功上市(0175 HK),在国际化道路上迈出了重要的一步。
2004年4月	吉利控股集团开始流程再造,建立了董事会领导下的经营管理委员会负责制的治理架构,启动全面信息化建设。
2003年8月	首批吉利轿车出口海外,实现吉利轿车出口零的突破。
2003年3月	3月24日,主营吉利集团汽车产业发展的浙江吉利控股集团有限公司成立。
2002年4月	吉利进入全国汽车"3+6"行列,跻身中国企业500强。吉利聘请职业经理人,开始从家族制企业向现代股份制企业转型。
2001年4月	吉利集团正式获得国家汽车公告,成为中国首家获得轿车生产资格的民营企业。

1998年8月	8月8日,吉利集团生产的第一辆汽车(豪情两厢车)在浙江临海基地下线,开启中国民营造轿车的先河。
1997年6月	吉利进入汽车产业,成为中国第一家民营轿车企业。
1996年5月	吉利集团有限公司成立,走上了规模化发展的道路。
1994年8月	李书福进入摩托车行业,当年生产出中国第一辆豪华型踏板式摩托车。
1989年4月	李书福转产高档装潢材料,研制出第一张中国造镁铝曲板。
1986年11月	11月6日,李书福以冰箱配件为起点,开始了吉利创业历程。

第四篇

创新的资源视角

第11章 创新的人力资源管理

知识型员工的管理体系建设

华为管理之道

随着知识经济的发展，知识型员工在企业中的比例及重要性越发提高，尤其是高新技术产业这一趋势更加明显，因此探究是针对于知识型员工的管理模式成为当代企业管理的一个重要课题。华为作为一家以知识型员工为主的高新技术企业，其成功离不开知识型员工的共同努力。本案例重点阐述了华为的企业文化，并从招聘、培训、绩效管理、激励等方面全方位地展示华为的员工管理体系，进而从中分析企业文化影响下的员工管理体系建设，并挖掘针对知识型员工的管理之道。[1]

关键字：知识型员工，企业文化，培训，绩效管理，激励

---

[1] 本案例由河北工业大学蒋石梅、清华大学陈劲，以及河北工业大学李笑春同学、闻娜同学、王自媛同学共同撰写完成。作者拥有著作权中的署名权、修改权、改编权。未经允许，本案例的所有部分都不能以任何方式与手段擅自复制或传播。本案例授权中国管理案例共享中心使用，中国管理案例共享中心享有复制权、修改权、发表权、发行权、信息网络传播权、改编权、汇编权和翻译权。由于企业保密的要求，在本案例中对有关名称、数据等做了必要的掩饰性处理。本案例仅供讨论，并无意暗示或说明某种管理行为是否有效。

第11章　创新的人力资源管理

引言

2016年4月19日的深夜,一位70多岁的老人拖着拉杆箱,只身在上海虹桥机场排队等出租车,十分低调,然而所有人都知道他并非看起来的那么普通。时光倒退到二十多年前1987年的某一天,这位有着退伍军官背景的老人在他正值中年的时候决定创业了,那年他44岁。老人叫任正非,创立了华为技术有限公司(以下简称华为)。"中华有为",从此华为与任正非便密不可分。华为从一家初始资本只有2.1万元的民营企业最终成长为年销售规模达到3 950亿元的世界五百强企业。然而任正非不懂技术,更不直接参与研发、生产、营销,他只是一个管理的"布道者"。任正非从未居功自傲,却曾感慨:"我深刻地体会到,组织的力量、众人的力量,才是无穷的。人感知自己的渺小,行为才开始伟大。也许是我无能、傻,才如此放权,使'各路诸侯'的聪明才智大发挥,成就了华为。"如此可见,华为缔造神话依靠的是'各路诸侯'的同心协力。那么,华为在用兵之道上究竟有何秘籍呢?

1. 华为简介

1987年9月15日,华为技术有限公司在深圳经济特区成立。自华为成立以来近三十年的光景中,它从最初的一个名不见经传的销售代理逐渐发展成为一家生产、销售通信设备的民营通信科技公司,为世界各地通信运营商及专业网络拥有者提供硬件设备、软件、服务和解决方案。今天,华为已超越爱立信发展成为全球最大的电信网络解决方案提供商、全球第二大电信基站设备供应商、全球第一大通讯设备供应商、全球第四大智能手机厂商,在全球范围内建立了16个研究所、36个联合创新中心,拥有79 000名研发人员,业务遍布170多个国家和地区,全球三分之一的人口在使用着华为的服务。2014年10月9日，华为以排名94的成绩出现在Interbrand在纽约发布的"最佳全球品牌"排行榜中，这是中国大陆首个进入Interbrand Top100榜单的企业。2015年，华为实现销售收入3 950.09亿元，同比去年增长37%；净利润369.1亿人民币，同比增长33%；截止到同年12月，累计获得专利授权50 337件。"中国翘楚""龙头企业"，华为当之无愧。提起华为，首先闯入人们脑海的无非是"任正非""三高企业""狼性文化""不上市"等几个代表性名词，但华为的真相又岂止区区这些。

2. 华为的企业文化

"世界上一切资源都可能枯竭，只有一种资源可以生生不息，那就是文化。"任正非所言极度强调了企业文化的影响力。谈华为，就不得不谈到它的企业文化。华为因其"狼性文化"为大多数人知晓，大家便自然地认为华为只有"狼性文化"。实则不然，任正非的军队背景自然使得华为带上狼的特性：敏锐的嗅觉，良好的团队合作与执行力，以及傲视群雄的格局。但是追根溯源，华为的成长来自它的核心竞争力，而核心竞争力来自价值观，华为的价值观即企业文化便是"以客户为中心，以奋斗者为本，长期艰苦奋斗"。2010年12月，任正非曾给到华为取经的欧洲某大型电信企业的高管们上课，授课题目便是这十八字箴言，他铿锵有力地说道："这就是华为超越竞争对手的全部秘密，这就是华为由胜利走向更大胜利的'三个根本保障'。我们提出的'三个根本保障'，并非先知先觉，而是对公司以往发展实践的总结。"

这十八字箴言的每六个字都代表着不同的意义。"以客户为中心"是针对华为的员工行为而言，这也是大多企业共同遵循的原则，不言而喻；"以奋斗者为本"是针对华为的员工管理而言，华为渴求、培养、器重的均是愿为华为成长而殚精竭虑、奋力前行的奋斗者们；"长期艰苦奋斗"是针对所有华为人而言，这是企业的精神所在，每时每刻、不惧艰辛、拼搏奋斗。这三个方面相互联系，相互支撑，如铁三角一般稳定坚固。对于奋斗的意义，任正非给出了自己的定义："什么叫奋斗？为客户创造价值的任何微小活动，以及在劳动的准备过程中，为充实提高自己而做的努力，均叫奋斗，否则再苦再累也不叫奋斗。"他强调奋斗的目的是为客户及自己增值，奋斗的评估是要产生价值，而非做无用功。

任正非是"以奋斗者为本"的价值观的不折不扣的践行者。曾有这样一个故事：2012年年底，华为在某国中标近10亿美元，公司给参与竞标团队700万元作为奖励。合同签订后，任正非再次拍板1 000万奖励。时任所在地区部总裁说："老板，已经奖励过了，这次您请大家吃个饭就行了。"任正非听后，面露愠色，言辞激烈地说道："你自己吃饱了不管兄弟们的死活，那我请你吃饭，把你的奖金股票工资都给我，我天天请你吃饭……"正是这些价值观的存在与坚定地执行，为华为的知识型劳动大军提供了方向与动力。

3. 知识型劳动大军的管理体系

任正非带领一家无背景、无资源、无资本的民营企业将众多西方巨头斩落马下，用二十多年的时间成为中国乃至全世界的高新技术龙头企业，并让全球三分之一的人口使用着自己的服务，堪称一部惊天动地的传奇。那么是什么造就了这部传奇？

"我可以告诉你，释放出我们十几万员工能量的背景，就是近二十年来，华为不断推行的管理哲学对全体员工的洗礼。如同铀原子在中子的轰击下产生核能量一样，你身上的小小原子核，可以在价值观的驱使下，发出巨大的原子能。"任正非激情澎湃地讲述着华为成功的"神秘力量"，眼神温暖而坚定，充满了对华为十几万知识型人才的认可与期待。

就如任正非所说，华为取得如今的成就，离不开所率领着的十几万知识型劳动大军的奋斗。曾有统计资料显示，我国企业知识型员工的离职率普遍很高，尤其是在高新技术集中的地区，知识型员工流失率平均达到10%，IT类高科技企业的流失率或达到30%—50%。截至2015年年底，华为员工已达17万人。在华为的组织结构中，研发及开发人员占46%，市场营销人员占33%，管理人员（包括后勤支持系统）占

9%，只有12%为生产人员。这些员工90%以上都接受过大学教育，由此可见华为的员工以知识型人才为主。而且每年都会有来自全国各地的大批知识型人才涌入华为。华为究竟是凭借什么让员工心甘情愿地加入并为之效力呢？

知识分子是制度与秩序的挑战者，而华为的成功之处就在于将"秀才"打造成可以利出一孔、浴血奋战的"战士"的同时，又不将他们打压束缚为毫无斗志和激情的"奴才"。任正非用自己的人格魅力与智慧、用中华民族的哲学与精神吸引并带领着一批正值青春却默默奉献着汗水的知识型劳动大军，共同书写出华为这部传奇。

3.1 招贤纳士——招聘

"寻寻觅觅，冷冷清清，凄凄惨惨戚戚"，用南宋词人李清照的这句词来形容企业的招聘工作再合适不过了。企业招聘如同一场婚姻，三观相符、背景相近才能长久。作为一家员工数量多达十几万的庞大企业，华为对人才的选拔有着独特的理念。任正非曾说道："在华为看来，选对人比改变人更重要。人才很多，但是适合华为的人才就没有那么多。"所谓的适合，任正非表示应该至少考虑两点：

第一，企业需要何种类型的员工。从企业层面考虑员工的匹配度是根本所在，主要关注应聘者的"软素质"。所谓"软"，是难以进行客观测量的，也是难以在短期内发生改变的。因此，企业需要的员工是那些与其文化相配的人，考察应聘者的态度、个性及兴趣。华为需要什么人？是那些能够以客户为中心、能够长期艰苦奋斗的人。

第二，岗位需要什么样的员工。从岗位的角度考虑，主要在于应聘者的"硬实力"。所谓"硬"，是易进行客观测量，也可以通过后天培训和努力而获得的。岗位所需要的是能够胜任此职位的人，更多地考察应聘者的技能、经验、学历等方面。

简单来说，合适就是认同华为的核心价值观和企业文化，并拥有一定的职业素养和知识技能，能够为华为创造收益。

3.2 厉兵秣马——培训

很多人都在揣摩华为成功的秘诀，任正非只用了一句话来回答这个问题："什么都可以缺，人才不能缺；什么都可以不争，人才不能不争。"人才是推动华为快速发展的根本力量，培训更是扶植人才的源泉。据悉，华为的员工每年有7%的时间在培训中。

将军的摇篮——华为大学

在深圳特区的某个角落，矗立着一系列囊括了欧洲、古罗马、唐朝等艺术风格的建筑群，那是一所特殊的大学——华为大学。华为大学是华为员工丰富生活、汲取养分的天堂，更是培养将军的摇篮，这也是其成立的初衷。华为大学在IT界享有"黄埔军校"的盛誉，它培养出来的员工在为华为创造爆炸式成长的同时，也成为行业内各大企业竞相追逐的对象。

华为大学占地27.5万平米，绿化覆盖率超过85%，有教学区和生活住宿区。教学区拥有9 000多平方米的机房、100多间教室、500多个办公座位，能同时容纳2 000多名客户和员工进行培训。欧式百草园生活区拥有三星级酒店、西餐厅、咖啡厅、网吧、祈祷室、超市、健身房、游泳池、美容中心等各种休闲健身场所，能充分满足不同国度、不同宗教信仰的学员学习和生活需要。如此舒适、一流的硬件配套设施常为外界称道，但仅有光鲜的外表是不够的，华为大学还是"秀外慧中"的。

华为大学拥有完善的培训体系：对客户及新员工进行文化、价值观及知识技能的培训；不但有入职前的引导培训，还有入职时的集中培训，以及入职后的实践培训。只有时时培训，员工才能够适应知识飞速更新换代的时代步伐。

华为大学拥有庞大的师资力量：内部专、兼职讲师1 700余名，可以用中、英、法、俄、西班牙语等多种语言进行培训，而且这些讲师都经过了严格的评估筛选，他们中间既有资深培训师，又有经验丰富的华为专家和工程师；华为还定期邀请业内权威专家或知名大学资深教授前来授课。"讲师必须是有实践经验的人，没有实践经验的教官不能讲课，只能组织工作。"任正非如是说。

华为大学拥有独特的培养模式：

《创新管理：赢得持续竞争优势》案例集

模式一，任正非要求华为大学采取停产停薪、收费学习的模式，将以往被动培养变成自我主动培养，从而激发学习的主动性。通过主动学习方式筛选出来的大多为精英。任正非2011年在华为大学干部高级管理研讨班上谈道："交学费不吃亏，为什么呢？因为学好了能力就提升了，出绩效和被提拔的机会就多了；即使没学好被淘汰了，说不定是现在退一步，而将来能进两步呢？所以投资是值得的，以后收费标准可能会越来越高，交学费、停薪就是要你有些痛，痛你才会努力。"

模式二，注重案例教学。案例学习分为四个阶段：一阶段为启发式学习，读教材、考试；二阶段为个人演讲，内容要为自己的亲身经历或实践，必须要有三个证明人；三阶段为大辩论，可以提出反对公司文化的观点；四阶段为论文和答辩，要写自己的实践而非理论。任正非表示："所有的教学案例都要来自华为和社会真实案例，本本主义的一个也不要。"

人人平等——全员导师制

华为实行"一帮一"的帮扶训练模式，不仅新员工有导师，所有员工都有导师。导师既要在技术上给予徒弟指导，更要在思想、生活甚至是情感上予以帮助。绩效好、认同华为文化是担任导师的必要条件，为了保证帮扶的效果，每位导师最多带两位学生。曾有一位华为的员工谈道："在我进入华为的第一个星期，公司就为我选定了一个导师。一次在食堂吃午餐的机会，导师和我坐下来讨论公司的工作，以及我如何才能更快地适应工作岗位，那是令我获得大量信息且非常愉快的45分钟。但是自从那次以后，我只见过导师一次，而且时间很短，根本没有机会向他讨教工作经验。"

为了让导师制更好地推行和执行，而不是形式主义纸上谈兵，华为出台了四点制度：

一是导师激励制。为了提高导师的积极性，华为对导师实行物质激励，每个月会下发300元导师费，用于增加其与徒弟的交流沟通、感情培养。若被评为"优秀导师"，还可另外获得500元的奖励。

二是能上能下制。华为内部实行轮岗制，因此在某个岗位的资深老员工不论其工龄多长、资历多深、成就多高,被分配到新的岗位后都成为"新员工",也就会被分配导师,即使这个导师的工龄更短、资历更浅、级别更低。而且,入职仅一两年的新员工若表现良好也可成为导师,这便大大激发了新员工的干劲。

三是责任连带制。华为规定,如若徒弟在工作中出现问题,导师就不能被提拔,甚至会被降职。此举可以督促导师全心全意地培养、帮扶徒弟。

四是晋升激励制。全员导师制不仅仅是华为帮扶员工的制度,它还被提升到为华为培养接班人的高度。因此,华为明确说明:没有担任过导师的员工不能被提拔为行政干部,不能继续担任导师的不能晋升。

这种全员导师制的做法让新员工能够快速地融入华为,并将徒弟与导师的利益相连,使得所有员工团结一心、凝聚力量。

3.3 运筹帷幄——绩效管理

绩效不仅需要考核,更需要管理。华为的考核不重视其学历、工龄,而将焦点放在员工的自我成长及其做出的实际贡献和创造的商业价值上。

"考核频率不能太高,公司不能以考核为中心,因为如果不以努力工作为中心,将来会有很多问题的。考核的维度和要素不能太多,主题要突出。过去一搞三十多项,就成了循规蹈矩的。"任正非义正辞严地讲道:"我们不是要把员工管成乖孩子,我们是要让员工为公司提供价值贡献。我们的主要考核目标和要素,是从价值贡献上参考,其他的考核干啥呢?"

同舟共济——目标管理

华为实行目标管理,这就需要员工的积极参与,自上而下地制定目标,自下而上地保证目标实现。目标管理分为两个部分:目标细分和指标分配。

为了做好目标细分,华为还专门组建了包含市场、研发、供应链等各大部门成员在内的跨部门管理团队,多维度对企业目标进行细分。高层管理者负责制定华为的经营战略和高级策略目标;中层管理者负责中级目标的制定;基层管理者制定初级目标;员工负责具体方案与任务的制定。如此一来,每个人都有自己需要达成的目标,目标有正常、持平、挑战三种不同的模式,员工会不断激励自己向上攀爬,一直处于奋斗状态。

对于指标分配问题，任正非表示："让人人都能参与到企业目标的达成工作中，同时分享到企业成长的收益。要提高其合理性，不能简单、粗暴。"华为内部有一套明确可行的KPI体系，它为指标分配提供了巨大参考价值。华为结合KPI与部门和员工的工作能力、工作负荷对指标进行合理地分配。

任职资格评价体系

在对员工的任取资格及价值评价方面，任正非曾传达过这样一个讯息："当今时代已由工业经济转向知识经济，那么对员工的管理也要改一改。要将管理从以事为中心转向以人为中心。"据此导向，华为构建了一套任职资格评价体系。任职资格分为5大族、51类、几百个子类，基本涵盖了所有岗位的任职资格标准。通过这个标准，员工便知道想"升级"需要达成什么目标，包括关键的行为、需要的素质和要掌握的知识技能。华为一位工程师曾讲述自己的亲身经历："华为的工程师从最初的助理工程师到最高级共有9个级别，最高等级已相当于副总裁级别。我刚入职时就想向更高级别发展，因此我就要清楚每一个级别的具体而清晰的要求，例如，1级时需要写万行代码，需要做出某种产品等。为了达到这些要求，我需要自我学习或者参加培训。"他顿了顿，继而津津有味地回忆道："起初我的编程很差，我就到华为的E-learning平台去学习。但是想要参加任职资格培训有一个前提——绩效考核共15分，需要达到12分才能够参加培训。这是为了防止我们员工为了晋升只知道一味地参加培训，却忽视了业绩的达成。"

华为的任职资格管理有四点意义：一是照出自身存在问题的"镜子"作用；二是量出与标准差距的"尺子"作用；三是弄清自己发展方向的"梯子"作用；四是应聘新岗位的"驾照"作用。一般来讲，华为的任职资格一年认证一次，半年复核一次。只有达到了标准，才可以申请相应级别的岗位。而任何一个岗位都可能有多人达到了标准，因此员工就要持续地学习，否则就会被他人代替。华为的任职资格制度持续激励着员工进行自我修炼并长期奋斗。任正非在文章《全心全意对产品负责，全心全意为客户服务》中写道："我们公司现在的任职评价资格评议系统就是一种价值评价体系。如果对有贡献的员工不给予高待遇，而对没有贡献的员工却给予他高待遇，这种价值评价颠倒就必将导致我们公司的成本增加、效益下降。所以我们要通过价值评价体系把优良的作风固化下来，使之像长江之水一样奔流不息，这将使我们走向光明的未来。"

但是对于研发人员的考核，不能只按照实际贡献的角度来考核，因为研发是一个尝试的过程，越多的尝试就会出现越多的成功可能。因此，华为别出心裁，将开发与技术分离，不仅考核其成功率，还要考察其失败率，即把你失败了多少次作为一个考核指标。任正非谈道："我们就是鼓励冒险和尝试，就是要养一部分人'不着边际'地做原创性创新。"

3.4 犒赏三军——激励

高薪向来是华为的"吸才石"，多少才子为此踏破铁鞋也要挤进华为的大门。但是华为人都知道，或许开始时是被高薪吸引过来，但真正让自己像被强力胶黏在这里的，就不只是高薪了。华为十分重视对员工非物质的精神激励和长期激励。其精神激励体现在企业文化上，集体奋斗的核心是相互团结、相互扶持，让每一位员工都融入华为这个大家庭中，通过归属感和向心力迸发出强大的力量。

非物质激励

2014年6月16日，华为总部正如火如荼地进行着一场盛大的首届表彰大会——"蓝血十杰"，获奖者是100余名华为的中高层管理人员，其中大多数人主持及参与过公司不同领域的变革。何为"蓝血十杰"？它是美国现代管理的代名词，代表着经过严格筛选、对企业文化制度宗教般尊崇并运用自身能力提高企业运营效率、为企业创造收益的人才。华为用此来表彰那些曾在公司历史上对管理体系建设和完善做出突出贡献的、创造出重大价值的管理人才。"蓝血十杰"的奖励分为两层：在各自领域做出卓越贡献的卓越运营者，再从中遴选出在公司层面做出卓越贡献的管理奠基者。

除此之外，华为每年还会民主选举出20%的优秀员工给予"明日之星"荣誉称号。各个区域的评选比例可以有差别，比如艰苦地区，"英雄"比例可以高一些；

绩效持续优秀的团队，"优秀"比例也可以高一点。2015年，有3万多员工被评为"明日之星"。于向萍是华为一员，于1996年加入华为，现任运营商BG Marketing与解决方案销售部副总裁，为华为兢兢业业20年后的她高票当选"明日之星"。当被访谈问到如何看待"明日之星"评选活动时，她按捺不住内心的激动与自豪，笑容洋溢地答道："我觉得这项非物质激励活动设计得非常好。首先，有利于塑造公司千军万马上战场的整体氛围。平时我们总在倡导公司核心价值观和文化的传承，评选出来的'明日之星'和他们的故事就是核心价值观的具体呈现和落地；其次，各个层面、各个组织都有让大家觉得值得学习效仿的标杆，'明日之星'就在身边，是鲜活和现实的榜样，可参照、可学习，不一定各方面都很出众，脚踏实地也符合公司导向。"

除了荣誉权，华为还赋予了优秀员工职位权的奖励。"少将连长"，破格提名，就是一种职权的激励制度。在华为，一通电话就被分配到利比亚、委内瑞拉等世界各个角落是习以为常的事，一去便是几个月，而且是到最落后的环境中做最艰苦的工作。即使如此，员工还是毫不畏惧和退缩，因为任正非赋予了每个轮值CEO50个破格提名权，可以将优秀的一线基层主管、骨干破格提拔。任正非曾对于破格提拔的制度侃侃而谈："提拔一个人的目的就是要激活一大片，我巴不得你想当少将，要当少将就要拿出少将的条件来。""对优秀干部要敢于破格提拔。我们过去太强调公平了，现在已经有公平的基础了，接下来就是敢于破格。本来世界就不公平，也不怕一般员工跑了。"这样的举措引导着更多的优秀人才乐意长期奋斗在一线，为华为创造价值。

股权激励

2012年本是中国电信行业惨淡的一年，但华为依旧交出一张令人满意的成绩单，并拿出125亿元为作出主要贡献的员工分红，这个数字不仅震惊了中国企业界，更鼓舞了华为员工的人心。

"全员持股""员工持股""股权激励"这些词汇，让外界对华为充满了向往，也赋予了华为更多的神秘感。英国前首相丘吉尔曾这样评价20世纪40年代的美国："美国像是一个巨大的锅炉，只要点着火，它就会产生无限的能量。"为了让华为产生"无限的能量"，任正非也点燃了一把火，在创立初期便开始实行"工者有其股"制度。任正非在"一江春水向东流"一文中道出了此制度的建立过程："我创建公司时设计了员工持股制度，通过利益分享，团结起员工，那时我还不懂期权制度，更不知道西方在这方面很发达，有多种形式的激励机制，仅凭自己过去的人生挫折，感悟到要与员工分担责任、分享利益。这枝无意中插的花，今天竟然开放得如此鲜艳，成就了华为的大事业。"

股权激励计划从开始实行至今，华为为了适应当时的环境，对其进行了多次变革。总结下来可以分为五个阶段。

1990年，任正非首次提出股权激励计划。当时员工人数还不多，为了减少公司现金流风险、增加员工的归属感，华为内部实行全员高薪、全员持股，形成一个"全员利益共同体"。

2000年迎来了网络经济泡沫寒潮，人员流失严重、融资异常困难。2001年，华为对员工持股进行了改革：新员工不再派发长期不变的1元/股的股票；部分老员工的股票转换为期股即虚拟受限股，只获得分红；员工从中获得的主要收益来自公司净资产的增值而非分红。于是，2001年至2003年开始了虚拟股票阶段。

祸不单行，网络经济的寒潮还未退，2003年非典又猛烈来袭，导致出口市场骤缩，同时华为与思科的产权官司也极大影响了华为的全球市场。值此特殊时期，华为配股方式再次改革：配股额度加大，接近员工已有股票总和；往年积累的配股即使不离开公司也可按照每年一定比例兑现；股权向核心骨干倾斜，并且此次配股有三年锁定期，员工三年内离开公司配股无效。这种方式一直持续到2007年。

2008年，美国发生次贷危机，全球金融市场遭受重创。面对经济危机的冲击和经济形势的恶化，华为又推出新的股权政策：饱和配股，根据级别设定员工的虚拟股总量上限，根据员工考核设定当年的虚拟股数量。这一方案使员工的收益与企业的利益挂钩，既完善了价值分配机制，又鼓足了员工奋斗下去的士气。截止到2013年，华为15万员工中8万人持有了华为近99%的股份（虚拟受限股），任正非自己只占1.4%左右。

从2013年开始,华为宣布国际化战略发生转移,使华为外籍员工的数量剧增。任正非为了一碗水端平,让外籍员工同样受到激励,便出台了TUP(Time Unit Plan),即奖励期权计划,它是一种基于员工历史贡献和未来前途确定的中长期奖金激励计划。简单来说,是预先给定员工获益权利,然后在之后几年内逐渐兑现。这种方式除了解决外籍员工的激励问题,也能够稀释虚拟受限股,从而解决了某些老将"不干活却拿分红"的问题。

华为18级以上、收入百万以上的员工以数千人计,且他们的大部分收入来自股权激励,而华为"以奋斗者为本"的价值观决定了只有奋斗者才能成为"股东"。

结语

回到本文最开始那一刻的画面,任正非虽踽踽而行,但在他的背后却有十几万华为人的追随与奋斗。

启发思考题

1. 结合已有模型,构建出华为的绩效管理循环框架图。
2. 结合股权激励相关理论,阐述华为股权激励制度取得成功的原因。
3. 结合相关理论和模型,分析华为针对员工在选、育、用、留四个管理维度的可行之处。
4. 华为的企业文化有何内涵?结合知识型员工的特征,谈谈华为的企业文化对其知识型员工管理体系建设的影响。
5. 华为的知识型员工管理对其他企业有何启示?

第12章 如何从创新中获益

标准战略、知识产权战略与技术创新战略的协同

以浙大中控EPA标准为例

随着国际技术转移和技术扩散向国内加速渗透，国内技术创新及其市场变革呈现国际化的趋势。国外跨国企业出于战略考虑，以知识产权为利剑，在我国设置了一道道知识产权的"封锁线"和"地雷阵"，严重制约了我国产业技术的生存和发展空间。同时，在国际市场上，随着关税和数量限制等传统贸易壁垒的大幅度降低，知识产权等技术壁垒越来越多地被使用，以阻挡我国产品和服务的出口。知识产权日益成为国外跨国企业争夺市场份额、遏制我国企业参与竞争的重要战略。本案例描述了在我国的自动化控制系统、自动化仪器仪表基本上被国外厂商(如ABB、Siemens、Honeywell)所垄断的情况下，浙江浙大中控技术有限公司打破了这一不利局面，制定ERA标准的过程。浙大中控当时作为一家后发企业，是如何巧妙做到将标准战略、知识产权战略与技术创新战略三者协同发展，使EPA技术标准从无到有、从发展到完善的呢？[1]

关键字：技术创新，技术标准，知识产权，EPA技术标准

---

[1] 本案例由浙江工业大学中国企业研究院王黎萤、浙江大学管理学院金珺，以及浙江工业大学经贸管理学院学生曹泽钦共同撰写。作者拥有著作权中的署名权、修改权和改编权。未经允许，本案例的所有部分都不能以任何方式与手段擅自复制或传播。本案例仅供讨论，并无意暗示或说明某种管理行为是否有效。

第12章 如何从创新中获益

引言

20年前,当中控推出的第一代控制系统面临失败的时候,公司内大多数人都主张转而代理外国产品,唯有褚健力排众议,认为中控有能力、也有技术完成自主创新,做自己的产品。

这么多年过去,事实证明,恰恰是当时这个有点意气用事的决定成就了中控。这条始终坚持的产学研相结合的自主创新道路,让中控有别于其他同行,在国内外的竞争中脱颖而出。

我们很多时候都把创新停留在口号上,停留在意识里,却往往不知道如何将其和实践结合起来。怎么利用创新来使公司不断进步、不断提升,是整个管理世界面临的难题,但现在浙大中控用行动为我们示范了如何多角度地用好创新,使创新成为企业发展的恒动力。

1. 中控创始人褚健

中控主要创始人褚健,出生于1963年4月,是中国控制系统工程领域的顶级专家,曾两次获得国家科技进步二等奖,一次获得国家技术发明二等奖。公开资料显示,1978年,15岁的褚健顺利考入浙江大学原化工系工业自动化专业。1986年,硕士毕业的褚健赶上了化工生产过程自动化及仪表专业(以下简称"化自专业")与日本京都大学的首届博士联合培养课程,成为浙大化自专业中日联合培养第一人。1991年3月,褚健由浙江大学控制科学与工程博士后流动站出站。1992年,29岁的褚健成为国内高校第一个工程中心——工业自动化国家工程研究中心的副主任。次年,年仅30岁的褚健成为浙大的正教授。1999年,褚健先是成为国家"长江学者奖励计划"的首批特聘教授,随后又成为浙江大学先进控制研究所(现浙江大学智能系统与控制研究所)所长、工业控制技术国家重点实验室主任。2005年2月,任浙江大学党委常委、副校长。褚健还曾担任过浙江省第十一次党代会代表,第十届全国人大代表。

2. 中控发展历程

自动控制系统是在无人直接参与下可使生产过程或其他过程按期望规律或预定程序进行的控制系统。自动控制系统是实现自动化的主要手段。20世纪90年代以前是中国自主创新的冬天,更是中国自动控制领域的冬天。为了打造属于中国人自己的自动化品牌,浙江大学的一批青年教师在褚健教授的带领下,借了20余万元在杭州市工商局注册成立了一家全民所有制公司,开始进行自动控制系统及其他相关产品的产业化应用。当时,褚健教授给公司起了个"霸气"的中文名字——"中控",英文则是SUPCON,即"super control"的缩写,寓意要做中国最好的控制系统。浙大中控坚持"敬业、合作、创新"的发展理念,为实现中国自动控制领域的自主创新而努力,但发展过程也并非一帆风顺。由于缺乏资金,褚健教授不得不在还没见到产品影子的时候就做推销。在连续碰壁之后,他找到了浙江巨化集团下属的一家锦纶厂。该厂仪表车间的主任章全是褚健教授的大学同学,他认同褚健的看法:分布式控制系统代替常规仪表,将是今后化工行业的发展方向。于是,章全说服厂长,给了褚健第一个订单,价值38万元——这个价格只是国外同类产品的三分之一,但同时也是浙大中控赚到的第一桶金。在1996年,中控曾推出一代新的控制系统,但由于工业经验不足,该系统极不稳定,难以进行市场推广和工程应用。部分高层认为,创新的风险太高、成本太大,提议转向代理国外的产品。但当时的中控主要领导褚健强烈反对,坚信凭借浙江大学的科研实力、通过工业实践的不断摸索,一定可以制造出具有竞争力的精品。只有如此,才能够打破国外厂商的垄断,实现自动控制的自主创新(由于国外厂商的垄断,现售价仅几千元的某产品当时的价格高达20多万元)。这不仅是中控打造核心竞争力、实现可持续竞争优势的必由之路,更是国家发展的要求。

中控作为一家集自动化产品的科研开发、生产制造、市场营销及工程服务为一体的国家级高科技企业，自1993年创建以来，在发展过程中始终坚持走产学研相结合的自主创新道路。通过24年的发展，中控不断完善创新体系建设，即围绕战略创新、组织创新、制度创新、市场创新和技术创新等方面，使企业发展从小到大，由弱到强，已经成为国内自动化行业的领军企业，并成功主导制定了系列自主知识产权的国家标准和国际标准。在此基础上，中控持续提升产品可靠性和行业适用性，成功打破了进口产品在大炼油、大化肥、大型火电和核电装置等重大工程上的垄断，将技术标准优势转化为产业发展与应用优势，逐步具备了与国际跨国公司竞争的实力。

在24年的发展历程中，中控通过创新体系建设，紧紧把握自动化行业的趋势不断创新，取得了丰硕的成果。其创新体系建设过程可以分为初创、调整、成长和快速发展这四个阶段。

在从1993年到1996年的初创阶段，当时整个中国市场的自控产品基本被国外产品垄断，这些产品价格高、维护难，导致一般的企业根本没有能力购买与应用，严重影响了传统产业的升级。同时，本土相关自动化公司的生存空间日益被压缩，相当多的国内企业选择成为外国品牌的代理商，这种状况被称为"自动化行业的冬天"。在这样的背景下，寄望于"产业报国"的中控以20万元资金在浙大一间简陋的办公室里开始创业，在当年（1993年）在国内首先推出了1∶1热冗余DCS系统；1994年又研制成功了世界上第一台无纸的记录仪，而到1996年推出国内第一块现场总线圆卡时，公司销售额已经由40万元增长到了近1 000万元。

在从1997年到2000年的调整阶段，随着市场份额扩大及客户需求变化，四个分散的开发部门已经不能及时有效地整合公司技术力量进行重大的技术攻关，这促使公司进行又一次重大的创新体系调整，即于1999年成立了技术中心。在这个过程中，中控依靠浙江大学几十年来化工专业深厚的积累，把软件和行业结合起来，实现了先进控制和优化软件的产品化，打破了国外大型跨国企业的垄断。并且第一个把现场总线技术应用于隧道的监控，如金丽温高速公路的很多隧道上都应用了中控的自动化监控系统。从2000年开始，中控又第一个把以太网技术应用到工业控制领域，着手制定工业通讯的国家标准。

2001年到2006年是成长阶段，在这个过程中，为了把基础应用研究和应用开发研究更好地进行动态组合，中控于2003年把原技术中心拆分为技术中心和产品中心：技术中心任务是前沿技术、共性技术等的研发，产品中心任务是产品开发、完善等工作。此次调整加快了公司从1亿元产值到10亿元产值的突破。当公司产值超过10亿元后，整个产品体系和技术体系都成了复杂的系统，公司通过整合内部研发资源建立了集团层面的研发中心，统领全集团的技术创新活动，并于2006年被认定为国家级企业技术中心。尤其重要的是，2005年中控把EPA国家标准上升为中国第一个具有自主知识产权的工业自动化国际标准。

2007年至今是公司的快速发展时期，针对公司规模的又一次突破预期，中控随之也构建了更为全面的中央研究院模式，成立了具有独立法人资格的中控研究院。研究院作为前瞻性技术和产业的研究机构，对整个集团的发展起到了牵引和驱动的作用，因此把研究院定位为战略研究中心、资源整合平台、新产业孵化器及复合人才培养基地。

目前，中控集团设有9家子公司、1家研究院、17家分公司、3家海外分支机构，并在印度、越南、巴基斯坦设有办事处，服务全球6 000余家客户，遍及国内30个省市、自治区，以及东南亚、西亚、非洲等地。中控拥有自主知识产权产品的国内市场占有率居全国同行业首位，并成功进入巴基斯坦、印度、伊朗、韩国、埃及、阿尔及利亚、马来西亚、哈萨克斯坦等十几个国家，已成为产品门类齐全、国内一流的自动化综合性集团公司。2013年，中控集团产值达35亿元，DCS产品在国内的市场份额在全球厂商中位居第一，并成为中石化集团最大的自动化控制系统供应商。2015年，浙江正泰电器股份有限公司出资人民币1.1亿元受让王建军持有的浙江浙大中控信息技术有限公司10%的股权，共计1 100万股。2015年度中控DCS在中国的市场份额突破20%，连续5年保持第一。2016年，中控成为中海油国产实时数据库的唯一供应商。截至目前已在中石化、中海油、新疆天业、柳州钢铁、泰格林纸等大型工业企业成功应用200多套设备。同时，中控标准体系表中有技术标准1 886项、管理标准353项、工作标准817项，总计3 056项标准，获AAAA级《标准化良好行为证书》。2016年，中控科技集团有限公司被评为中国软件业务百强企业，其软件收入24亿元。同年，中控信息再度荣获"中国城市智能交通系统集成商业绩十强""中国交通信号控制器行业十大优秀企业"等两项大奖，并入围2011—2015年中国城市智能交通系统集成商业绩二十强榜单。

尽管创新之路并非一帆风顺，但中控仍坚持下来，取得了如此辉煌的创新业绩。其中具有纪念意义的是2005年，EPA标准正式被IEC接纳为国际标准，成为中国工业自动化领域第一个被国际认可和接受的标准，实现了我国在自动化控制领域国际标准零的突破。从表12.1中我们能看到浙大中控发展是多么迅速，其创业艰辛可想而知。

表12.1　浙大中控创新体系建设过程

发展阶段 主要内容	初创阶段 1993—1996	调整阶段 1997—2000	成长阶段 2001—2006	快速发展期 2007至今
战略创新	"成本领先"战略 构建核心技术/能力	"品牌"战略 建设"中控"与"SUPCON"品牌	标准战略 建立知识产权体系并制定了EPA国际标准	全球化战略 市场、技术双轮驱动
技术创新	1：1热冗余DCS系统（JX-100） 无纸记录仪 现场总线圆卡	10M实时以太网 OPC技术 低功耗和嵌入式技术 实时数据库 EPA国家标准	可靠性研究和失效分析 EMC技术、在线下载 对等C/S服务 100M实时以太网 EPA国际标准	大规模联合控制 多人分布式组态 开放性平台设计 1G实时以太网 分布式对等C/S
组织创新	软件开发部 硬件开发部	软件开发部 硬件开发部 新技术开发部 仪表开发部	技术中心、产品中心 整合组织架构（调整） 子公司事业部，职能重新分配	企业研究院（技术战略的智囊团、研究成果的诞生地、核心技术的孵化器）
制度创新	课题式管理 强调宽松、自律	规范化、制度化管理 通过ISO9001认证 项目管理 财务核算平衡–精细化	健全考核制度（分类考核） 预算管理 配置库管理模式	技术带头人培养 人才激励 知识产权战略
市场创新	低成本进入市场 中低端市场定位 客户服务管理	专精于石化工业 独特的工程与服务结合	外包非核心制造业务 建立各地分公司 成立国际部	提供不同的行业解决方案

3. 标准战略与创新战略的协同发展

中控创新体系以战略创新为牵引，以组织创新为保障，以制度创新为辅助，以市场创新为动力，以技术创新为基础。在此创新体系的动态完善过程中，中控紧紧围绕"以标准技术带动产业进步，占据竞争制高点"的自主创新战略，成功主导制定了系列自主知识产权的国家标准和国际标准。

在起步阶段，浙大中控并没有设备完善的研发中心，也没有充足的资金和精力去进行相关实验，仅仅靠自身的研发实力是不可能在短时间内取得突破性进展的。此时，浙大中控并没有固步自封，而是寻求外部支持，与外部高水平的科研机构合作。

浙江大学是中控的"发源地"，是我国自动控制领域的劲旅。浙江大学在工业控制、智能系统及自动化仪表方面拥有完善的基础研究设施和经验，全面的专业化人才配置，以及充足的科研经费。于是，浙大中控依托浙江大学雄厚的科研和人才背景，吸引了众多在校师生共同参与项目的研发，充分利用了高校资源，不断提高公司的技术创新能力。在1997年，以浙江大学为主，双方开始进行EPA的相关基础研究合作，并共建了两个科研中心。后来，中控还先后与中科院沈阳自动化研究所、清华大学、重庆邮电大学、大连理工大学等著名科研院所开展自动控制方面的基础研究合作。

与此同时，中控也十分重视科研团队建设，确保技术标准的持续开发能力。在中控科技集团的1 800名员工中，92%以上的员工为本科以上学历，其中，中、高级人才占70%以上，具有高级职称以上的人员占30%，研发人员占了30%，平均年龄27岁，绝大多数为初出校园不久的优秀大学毕业生，浙大中控所属集团部分技术骨干已成了行业的领军人物。优秀人才的开发和储备为浙大中控的可持续发展提供了保障。

这一阶段，浙大中控进行了大量的创新和研发实践，在集散控制系统（DCS）和无纸记录仪等项目上取得了丰硕的成果，打破了国外产品在这一领域的垄断。随后，该公司又向国际自控领域的制高点发起冲击，承担了国家"九五"重点攻关项目"现场总线控制系统"的开发，在外国公司不公开现场总线核心技术的情况下，仅用2年时间就解决了一系列关键技术难题，在国内先开发出了基于HART协议的现场总线变送器，为用户节省了大量的费用。这段时期的研发实践为EPA技术标准的提出积累了宝贵经验，奠定了相关技术基础。

4. 知识产权战略与标准战略的紧密结合

如今，无论是影响技术市场还是控制产品市场，依靠单个企业的力量都很难达成目标。一般来说，如果多个企业之间规模及技术实力相当，技术联盟通常是一种有效的合作方式。2002年，在国家863计划、国家标准化管理委员会的支持下，由浙大中控、清华大学等单位的专家共同组成的EPA国家标准起草工作组正式成立，共同承担标准化工作。在EPA技术标准初步形成后，标准起草工作组积极规划各种技术交流和培训工作，与科研单位共享经费，联合开发新技术，并同仪表企业共同研制EPA产品。这种战略联盟的方式极大地加快了EPA的标准化进程。

市场接受度在很大程度上决定着标准的成败，中控公司及战略联盟需要重视开放与协作，市场联盟加速产业推广技术标准之争与一般的技术竞争不同。战略联盟的合作方式能够通过技术专利的内部一体化节约大量的市场交易费用，减少搜寻成本和协调成本，有效整合资源，不仅有助于加快自身主导技术在技术市场的普及，而且能够锁定更多的消费需求，促成其所主导的技术成为产业事实技术标准，从而在技术标准竞争中获胜。

加强知识产权保护，形成专有技术壁垒技术标准与专利的结合是产业发展的趋势。标准竞争的背后，真正的壁垒是以专利技术为主的知识产权。浙大中控在EPA技术标准演化的各个阶段都非常重视专利的申请：在标准形成阶段的技术攻关时期，共申请20多项发明专利；在EPA技术标准成为国家标准和国际标准后，又取得了12项发明专利。至此，EPA的系列标准中融合了中控技术集团及合作者的30多项专利，既保障了企业的核心利益，也为标准的申请赢得了主动权。

在申请国际标准取得成功后,中控并没有因此而沾沾自喜,而是持续改进、不断进步,并开始发挥其在工业应用和产业实践方面的优势,而且联合行业内的其他领军企业,如上海工业自动化仪表公司、天津天仪集团仪表公司、中国四联仪器仪表公司等,开展相关的应用性开发和改进。期间,中控组织成立了EPA技术开发俱乐部,成员主要是相关行业的企业,可以在5年之内免费使用与EPA相关的知识产权,同时有义务应用、推广和完善EPA的技术与标准。目前,EPA俱乐部已有成员80余家,为中控提供了大量宝贵的改进性意见。在2010年,EPA系列国际标准家族又添新成员,全新制定发布3项国际标准,在新增标准中,已获得PCI国际专利1项和中国专利4项,修订发布5项国际标准,将原来标准的应用范围从单纯的流程工业领域,拓展到数控机床、机器人等更为广阔的工业制造加工领域。至此,EPA系列国际标准共增至8项,也更趋完善,为我国现代制造业的升级提供了标准保障。

5. 创新战略与知识产权战略的相互融合

中控的创新体系建设是动态发展的,在不同的时期有不同的重点。如初期主要是关注技术和产品攻关,进行技术带头人才的培养;调整阶段主要是规范制度与组织创新,以更好地保障技术研发和市场开拓;而成长阶段与快速发展阶段则逐渐关注战略、组织、制度、技术与市场等方面的全面建设,以求发挥整个创新体系的最大作用。

在EPA标准开发的过程中,EPA工作组成员来源里既有像浙江大学、中科院沈阳自动化所、上海工业自动化仪表研究所、重庆邮电大学、大连理工大学、清华大学等高校科研院所,也有中控仪表、上仪股份、中国四联、吴忠仪表、天津仪表、上海威尔泰、北京仪综所等仪器仪表企业,还有中控技术、沈阳中控博微、大工计算机工程、重庆集智电气等自动化系统公司,同时也包括网络设备制造公司。中控通过与各方合作创新,使得其在EPA技术标准形成过程中避免了企业间相互竞争造成的资源浪费,实现了资源共享和优势互补,降低了技术攻关和产品研发的难度,分散了新技术开发的风险,提高了技术创新能力。技术联盟企业对资源进行有效地整合后，带来了整体价值的最大化，加快了自身主导技术在技术市场的普及。

近年来，中控的知识产权工作在"技术专利化、专利标准化、标准国际化"工作思路的指导下，建立了"集中管理、分散控制"及采标与用制标相结合的知识管理体系。中控集团陆续被认定为市级、省级知识产权示范企业及"首批全国企事业知识产权示范单位"，并分别于2010年、2013、2015年获得"中国专利优秀奖"。2012年，在全国推进贯标工作之时，中控集团作为试点企业参与并率先通过"企业知识产权管理规范"的贯标验收，获省级创优企业，并于2014年通过第三方认证。2015年，中控获国家知识产权局年度"国家知识产权优势企业"。中控在公司内部举行多次知识产权专项培训，鼓励和帮助科技工作者提高保护知识产权的意识，加强专利、软件产品登记、著作权登记、品牌保护的培训和指导。

中控除了重视技术自主知识产权之外，还加强了企业的品牌建设，遵循"商标定位策略""商标运营策略""商标保护策略"三大策略，使中控不仅创造了已成为"中国驰名商标"和"浙江省著名商标"称号的"中控·SUPCON"企业主商标，而且推出了以"Webfield""APC""Multif"等为主的、获省市著名商标称号的产品商标。近10年来，中控科技共提交专利申请600余件，其中发明专利申请占比高达65%，还申请注册商标40余件，登记软件著作权380余件。

启发思考题

1. 分析浙大中控在发展过程中如何有效利用开放式创新。

2. 从EPA技术标准的形成过程，分析标准战略、知识产权战略与技术创新战略之间的协同发展模式。

3. 通过对该案例的学习，试分析后发企业如何在国际标准制定中获得话语权。

参考文献

杨幽红，陈凯. 企业知识产权与技术标准化结合案例研究[J]. 中国标准化，2014(1)：62-64.

陈劲，王鹏飞. 选择性开放式创新——以中控集团为例[J]. 软科学， 2011，25(2)：112–115.

唐馥馨，张大亮， 张爽. 后发企业自主国际技术标准的形成路径研究——以浙大中控EPA标准为例[J]. 管理学报， 2011， 08(7)：974–979.

郑备军，潘再生. 浅谈中控创新体系建设. 2010.

为保证案例课堂教学效果，本书为教授创新管理相关课程的教师提供了电子版的案例教学指南。本案例教学指南仅提供给任课老师使用，作为教学参考，不需要提供给学生。如果您是一位创新管理领域的任课教师，希望参考案例教学指南，请按照如下方式申请：

（1）扫描上方二维码，或者搜索微信公众号"北大经管书苑"（pupembook），关注公众号；

（2）点击菜单栏"在线申请"—"教辅申请"，按页面要求提交信息；

（3）工作人员收到申请，向您提交的电子邮箱发送教辅。

如果申请遇到问题，请联系编辑部：

邮箱：em@pup.cn, em_pup@126.com

Q Q：552063295

电话：010-62767312